本丛书为
北京外国语大学中国文化"走出去"协同创新中心重点项目

中国文化"走出去"研究丛书

总主编 张西平

中国文化产业"走出去"研究

宫玉选 主编

The Research on the "Going-Global" Strategy of Chinese Cultural Industry

北京大学出版社
PEKING UNIVERSITY PRESS

图书在版编目 (CIP) 数据

中国文化产业"走出去"研究 / 宫玉选主编 . —北京：北京大学出版社，2016.6
ISBN 978-7-301-27197-1

Ⅰ. ①中… Ⅱ. ①宫… Ⅲ. ①文化产业 – 国际化 – 研究 – 中国　Ⅳ. ① G124

中国版本图书馆 CIP 数据核字 (2016) 第 123382 号

书　　　名	中国文化产业"走出去"研究 ZHONGGUO WENHUA CHANYE "ZOUCHUQU" YANJIU
著作责任者	宫玉选　主编
责任编辑	郝妮娜
标准书号	ISBN 978-7-301-27197-1
出版发行	北京大学出版社
地　　　址	北京市海淀区成府路 205 号　100871
网　　　址	http://www.pup.cn　　新浪微博：@ 北京大学出版社
电子信箱	zpup@pup.cn
电　　　话	邮购部 62752015　发行部 62750672　编辑部 62759634
印　刷　者	北京大学印刷厂
经　销　者	新华书店
	730 毫米 ×1020 毫米　16 开本　19 印张　300 千字 2016 年 6 月第 1 版　2016 年 6 月第 1 次印刷
定　　　价	56.00 元

未经许可，不得以任何方式复制或抄袭本书之部分或全部内容。
版权所有，侵权必究
举报电话：010-62752024　电子信箱：fd@pup.pku.edu.cn
图书如有印装质量问题，请与出版部联系，电话：010-62756370

中国文化"走出去"研究丛书编辑委员会

主　任： 韩　震　彭　龙
副主任： 孙有中　张朝意

总主编： 张西平
副总主编： 何明星　管永前　郭景红
编辑委员会成员：（以姓氏笔画为序）
　　　　　　　　　叶　飞　朱新梅　刘　琛　吴应辉
　　　　　　　　　何明星　张西平　张妮妮　张晓慧
　　　　　　　　　宫玉选　姚建彬　钱　伟　郭奇军

总 序

提高中国文化国际影响力的新尝试

2013年11月12日,党的十八届三中全会通过的《中共中央关于全面深化改革若干重大问题的决定》,首次明确提出"加强中国特色新型智库建设,建立健全决策咨询制度"。2014年10月27日,习近平总书记在中央全面深化改革领导小组第六次会议中强调,要重点建设一批具有较大影响和国际知名度的高端智库。2014年2月10日教育部印发《中国特色新型高校智库建设推进计划》,2015年1月20日,中共中央办公厅和国务院办公厅联合印发了《关于加强中国特色新型智库建设的意见》,这标志着我国由政府统筹的高校智库建设正式启动。

《关于加强中国特色新型智库建设的意见》中对高校智库提出专门的要求,文件指出:"推动高校智库发展完善。发挥高校学科齐全、人才密集和对外交流广泛的优势,深入实施中国特色新型高校智库建设推进计划,推动高校智力服务能力整体提升。深化高校智库管理体制改革,创新组织形式,整合优质资源,着力打造一批党和政府信得过、用得上的新型智库,建设一批社会科学专题数据库和实验室、软科学研究基地。实施高校哲学社会科学'走出去'计划,重点建设一批全球和区域问题研究基地、海外中国学术研究中心。"教育部在《中国特色新型高校智库建设推进计划》文件中就高校智库要"聚焦国家急需,确定主攻方向",将"文化建设"列为主攻方向之一,文件指出"围绕提升国家软实力、深化文化体制改革等重大问题,重点推进社会主义核心价值体系建设、中华优秀传统文化传承创新、文化产业发展、中国文化'走出去'等重点领域研究"。

中国文化"走出去"是一个伟大的事业,"提高中国文化国际影响力"是几代人共同的奋斗目标,因为这样一个目标是和整个世界格局的转变联系在一起的。我们必须认识到中国文化"走出去"绝非一路凯歌,中国文化将随着中国国家整体实力的崛起,重新回到世界文化的中心,在整个过程中伴随着与西方文化占主导地位的世界文化格局的博弈,这个历史过程必将充满变数,一切都是崭新的。因此,中国文化"走出去"的战略研究需要有我们对中国文化自我表达的创新研究为基础,有对中国文化在世界各民族的传播轨迹与路径、各国汉学(中国学)发展与历史变迁、世界各国的中国形象形成的机制等问题的系统深入的学术研究做支撑,才能真正揭示文明互鉴中的中国文化的世界性意义,做出有学术含量和有实际指导意义的战略研究。

一、文化自觉是中国文化"走出去"的前提

中华文明是人类历史上最古老的文明之一,是唯一流传至今,仍生机勃勃的文明。中华文化不仅始终保持着独立的、一以贯之的发展系统,而且长期以来以其高度的发展影响着周边的文化。从秦至清大约两千年间,中国始终是亚洲历史舞台上的主角,中华文明强烈地影响着东亚国家。在19世纪以前,以中国文化为中心,形成了包括中国在内的日本、朝鲜、越南的中华文化圈。由此,成为与西方的基督教文化圈、东正教文化圈、伊斯兰教文化圈和印度文化圈共存的世界五大文化圈之一。

近代以来中国文化历经磨难,即便此时,中国知识分子对其的祈盼从未停顿。"纵有千古,横有八荒。前途似海,来日方长。美哉我少年中国,与天不老,壮哉我中国少年,与国无疆。"[①]梁启超这激越的文字给处在转折中的中国人多少理想。

---

① 梁启超:《少年中国说》。

19世纪以来,中国已经不可能在自己固有的文化发展的逻辑中演化前进。作为后发现代化的中国,在西方外来势力的干扰下,打断了它自身发展的逻辑,而中华文化其固有的深厚底蕴,中国人民顽强的奋进和努力的探索,也不可能使外来文化毫不改变地移植到中国。"中国近现代新文化既非单纯的西学东渐,也非中华传统文化全方位的直接延续,而是西学与中国传统文化相杂交、相化合的产物。"①

当代中国的发展有着自己的逻辑,它所取得的伟大成就并非空中楼阁,中华文化是其伟大成就的思想支撑。中国的古代、近代和现代文化并不是一个断裂的文化,中国古代文化并未死亡,它以新的形态存活在当代文化中,从近代以来中国传统文化所面临的主要问题是如何消化西方文化的问题,完成自己的社会转变。中国有着自己的文化和历史,它不需要,也不可能完全按照西方的道路实现自己的现代化,而是要学习西方乃至世界各种先进和优秀的文化为我所用,在自己文化的基础上创造新的文化。近四百年的中国文化的演变大体是沿着这样的逻辑发展的。中国文化并不是一个博物馆的文化,一个只是发古人之幽思的死去的文化,它活着,它是发展的。中国文化从晚明以来的四百年历史有着一个一以贯之的逻辑和思想:学习西方、走自己的路,这样的自觉性使得中国文化获得新生。三千年、一百年、六十年,环环相扣,代代相传,万变不离其宗,中国文化,历经磨难,凤凰涅槃。

国家的独立、民族的自觉是中国文化百年变更的一个最重要成果,中华民族在1949年获得国家的独立和民族文化的再生有着中国历史和文化的内在逻辑。美国著名中国学家费正清告诫西方人"要了解中国,不能仅仅靠移植西方的名词,它是一个不同的生命。它的政治只能从其内部进行演变性的了解"。他又说:"中国的国家和社会的当代的形式,是一个基本上独立的进化过程的最终产品,它可以与希腊—罗马的犹太—基督教的西方相比,但绝不是一样的。"②文化民族主义、在西方帝国主义压迫下的国家独立与民族存亡的思想、

---

① 冯天瑜、何晓明、周积明:《中华文化史》第2卷,上海:上海人民出版社,2005年,第924页。
② [美]R.麦克法夸尔、[美]费正清:《革命的中国兴起》,北京:中国社会科学出版社,1990年,第14、15页。

中国几千年的传统文化,所有这些构成了中国当代历史发展的逻辑基础。历史中国和当代中国是融合在一起的一个完整的中国。

今天发展的中国以更大的包容性吸收着各种外来文化,在这个"三千年未有之变局"的伟大历史转折中,中国的传统文化作为它的底色,为现代文化的创新提供了智慧和思想,近现代文化的变迁和发展成为我们今天创造新文化的出发点。正像经过六百年的消化和吸收,中国彻底完成了对佛教的吸收一样。四百年来对西方文化的吸收与改造为今天中华文化的重建打下了坚实的基础,中国以其特有的古代文化的资源和现代文化再生的历程可以给当代世界展示其文化的独特魅力,可以为今天的世界提供一种古代与现代融为一体的智慧与思想。中国传统文化经过近代和当代的洗礼,以新的形态存活在中国人的心中,经过近现代西方文化洗礼后的中华文化仍是我们中国人的精神家园。

在探索中行进的中国人并未迷路,在困顿中创新的中国人并未停顿探索。分歧和争论时时发生,矛盾与苦恼处处缠绕着我们,但我们知道这是一个更为成熟的新的文化形态形成的标志;思想从未像今天这样活跃,社会生活从未像今天这样复杂多面,历史的转型从未像今天这样急速,但我们知道,我们在开创着历史,这一切都是崭新的。在向世界学习的过程中,我们的文化观念开始开阔,在消化外来文化之时,我们开始自觉。在发展中我们获得新生,在伟大的历史成就面前我们有理由为我们的文化感到自豪。中国近三十年所取得的伟大成就完全可以和人类史上任何一段最辉煌的历史相比,我们有理由将自己积淀在三千年文化基础上,历经百年磨难后在这个伟大的时代所迸发出来的思想和智慧介绍给世界,与各国人民分享中国的智慧。

二、全球视野是中国文化"走出去"的学术基础

梁启超当年在谈到中国历史的研究时曾说过,根据中国的历史的发展,研究中国的历史可以划分为:"中国之中国""亚洲之中国"以及"世界之中国"三个阶段。所谓"中国之中国"的研究阶段是指中国

的先秦史,自黄帝时代直至秦统一。这是"中国民族自发达自竞争自团结之时代。"所谓"亚洲之中国"的研究阶段,是为中世史,时间是从秦统一后至清代乾隆末年。这是中华民族与亚洲各民族相互交流并不断融合的时代。所谓"世界之中国"的研究阶段是为近世史。自乾隆末年至当时,这是中华民族与亚洲各民族开始同西方民族交流并产生激烈竞争之时代。由此开始,中国成为世界的一部分。

梁公这样的历时性划分虽然有一定的道理,但实际上中国和世界的关系是一直存在的,尽管中国的地缘有一定的封闭性,但中国文化从一开始就不是一个封闭的文化。中国和世界的关系,并不是从乾隆年间才开始。中国文化在东亚的传播,如果从汉籍传入为起点已经有一千多年①,中国和欧洲的关系也可追溯到久远年代,在汉书中已经有了"大秦国"的记载②,而早在希腊拉丁作家的著作中也开始有了中国的记载,虽然在地理和名称上都尚不准确③。我将西方对中国的认识划分为"游记汉学阶段""传教士汉学阶段"和"专业汉学阶段"三个阶段,虽然这样的划分有待细化,但大体说明欧洲人对中国认识的历史进程。这说明中国文化从来就不是一个完全封闭性的文化,它是在与外部世界文化的交流和会通中发展起来的。因此,在世界范围展开中国文化的研究,这是中国文化的历史本质所要求的。唯有此,才能真正揭示中国文化的世界性意义。

中国文化要"走出去",必须具有全球视野,这就要求我们要探索中国文化对世界各国的传播与影响,对在世界范围内展开的中国文化研究给予学术的关照。在中外文化交流史的背景下追踪中国文化典籍外传的历史与轨迹,梳理中国文化典籍外译的历史、人物和各种译本,研究各国汉学(中国学)发展与变迁的历史,并通过对各国重要的汉学家、汉学名著的翻译和研究,勾勒出世界主要国家汉学(中国学)的发展史。

---

① 参阅严绍璗:《日本中国学史》,南昌:江西人民出版社,1999年。
② 参阅[德]夏德著、朱杰勤译:《大秦国全录》,郑州:大象出版社,2009年;[美]费雷德里克·J.梯加特著、丘进译:《罗马与中国》,郑州:大象出版社,2009年;[英]H.裕尔著、张绪山译:《东域纪程录丛》,昆明:云南人民出版社,2002年。
③ [法]戈岱司编、耿昇译:《希腊拉丁作家远东古文献辑录》,北京:中华书局,1987年。

严绍璗先生在谈到近三十年来的海外汉学(中国学)研究的意义时说:"对中国学术界来说,国际中国学(汉学)正在成为一门引人注目的学术。它意味着我国学术界对中国文化所具有的世界历史性意义的认识愈来愈深入;也意味着我国学术界愈来愈多的人士开始认识到,中国文化作为世界人类的共同精神财富,对它的研究,事实上具有世界性。或许可以说,这是20年来我国人文科学的学术观念的最重要的转变与最重大的提升的标志。"[1]

我们必须看到中国文化学术的研究已经是一项国际性的学术事业,我们应该在世界范围内展开对中国人文学术的研究,诸如文学、历史、哲学、艺术、宗教、考古,等等,严先生所说的"我国人文科学的学术观念的最重要的转变与最重大的提升",就是说对中国人文的研究已经不仅仅局限在中国本土,而应在世界范围内展开。

当年梁启超这样立论他的中国历史研究时就有两个目的:其一,对西方主导的世界史不满意,因为在西方主导的世界史中中国对人类史的贡献是看不到的。1901年,他在《中国史叙论》中说:"今世之著世界史者,必以泰西各国为中心点,虽日本、俄罗斯之史家(凡著世界史者,日本、俄罗斯皆摈不录)亦无异议焉。盖以过去、现在之间,能推衍文明之力以左右世界者,实惟泰西民族,而他族莫能与争也。"这里他对"西方中心论"的不满已经十分清楚。其二,从世界史的角度重新看待中国文化的地位和贡献。他指出中国史主要应"说明中国民族所产文化,以何为基本,其与世界他部分文化相互之影响何如","说明中国民族在人类全体上之位置及其特性,与其将来对人类所应负之责任"。[2] 虽然当时中国弱积弱贫,但他认为:"中国文明力未必不可以左右世界,即中国史在世界史中当占一强有力之位置也。"[3]

只有对在世界范围内展开的中国文化研究给予关照,打通中外,从世界的观点来看中国才能揭示中国文化的共同价值和意义。

---

[1] 任继愈主编:《国际汉学》第5期,郑州:大象出版社,2000年,第6页。
[2] 梁启超:《中国历史研究法》,《饮冰室合集》专集之七十三,第7页。
[3] 梁启超:《中国史叙论》,《饮冰室合集》文集之六,第2页。

三、中国文化学术"走出去"的宏观思考

发展的中国需要在世界范围内重塑自己的国际形象,作为世界大国的中国需要在世界话语体系中有自己的声音,作为唯一延续下来的世界文明古国的中国应向世界展示中华文明特有的魅力,而要做到这一点,进一步推动中国文化走向世界,在世界范围内从更高的学术层面介绍中国文化已经成为中国和平发展之急需。

中国现在已经成为世界性大国,中国不仅在全球有着自己的政治利益和经济利益,同时也有着自己的文化利益。一个大国的崛起不仅仅是经济和政治的崛起,同时也是文化和价值观念的崛起。因此,我们不仅需要从全球的角度谋划我们的经济和政治的发展,同时也需要对中国学术和文化在全球的发展有战略性的规划,从而为中国的国家利益提供学术、文化与价值的支撑。

语言是基础,文化是外围,学术是核心,这是世界主要国家向外部传播自己的文化和观念的基本经验。我们应认真吸取这些经验,在继续做好孔子学院和中国文化中心建设的同时,开始设计中国人文社会科学"走出去"的战略计划,并将中国人文社会科学"走出去"的规划置于国家软实力"走出去"整体战略的核心,给予充分的重视和支持。我们应清醒地认识到:真正能够最终为国家的战略发展服务,使中国影响世界,确保中国发展的和平世界环境,并逐步开始使中国掌握学术和思想的话语权的是中国人文社会科学的研究在世界范围内产生影响。所以,要有更大的眼光,更深刻的认识来全面规划中国人文社会科学的"走出去"战略,提升中国软实力"走出去"的层次和水平,从而使中国的"走出去"战略有分工,有合作,有层次,有计划,形成整个中国软实力"走出去"的整体力量,为中国的进一步发展服务。

在传播自己文化和学术时最忌讳的是将国内政治运作的方式搬到国外。中国人文社会科学学术"走出去"的大忌是:不做调查研究,不从实际出发,在布局和展开这项工作中不是从国外的实际形势出发,完全依靠个人经验和意志来进行决策。在工作内容上,只求国内

舆论的热闹，完全不按照学术和文化本身的特点运作，这样必然最终会使中国学术"走出去"计划失败。不大张旗鼓，不轰轰烈烈，"随风潜入夜，润物细无声"，这是它的基本工作方式。在工作的布局和节奏上要掌握好，要有全局性的考虑，全国一盘棋，将学术"走出去"和国家的大战略紧密配合，连成一体。

在全球化的今天，在中国已经成为世界大国的今天，我们应反思我们过去外宣存在的问题，以适应新的形势和新的发展。要根据新的形势，重新思考中国学术"走出去"的思路。以下两个思路是要特别注意避免的。

意识形态的宣传方式。冷战已经结束，冷战时的一些语言和宣传的方法要改变，现在是你中有我，我中有你。从全球化的角度讲中国的贡献；从世界近代史的角度讲中国现代历史的合理性；在金融危机情况下，介绍中国道路和中国模式。这样要比单纯讲中国的成就更为合理。冷战结束，并不意味着西方对中国文化的态度转变。但目前在西方对中国的态度中既有国家的立场，也有意识形态的立场。如何分清西方的这两种立场，有效地宣传中国是很重要的。要解决这个问题就必须站在全球化的背景下考虑国家的利益，站在世界的角度为中国辩护。

西方中心主义的模式。在看待中国和世界的关系时没有文化自觉，没有中国立场是个很严重的问题。一切跟着西方跑，在观念、规则、方法上都是西方的，缺乏文化的自觉性，这样的文化立场在国内已经存在很长时间，因而必然影响我们的学术"走出去"。中国有着自己的历史和文化传统，不能完全按照西方的模式来指导中国的发展。要从文化的多元性说明中国的正当性。那种在骨子里看不起自己的文化，对西方文化顶礼膜拜的观念是极其危险的，这样的观念将会使中国学术"走出去"彻底失败。

四、对话与博弈将是我们与西方文化相处的常态

随着我国综合国力的不断增强，中华文化在世界文化格局中的地位越来越重要。当前，推动中华文化"走出去"、提高中华文化国际

影响力,可谓正逢其时。同时也应清醒地认识到,中华文化"走出去"的过程不可能一帆风顺,必然要付出一番艰辛努力。在这个过程中,我们要认真吸收借鉴世界其他民族的优秀文化,使之为我所用;同时要在世界舞台展现中华文化的魅力,让世界了解中华文化的价值。

近代以来,西方国家在世界文化格局中一直处于主导地位。我国在政治制度、文化传统等方面与西方国家存在较大差异,一些西方媒体至今仍惯用冷战思维、戴着有色眼镜看待中国,甚至从一些文化问题入手,频频向我们提出质疑、诘问。如何应对西方在文化上对中国的偏见、误解,甚至挑衅,是推动中华文化"走出去"必须要认真对待和解决的问题。我们应积极开展平等的文化交流对话,在与其他国家文化交流互动中阐明自己的观点主张,在回击无理指责、澄清误读误解中寻找共同点、增进共识。习近平主席在许多重要外交场合发表讲话,勾画了中华文化的基本立场和轮廓,表达了对待西方文化和世界各种文化的态度。他指出:"当代中国是历史中国的延续和发展,当代中国思想文化也是中国传统思想文化的传承和升华,要认识今天的中国、今天的中国人,就要深入了解中国的文化血脉,准确把握滋养中国人的文化土壤。"这是对中国历史文化发展脉络的科学阐释,为推动中华文化"走出去"、为世界深入了解中华文化提供了基本立足点和视角。他还指出,"文化因交流而多彩,文明因互鉴而丰富",为不同文化进行平等交流提供了宽广视野和理论支撑。

推动中华文化"走出去",既需要我们以多种形式向世界推介中华文化,也需要国内学术界、文化界进一步加强与拓展对其他国家优秀文化传统和成果的研究阐发。同时,对其他国家,尤其是西方国家来说,认识和理解历史悠久又不断焕发新的生机的中华文化,也是一个重要课题。对话与博弈,将是未来相当长时间我们与西方文化相处的基本状态。

在文化传播方面改变西强我弱的局面,推动文化平等交流,需要创新和发展我们自己的传播学理论,努力占据世界文化交流对话的制高点。这需要我们深入探究当今世界格局变化的文化背景与原因,探索建构既具有中国特色,又具有国际视野的文化话语体系,进一步增强我们在世界文化发展中的话语权。需要强调的是,文化与意识形态紧密联系,文化传播工作者一定要把文化传播与维护意识形态安全作为一体两面,纳入自己对中华文化"走出去"的理解与实践。应时刻牢记,"不断扩大中华文化国际影响力,形成与我国国际地位相称的文化软实力,牢牢掌握思想文化领域国际斗争主动权,切实维护国家文化安全"是中华文化"走出去"的根本与前提。

五、发挥外语大学的学术优势,服务国家文化发展战略

北京外国语大学在65年校庆时正式提出北外的战略使命是"把世界介绍给中国和把中国介绍给世界"。这是我国外语大学第一次自觉地将大学的发展与国家的战略任务紧密结合起来。因为中国文化"走出去"是说着外语"走出去"的。同时,中国文化"走出去"作为一项国家战略,急需加强顶层设计、建设高端智库,从中国的国家实力和地位出发,为中国文化"走出去"设计总体战略、中长期发展规划提供咨询;急需充分发挥高校的人才培养的优势,解决当下中国文化"走出去"人才匮乏,高端人才稀缺的不利局面;急需动员高校的学术力量,对中国文化在海外传播的历史、特点、规律做系统研究,为中国文化"走出去"提供学术支撑;急需从国家文化战略的高度做好海外汉学家的工作,充分发挥汉学家在中国文化海外传播的重要作用,培养传播中国文化的国际队伍与本土力量。正是在这样的思考下,北外在2012年建立了中国文化"走出去"协同创新中心,与国内高校、国家机关、学术团体等联合展开中国文化"走出去"的战略研究,为中国文化全球发展提供智慧,为中国文化全球发展培养人才队伍。

战略研究、人才培养、政策建言、舆论引导和公共外交是智库的五大功能。北京外国语大学作为以中国文化在全球发展为其研究目标的智库,这五大功能更有着自己特殊的意义。

就战略研究来说,中国文化"走出去"是一个伟大的事业,"提高中国文化国际影响力"是几代人共同的奋斗目标,因为这样一个目标是和整个世界格局的转变联系在一起的。我们必须认识到中国文化"走出去"绝非一路凯歌,中国文化将随着中国国家整体实力的崛起,

重新回到世界文化的中心,在整个过程中伴随着与西方文化占主导地位的世界文化格局的博弈。因此,中国文化"走出去"的战略研究需要有我们对中国文化自我表达的创新研究为基础,有对中国文化在世界各民族的传播轨迹与路径、各国汉学(中国学)发展与历史变迁、世界各国的中国形象形成的机制等问题的系统深入的学术研究做支撑,只有这样才能真正揭示文明互鉴中的中国文化的世界性意义,做出有学术含量和有实际指导意义的战略研究。

就人才培养来说,北京外国语大紧密配合中国国家利益在全球发展的利益新需求,在做好为国家部门、企业和社会急需的跨文化交流人才培养,做好文化"走出去"急需的复合型专门人才、战略性语言人才和国际化领袖人才的培养方面已经取得了重要的成果,成为我国高端外语人才的培养基地,中国文化"走出去"高端人才培养基地,中国外交家的摇篮。

就政策建言来说,《中国文化走出去年度研究报告》是我们的主要成果,这份年度报告至今仍是国内唯一一份跨行业、跨学科,全面展现中国文化"走出去"的研究报告,也是国内高校唯一一份系统考察中国文化"走出去"轨迹,并从学术上加以总结的年度研究报告。2013年我们已经出版了《中国文化走出去年度研究报告(2012卷)》,这次我们出版的《中国文化"走出去"年度研究报告(2015卷)》给读者呈现中国文化在全球发展的新进展、新成果以及我们对其的新思考。为全面总结中国文化"走出去"战略的实施,总结经验,这次我们编辑了近十年来在中国文化"走出去"的各个领域的重要文章。读者可以从这些文集中看到我国各个行业与领域对中国文化"走出去"的认识。

就舆论引导而言,2015年央视多个频道播出了由北外中国海外汉学研究中心主编的大型学术纪录片《纽带》,受到学术界各方面的好评。

2016年是北外中国海外汉学研究中心成立20周年。北外中国海外汉学研究中心作为北外中国文化"走出去"协同创新中心的核心实体单位做了大量的工作。高校智库建设是"以学者为核心,以机构建设为重点,以项目为抓手,以成果转化平台为基础,创新体制机制,整合优质资源，打造高校智库品牌"。作为我校中国文化"走出去"协同创新中心的核心实体单位，为进一步做好智库建设，2015年6月我们将"中国海外汉学研究中心"更名为"国际中国文化研究院"，新的名称含有新的寓意，这就是我们的研究对象不再仅仅局限于海外汉学研究，而是把中国文化在海外传播与发展作为我们的研究对象；新的名称预示着我们有了新的目标，我们不仅要在中国文化海外传播的历史、文献、规律等基础学术研究上推出新的研究成果，同时，也预示着我们开始扩张我们的学术研究领域，将当下中国文化在全球的发展研究作为我们的重要任务之一。这次更名表明了我们不仅要在海外汉学研究这一学术研究领域居于领先地位，而且要将我们的基础研究转化为服务国家文化发展的智慧，努力将"国际中国文化研究院"建设成一流的国家智库。

在"我国前所未有地靠近世界舞台中心，前所未有地接近实现中华民族伟大复兴目标、前所未有地具有实现这个目标的能力和信心"这样伟大的历史时刻，回顾我们20年的学术历程，或许李大钊先生的"铁肩担道义，妙手著文章"是我们最好的总结，将安静的书桌和沸腾的生活融合在一起将是我们今后追求的目标。

谨以此为序。

张西平
2016年3月5日写于岳各庄东路阅园小区游心书屋

前　言

在经济全球化背景下,文化(创意)产业蓬勃兴起并逐渐全球化,现已成为各国体现文化软实力的主要方式。中国文化产业"走出去"虽方兴未艾,但意义重大,这是加强和提升中国文化软实力的重要战略举措。本研究文集旨在集中我国学界近几年来在中国的文化产业走出去方面的代表性成果,为实现国家文化强国战略提供智力支撑。主要分为四个部分:第一编——中国文化产业"走出去"的综合研究,主要从总体政策文件、总体数据分析、总体理念、总体路径和策略等方面研究问题;第二编——中国影视产业"走出去"评论,主要研究影视产业"走出去"的动因、路径、策略、效果等问题;第三编——中国动漫、游戏、设计、广告产业"走出去"评论,分别对这些细分行业"走出去"的战略、路径等情况进行了深入分析和评论;第四编——中国旅游产业"走出去"研究,针对这一特殊行业的"走出去"的路径、战略和策略等问题进行了集中分析,并对未来进行了预测。在此之前,我想抛砖引玉,谈谈我国文化产业"走出去"的政策、实践和策略等问题。

当今时代,文化竞争力越来越成为国家竞争力的决定性因素,成为一个国家软实力和综合国力的重要表现。在经济全球化背景下,一个国家或地区的文化影响力更多是通过国际贸易的方式来实现的。美国影视产业与出版产业、英国创意产业与出版产业、日本动漫产业以及韩国的影视产业等,都是以培育具有国际竞争力的文化企业为目标,通过市场化方式实现文化的传播和沟通。美国文化产品的出口早已成为美国对外贸易的重要组成部分,仅核心版权产业出口一项就已经超过化学品、医药品、汽车、航天及相关设备等其他产业部门的出口总额。韩国影视产业引发了席卷全球的"韩流",同时带动了韩国旅游业、服装美容等行业的发展。在这种背景下,中国逐渐认识到文化产业通过国际贸易"走出去"是提高中国文化软实力的重要途径,并先后制定了一系列相关的规划和政策。

一、中国文化产业"走出去"的政策

2009年我国把文化产业确立为国家建设的战略性产业,2011年3月16日颁布的《中华人民共和国国民经济和社会发展第十二个五年规划纲要》中涉及文化"走出去"部分的内容明确列入"加快发展文化产业"一节,提出了"积极开拓国际文化市场,创新文化'走出去'模式,增强中华文化国际竞争力和影响力,提升国家软实力"的发展目标。2011年4月文化部颁布《关于促进文化产品和服务"走出去"2011—2015年总体规划》,提出文化"走出去"的基本原则为:坚持"以政府为引导、企业为主体、市场运作为主要方式";坚持统筹国内外两种资源、两个市场。2011年4月20日,新闻出版总署颁布《新闻出版业"十二五"时期"走出去"发展规划》提出:坚持以政府为主导、企业为主体、市场化运作的运行体制;坚持政策扶持、项目带动、平台支撑的运行机制。2012年2月17日—18日,中共中央宣传部长刘云山在全国文化体制改革工作会议上的讲话中再次明确提出,要按照"政府主导、企业主体、民间参与、合作共赢"的要求,在加强对外文化交流的同时,积极发展对外文化贸易,加强品牌建设和市场营销,更好地推动中华文化"走出去"。十八大召开以后,在中央改革精神的指引下,指导思想有了一定变化。2014年3月3日《国务院关于加快发展对外文化贸易的意见》指导思想改为:统筹国际国内两个市场、两种资源,加强政策引导,优化市场环境,壮大市场主体,改善贸易结构,加快发展对外文化贸易,在更大范围、更广领域和更高层次上参与国际文化合作和竞争,把更多具有中国特色的优秀文化产品推向世界。可见把"政府主导或引导"变为"政策引导"意在摆正政府与市场的关系,还在原则中特别指出,切实转变政府职能,依法监管,减少行政干预,加大政策支持力度,营造对外文化贸易发展的良好环境。

二、中国文化产业"走出去"的实践

在实践层面,近几年中国文化产业走向世界的步伐在加快。据统计,2013年,中国出口文化产品总额251.3亿美元,以视觉艺术品、新型媒体(游戏)、印刷品、乐器制品为主。文化服务贸易出口51.3亿美元,以广告宣传服务为主。在文化产品出口中,网络游戏产品海外发展势头良好,后来居上,出口规模不断扩大。2011年,34家企业的131款原创网络游戏出口海外,实现收入3.6亿美元。2012年,40家中国企业的177款网游产品出口海外,实现收益5.7亿元,同比增长57.5%。2013年,游戏出口突破10亿美元。2014年1月—6月游戏出口达8亿美元。率先实现了国际游戏贸易顺差。其中完美世界公司连续六年保持出口量第一。电影、电视、动漫等主流文化产品出口总值的发展也在国际贸易逆差中有所发展。其中深圳华强集团做的动漫产业较为出色。深圳华强文化科技集团创作的《熊出没》动画片于2013年成功与迪士尼签约海外版权,进入全球知名儿童频道,并在俄罗斯、伊朗等多个国家电视频道中热播。另外,中国文化产业海外投资虽然总体发展水平较低、规模不大,但一些龙头文化企业的发展势头不可小视,中国文化产业海外投资领域比较集中,主要涉及演出剧场、电视台或电视频道落户播出、电影院线等;海外投资对象主要集中在美国等发达国家;海外投资或并购动机多为获取有利的无形资源,包括生产和营销资源、打破市场壁垒、获得进入这些国家市场的通行证。2009年12月,天创国际演艺制作交流有限公司收购了美国著名演艺中心布兰森白官剧院,中国文化企业首次拥有了属于自己的海外剧场;2012年,万达收购了全球第二大院线AMC,从而获得了全球最大的电影院线运营渠道;到2012年上半年,中央电视台中文国际频道和119个国家和地区的电视机构签订落地合作协议,信号覆盖171个国家和地区,用户总数超过3亿,海外落地酒店1242家,酒店房间总量超过32万间。一些民营企业还积极并购国外电视台,如2009年浙江商人叶茂西的西京集团全资收购了一家阿联酋国有电视台和一家英国本土卫星电视台,大力宣传中国文化和中国精英人物,引起相关国家地区对中国文化的关注。

三、国际竞争力评价及原因分析

虽然中国文化产业发展速度很快,"走出去"也有一定规模,但从国际竞争力水平来看还远远不容乐观。在东西文化对话的世纪转折期,中国文化的世界影响力仍然不足,在西方强势文化的扩张中表现出接受与退却的弱势。主要表现为文化贸易逆差大、企业规模小而分散。形成这种格局的主要原因在于不重视国际竞争策略,具体表现在以下几方面:1.我国的出口模式是:以中国市场为对象开发产品,先在中国卖,然后再出口,而非以国际市场为对象,而美国、欧洲、日本、韩国等国早已主攻国际市场,这就注定了我国的文化产品在国外会有很大的文化折扣;2.中华文化产品的原创性较差造成吸引力不足,各地过分注重文化产业化进程,忽视文化传播的内容、文化产品的质量,造成文化产品海外销售滑坡,衍生产业链也难以发展;3.对传统文化资源开发不够,只是以片面化、零碎化的方式呈现给西方世界,没有显示出足以影响世界的精神内涵,我们输出的武术、茉莉花、民间剪纸等,多是通过象征符号向西方世界勾画"中华文化",缺少中国文化的精神母体,没有体现中华文化的文化价值、民族精神;4.对当代国内和国际最新精神缺乏提炼,所以没有震撼国际的精神作品;5.大多数国内文化企业没有国际化竞争策略;6.政府虽然支持文化产业"走出去",但在支持水平上还处于初级阶段,很多事情帮不上忙。因此,必须从文化全球化视野来重新思考我国文化产业"走出去"的国际竞争策略。

四、国际化竞争策略定位

首先,从国际视野来看,经济全球化所带来的不仅是物品、技术、资本、人员等要素在全世界范围内的自由流动,而且包括文化产品、文化资本、文化信息和文化观念在世界范围内的自由流动,尤其是在信息技术和网络系统等现代传媒设施日益国际化条件下,经济全球化导致了思想意识、价值观念、文化艺术、行为方式、生活方式在国际范围交流碰撞。因此,经济全球化决定了文化全球化,而且发展趋向是双向融合而不是单向传播,这就决定了我国竞争策略的基本定位。

其次,虽然国家战略明确指出要向外传播中国文化价值观念,但在文化全球化时代,既然发展趋向是双向融合,就不可能再单纯推广一个国家的文化,而要以相互融合为主要方式找到共同点,再巧妙渗透本国文化价值观。美国文化之所以成为强势文化是与吸收各国文化精髓分不开的。美国的实践证明,即使针对目标市场开发的文化产品也一样可以传播自己的价值理念。这方面我们至少落后了十年。因此,要改变以国内市场为对象的单一开发模式,要根据对象国文化需求结合中国先进文化理念进行综合开发,特别在当今国际形势下,传播中国文化更应采取隐蔽的方式。比如完美世界正在进行的游戏《圣斗士星矢Online》的开发,就采取购买全球知名漫画版权进行研发的方式,借由国外的文化形象,在其中融入中国的文化因素。这种文化融合显然更适合中国文化的海外传播。

第三,根据国际市场机制的要求开发文化产品,要深入研究对象国市场的精神需求,开发出具有竞争力的产品。任何一种文化的竞争力都来自两大因素:一是能够生产出满足各国人民文化生活需求的文化产品;二是能够创造出满足各国人民文化生活水平不断提高的新的文化需求市场。因此,我们要通过专业机构深入的调查研究,提炼出各国(或对象国)都殷切期待的精神需求。

第四,文化企业要全面实施国际化战略和策略。目前我国大部分文化企业没有国际化战略,这是没有国际竞争力的重要原因。应利用好经济全球化和文化全球化背景下提供的各种资源,积极构建国际化产业链,在研发、制作、发行、衍生产品、售后服务、资本运作、品牌经营等方面全面国际化,只有这样才能在国际市场上占据有力地位,逐渐做大做强。

第五,在人才培养模式上要不断根据国际先进经验进行改进。为什么我们的文化创意能力差?为什么我们的国际文化项目创新少?关键在于没有国际化顶尖人才。这要从我国的人才培养模式上找原因,目前我国人才培养的模式存在分科太细、实践性差、空泛等缺陷。要改变这种情况,必须注重综合性、实战性教育,可开辟模拟课堂和校外课堂,文化管理性人才课程要有跨学科的多元化设计,比如要包括创业、财务、资本运作等相关课程,要培养学生多元思维和国际视野,培养整合国际资源的能力,最好实行国际合作教学模式,以便多研究国际上最新的成功案例。

五、政府支持策略现状与改进

自十七届六中全会提出大力实施文化"走出去"战略以来,政府在宏观政策上一直鼓励和支持文化企业出口。具体来讲,商务部会同相关部门积极利用财税、金融手段,支持文化贸易企业。2009年商务部会同有关部门印发了《关于金融支持文化出口的指导意见》,2010年商务部等10部门联合发布了《关于进一步推进国家文化出口重点企业和项目目录相关工作的指导意见》,提出了更加全面和完善的政策措施。在鼓励文化出口重点企业出口方面,2007年,商务部会同有关部门共同制订了《文化产品和服务出口指导目录》,并于2012年进行了重新修订。根据《指导目录》,商务部会同中宣部、财政部、文化部、新闻出版广电总局等相关部门,从2007年开始每两年认定一批国家文化出口重点企业和重点项目。2013—2014年度国家文化出口重点企业366家、项目123个。而2014年3月初,国务院正式印发了商务部等有关单位参与起草的《关于加快发展对外文化贸易的意见》在财税方面也有一系列扶持措施。加大文化产业发展专项资金等支持力度,综合运用多种政策手段,对文化服务出口、境外投资、营销渠道建设、市场开拓、公共服务平台建设、文化贸易人才培养等方面给予支持。对国家重点鼓励的文化服务出口实行营业税免税。结合营业税改征增值税改革试点,逐步将文化服务行业纳入"营改增"试点范围,对纳入增值税征收范围的文化服务出口实行增值税零税率或免税。此外，支持符合条件的国家文化出口重点企业通过发行企业债券、公司债券、非金融企业债务融资工具等方式融资。笔者认为，目前国家扶持的倾向应该调整。要改变主要对国有文化创意企业进行资助的做法，调整资助方向，对创意能力较强、产品一流的民营文化创意企业加强资助。必须认识到，文化产业走出去的常态发展主要依靠中小民营文化企业。

同时，政府也初步搭建了一些贸易促进平台。商务部积极开展各项文化出口促进工作，包括将文化贸易作为京交会的重要展示、洽谈、交流领域，在京交会上举办文化贸易展区和论坛；积极参与主办深圳文博会，指导驻外经商机构协助文博会境外推介和贸易促进活动，促进文化企业国际交流与合作；引导企业参加日本东京电玩展、德国科隆游戏展，举办中国（香港）国际服务贸易洽谈会；利用"中国服务贸易指南网"，为文化企业搭建出口信息平台。各地方政府也先后出台了一些具体的优惠政策，有些还初步搭建了一些服务平台。如上海国际文化服务贸易平台，平台作为推动文化服务贸易快速健康发展的重要平台和支持优秀文化产品和服务"走出去"的战略基地，自建立之初就确立了五大功能定位，即文化产品进出口基地、文化贸易品牌企业集聚地、文化贸易金融政策试验基地、文化产品展览展示推介基地、文化经营贸易人才培训基地。

但是这些平台的功能还远远不能满足企业的需要。目前中国许多文化创意企业感到"走出去"前期推广宣传费用高，综合运作成本大，资金筹措困难重重，对国际文化市场和受众调查研究不够，市场信息闭塞，缺少联系渠道，难以根据国际市场需求变化策划、生产和营销中国文化产品和演展剧目。因此，文化"走出去"，除了企业要积极参与市场竞争，政府还需搭建更加深入的平台，提供良好的服务，如服务外包、国际采购、订单加工、商贸咨询、进出口贸易等。应建立对外交流与合作信息平台，建立国内文化企业和产品资源库、国外文化贸易渠道信息库，构建完整有效的投资信息和文化贸易统计分析系统，为企业提供海外市场信息。发挥社会传媒中介咨询机构和行业协会的作用，推动他们参与信息平台建设和经营。外交部要发挥驻外使领馆的桥梁、纽带作用，搜集、了解并反馈当地文化消费需求,逐步建立各国海外服务平台。引导社会资本组建市场化的专业国际文化信息中介机构,评估中国对外文化创意产品和服务出口的效果。

宫玉选

北京外国语大学文化产业研究中心主任

2015 年 3 月 26 日

目 录

第一编 中国文化产业"走出去"的综合研究

3 积蓄势能 寻求新的突破
——中国2012—2013年对外文化贸易发展
金元浦

25 我国文化产品和文化服务出口结构及竞争力分析
李怀亮 虞海侠

43 中国文化产业:从"走出去"到"融进去"
秦 勇

48 基于偏好相似理论的我国文化产业"走出去"战略研究
佟 东

59 试验的价值
——中国(上海)自贸试验区建设与文化产业发展
李康化 马 萍

附录:官方文件

75 文化部关于促进文化产品和服务"走出去"2011—2015年总体规划
时间:2011年4月 来源:文化部

81 国务院关于加快发展对外文化贸易的意见
国发〔2014〕13号

第二编　中国影视产业"走出去"评论

89　我国影视产业"'走出去'工程"10年的绩效反思
　　朱春阳

104　中国影视文化产品"走出去"的问题与对策
　　李怀亮　万兴伟

116　中国影视节目"走出去"的本土化营销策略探讨
　　程春丽

123　广播影视"走出去"的战略转向:导向、目标与路径
　　李　宇

第三编　中国动漫、游戏、设计、广告产业"走出去"评论

131　中国动漫如何"走出去"?
　　——论中国动漫对外传播的现状、问题与策略
　　盘　剑

146　我国动漫产业走向国际化的发展路径研究
　　王晓东

152　中国动漫国际传播的现状与路径探寻
　　侯　洪　徐　盟

161　从"政策红利"到"管理红利"
　　——兼谈中国动画产业国际化经营的战略思考
　　苏　锋

169　微笑曲线中的价值链攀升之路
　　——中国自主研发网络游戏"走出去"的第一个十年
　　蒋　多　杨　裔

186 游戏产业：我国对外文化贸易的生力军
　　——2012—2013 中国游戏产业对外文化贸易发展述要
　　柴冬冬

207 创意设计产业对外文化贸易年度报告
　　欧阳神州

227 中国广告产业的"走出去"之路
　　——2012—2013 我国广告业对外文化贸易发展撮要
　　高　超

第四编　中国旅游产业"走出去"研究

247 文化"走出去"视角下的入境旅游发展策略
　　王春林

256 中国旅游业"走出去"战略分析
　　雷兴长　罗婷婷

264 智慧旅游
　　——中国旅游走向国际市场的重要途径
　　郭　靖

275 论文作者简介
277 编后记

第一编

中国文化产业"走出去"的综合研究

中国文化"走出去",离不开中国文化产业,或者可以说,中国文化产业"走出去"是中国文化"走出去"的主要载体。近几年,政府深刻认识到只有文化交流是远远不够的,没有文化产品的大量出口和文化产业的海外布局是不能实现文化强国目标的。因此,国务院陆续出台了促进中国文化产品出口的文件,推动了中国文化产业的快速发展。学术界对这个问题的认识也逐渐深入,从概念、内涵的探讨逐步转向对实际文化产品出口的结构、竞争力、年度报告分析以及战略与战术等深层问题,这表明这方面学术研究的实效性在提高。

积蓄势能 寻求新的突破[①]
——中国 2012—2013 年对外文化贸易发展

金元浦[②]

党的十八届三中全会《中共中央关于全面深化改革若干重大问题的决定》(以下简称《决定》)提出,要提高文化开放水平。坚持政府主导、企业主体、市场运作、社会参与,扩大对外文化交流,加强国际传播能力和对外话语体系建设,推动中华文化走向世界。按照党的十八届三中全会精神,回顾和盘点近年来我国对外文化贸易的发展,反思其成就和问题,对于落实全会精神,进一步改革创新是十分必要的。

一、中国对外文化贸易的宏观背景

2012—2013 年,在国际经济持续走软,国际金融危机持续影响,国际需求特别是发达国家贸易需求大幅下降的宏观背景下,原本处于逆差状态的我国对外文化贸易面临较为严峻的局面。

[①] 本报告由本课题主持人金元浦总撰写,分课题负责人提供相关研究资料。
[②] 金元浦,博士,中国人民大学文学院教授、博士生导师。中国人民大学文化创意产业研究所所长,中国文化产业国际联盟副会长,中国创意产业国际论坛秘书长。教育部、文化部高等学校动漫类教材建设专家委员会副主任,北京科技美学学会会长,商务部服务贸易协会专家委员会副主任,文化贸易首席专家,"对外文化贸易课题组"负责人。

从国际层面看,2013 年 9 月,联合国贸发会议在厦门发布的 2013 年《贸易与发展报告》指出,世界产出增长率持续下降,并可能进一步下跌。发展中国家需由过度依赖出口实现增长转向更多依靠内需。据介绍,世界产出增长率已经从 2010 年的 4.1% 下降到 2011 年的 2.8%,继而再降至 2012 年的 2.2%。联合国贸发会议预测,2013 年世界产出增长率不会回升,反而可能进一步跌至 2.1%。发达国家将继续落后于世界平均水平,其国内生产总值的增长率只有 1%。

根据这份《贸易与发展报告》,发展中经济体与转型期经济体将以与 2012 年类似的速度增长,分别略高于 4.5% 和 2.5%,因此仍将是世界经济增长的主要动力,约占全球产出增长的 2/3。

《贸易与发展报告》预测,由于来自发达国家的外需仍然疲软,发展中经济体和转型期经济体的增长将更多由内需而不是出口推动。

联合国贸发会议表示,由于发展中国家的经济增长速度快于发达国家,因此它们在全球经济中的比重显著增加。发展中国家在世界产出中所占的份额从 2000 年的 22% 上升到 2012 年的 36%,对世界出口的参与额也从 32% 提高到 45%。

从国内层面看,2012 年中国经济增速回落,经济危机带来的余震还在持续,上半年 GDP 同比增长 7.8%,其中二季度增长 7.6%,创三年来新低。我国经济正处于调整经济结构,调低发展目标,稳增长、惠民生的新的发展阶段,对外文化贸易则面临着新的挑战。

自党的十六大以来的十年,是我国经济快速融入世界经济的十年,也是我国对外贸易发展最快的十年。2003—2011 年,我国货物进出口贸易年均增长 21.7%,其中,出口年均增长 21.6%,进口年均增长 21.8%。2011 年,我国外贸出口额和进口额占世界货物出口和进口的比重分别提高到 10.4% 和 9.5%。2011 年我国货物贸易进出口总额跃居世界第二位,连续 3 年成为世界最大出口国和第二大进口国。我国紧紧抓住加入世界贸易组织的机遇,坚持扩大内需与稳定外需相结合,积极应对国际金融危机带来的冲击与挑战,继续推进对外开放,全面参与经济全球化进程。

我国着力促进贸易基本平衡,切实提升外贸发展质量和效益,进出口商品结构进一步优化。外贸顺差在2008年达到2981亿美元的最高值后开始逐年回落,贸易差额占进出口总额的比重从2002年的10.1%逐年下降到2009年的8.9%、2010年的6.2%和2011年的4.3%。

我国深入实施"走出去"战略,对外经济合作驶入良性发展轨道。截至2011年末,我国累计非金融类对外直接投资达3189亿美元。2011年,我国非金融类对外直接投资达601亿美元,比2003年增长19.7倍,年均增长46.4%。

2013年,我国货物进出口总额为4.16万亿美元,其中出口2.21万亿美元,进口1.95万亿美元。据世界贸易组织秘书处初步统计,2013年,中国已成为世界第一货物贸易大国。这是我国对外贸易发展道路上新的里程碑,也是我国坚持改革开放和参与经济全球化的重大成果。自2009年起,我国已成为世界第一出口大国,目前中国已经是120多个国家和地区最大的贸易伙伴,每年进口近2万亿美元的商品,为全球贸易伙伴创造了大量就业岗位和投资机会。但我国目前尚不是国际贸易强国,要实现这一目标仍然任重道远,贸易大国仅是建设贸易强国的基础。我国出口产品特别是文化产品和文化服务附加值较低,拥有的自主品牌少,营销网络不健全,出口的文化产品缺乏原创、质量不高,统筹两个市场、两种资源的能力需要进一步提高。当前我国对外开放面临新的形势和挑战,需要进一步转变方式、调整结构,培育参与经济全球化的新优势,加强与贸易伙伴的务实合作,努力实现互利共赢和共同发展。

党的十八大以来,我国对外开放由出口和吸收外资为主转向进口和出口、吸收外资和对外投资并重的新形势,实行更加积极主动的开放战略,加快完善更加适应发展开放型经济要求的体制机制,有效防范风险,以开放促发展、促改革、促创新。

党的十八届三中全会《决定》确立市场要在资源配置中起决定性作用,并指出经济体制改革是全面深化改革的重点,核心问题是处理好政府和市场的关系,使市场在资源配置中起决定性作用和更好地发挥政府作用。建设统一开放、竞争有序的市场体系,是使市场在资源配置中起决定性作用的基础。这一原则的确定,指出了我国对外文化贸易发展总的方向。

要增强中华文化的软实力,推动中华文化走向世界,必须从文化事业和文化产业两个方面来全面拓展,同时发力。一方面要加强中国传统文化和当代文化的传播弘扬,理顺内宣外宣体制,支持重点媒体面向国内、国际发展;鼓励社会组织、中资机构等参与孔子学院建设和海外文化中心建设,积极承担人文交流项目。另一方面要从国际市场出发,支持文化企业到境外开拓市场,培育一批外向型文化跨国企业作为国家队,参与全球文化市场的竞争。

从实践层面看,新一届领导集体更加重视文化创意、设计服务、产业融合等高端形态的发展。2014年1月22日国务院总理李克强主持召开国务院常务会议,部署推进文化创意和设计服务与相关产业融合发展的新战略,对我国文化贸易与文化服务发展有重要指导意义。会议指出,文化创意和设计服务具有高知识性、高增值性和低消耗、低污染等特征。依靠创新,推进文化创意和设计服务等新型、高端服务业发展,促进与相关产业深度融合。这是调整经济结构的重要内容,有利于改善产品和服务品质、满足群众多样化需求,也可以催生新业态、带动就业、推动产业转型升级。会议确定了推进文化创意和设计服务与相关产业融合发展的政策措施:一是加强创意、设计知识产权保护,健全激励机制,推进产、学、研、用结合,活跃知识产权交易,为保护和鼓励创新、更好地实现创意和设计成果价值营造良好的环境。二是实施文化创意和设计服务人才扶持计划,支持学历教育与职业培训并举、创意设计与经营管理结合的人才培养新模式,让更多人才脱颖而出。三是以市场为主导,鼓励创意类、设计类中小微企业成长,引导民间资本投入文化创意、设计服务领域,设立创意中心、设计中心,放开建筑设计领域外资准入限制。四是突出绿色和节能环保导向,通过完善标准、加大政府采购力度等方式加强引导,推动更多绿色、节能环保的创意设计转化为产品。五是完善相关扶持政策和金融服务,用好文化产业发展专项资金,促进文化创意和设计服务蓬勃发展。这一决策既是我国文化贸易进一步发展的更高要求和有力支撑,也是进一步发展的方向与目标。

二、2012—2013年中国对外文化贸易发展概况

对外文化贸易作为最广泛的文化交流途径和特定的商业性交流模式,对国家文化发展具有强大的驱动力和可持续性。2012—2013年,我国对外文化贸易在国际经济持续走软,国内处于调整经济结构的宏观背景下,依然有不错的发展。

总体来看,2012年,中国服务贸易进出口总额4706亿美元,比上年同比增长12.3%,占世界比重5.20%。其中,中国服务贸易出口额1904亿美元,同比增长4.60%,占世界比重4.4%;中国服务贸易进口额2801亿美元,同比增长18.20%,占世界比重6.8%。

2011年,按贸易方式分核心文化产品进出口总额198.9亿美元:出口额186.9亿美元,增长22.20%;进口额12.1亿美元,增长10.4%。其中,一般贸易进出口额108.3亿美元:出口额101.0亿美元,增长40.5%;进口额7.3亿美元,增长14.80%。加工贸易进出口额74.7亿美元:出口额71.3亿美元,增长3.40%,进口额3.4亿美元,增长1.9%。其他贸易进出口额16.0亿美元:出口额14.6亿美元,增长21.00%;进口额1.4亿美元,增长10.6%。随着统计类别和方法的变更,我国文化贸易的各项数据将有较大变化。

从对外文化贸易各项分类行业发展状况看,我国对外文化贸易显示出总体向好的态势。

(一) 以游戏、广告、设计和动漫为代表的新业态已经替代出版、电影等传统产业形态,成为我国对外文化贸易的第一军团

1. 游戏在对外文化贸易中增长最快、前景广阔

作为整体游戏市场中的"领头羊",网络游戏已成功"走出去"。2011年,国产网络游戏的出口额达到4.03亿美元,相比2010年的2.29亿美元增长了76%。2012年,国产网络游戏出口规模继续稳步增长,收入达到5.87亿美元,同比增长45.70%。由于2011年的

爆发性冲高,2012年国产网络游戏出口额的增速有所回落。尽管如此,2012年仍有新增54家公司共计66款国产网络游戏出口海外,2010—2012年,国产网络游戏累计出口产品数量已经突破260款,参与出口的网络游戏企业接近100家,国产网络游戏海外出口收入稳步增长。

从产品结构看,2012年出口的国产原创网络游戏中,网页游戏数量增加,达到103款,比2011年增加了46款,同比增长80.7%。

随着移动互联网的发展和移动上网设备(主要指智能手机、平板电脑等)的爆炸式增长,一种全新的移动网游戏运营模式日渐成熟。这种模式除了传统的网络游戏巨头的加入外,更多地吸引了资本实力不足、不具备海外直接发行能力、不被代理商采购的中小游戏企业。它的存在为丰富网络游戏产品,提升中小企业开发热情提供了不可多得的机遇。一些优秀的国内原创移动网游戏作品进行相应的本地化后,在海外拥有不错的市场销量。

2. 广告产业市场规模发展迅速

截至2012年底,中国广告业市场总体规模已跃居世界第二位。广告经营额占国内生产总值的比重达0.9%,比2011年上升了0.24%。2012年国内经济发展相对缓慢,对广告市场造成一定的冲击,广告市场增幅明显放缓,但出口依然快速增长,比2011年增长18.2%。从进口额情况看,2002—2006年的进口额分别为3.94亿美元、4.58亿美元、6.98亿美元、7.15亿美元、9.55亿美元;2003—2006年的年增长率分别为16.08%、52.51%、2.42%、33.52%。2002—2006年的出口额分别为3.73亿美元、4.86亿美元、8.49亿美元、10.76亿美元、14.45亿美元;2003—2006年的年增长率分别为30.42%、74.52%、26.76%、34.33%。从总差额情况看,近年来我国广告、宣传服务的国际服务贸易由逆差迅速转变成为顺差,我国的广告、宣传服务的国际竞争力显著增强。

随着世界经济全球化进程加快和中国经济的不断发展,中国广告产业在迎来前所未有发展机遇的同时,也面临着来自跨国广告公司新一轮强势扩张的冲击。从总体来看,2012年,电视仍是国内第一大广告投放媒介。电视广告受众范围广、传播效果强、灵活度高等特点使其拥有庞大的观众群,其规模仍占据广告市场的最大份额。不过近三年来其媒介份额有逐年下滑的趋势。软硬件设备的不断优化和 IPTV 用户量的稳步增长,促进了电视搜索和电视媒体定向广告的发展。借由网络电视可以实现更为精准的定向广告投放。据央视市场研究(CTR)报告:2012 年上半年,传统媒体的广告刊例花费同比增长 3.9%,低于 2008—2011 年的同期水平。互联网广告花费持续快速增长,继续引领媒介花费市场的增长。根据引力传媒报告,2012 年上半年,中国互联网广告保持了 25.7% 的稳定增长。艾瑞咨询最新数据显示,2012 年第三季度,网络广告规模为 213.7 亿元,同比增长 43.8%,环比增长 16.1%。前三季度累计中国互联网广告市场规模为 539.1 亿元,2012 年全年中国互联网广告市场预计突破 750 亿元。在网络广告市场份额中视频广告增幅最大,已成为网络广告市场增长的主力。电商平台在网络广告中的份额不断提升。以淘宝(含淘宝网和天猫)、京东商城为代表的电商企业不仅为企业提供了销售平台,更提升了企业营销空间,电商行业的发展打破了传统市场营销和商品销售的局限。

2012 年,中国移动互联网市场正在进入一个高增长期,移动应用广告平台目前发展最快,市场规模增长到 12.6 亿元,2013 年及未来几年将会保持高增长率。移动营销中 APP 应用营销是目前移动网民最主要的使用媒介,引起了广告主的极大关注,市场规模增长很快。社会化营销中的微博、微信营销等已然颠覆了大众传播的方式,并成为企业营销新动向。伴随大数据时代的到来,数据库营销引发了营销变革。

3. 设计创意产业对外文化贸易快速全面发展

我国目前专业设计公司有 10 万多家,主要集中在以北京为中心的环渤海地区、以上海为中心的长三角地区以及以广州、深圳为核心地域的珠三角地区。北京、上海、深圳作为中国三大创意设计之都,发展前景、发展程度与水平远高于国内其他地区。从近两年的创意设计产业发展实际情况来看,"设计之都"的发展状况客观上可以被看作我国这一产业发展的风向标。

2012年6月,北京正式加入联合国教科文组织创意城市网络,以科技创新、文化创新的鲜明特色成功当选"设计之都",确立了北京设计在全球设计领域的领先地位。截至2013年,北京市共有规模以上专业设计单位800余家,设计产业从业人员近20万人,实现收入超过1 000亿元。预计到2020年,设计产业年收入将突破2 000亿元,惠普、波音、英特尔、宝洁等20余家跨国公司在京设立了研发设计中心。北京也将建设成为全国设计核心。以"设计超乎想象"为主题的2013中国设计节暨第二届中国设计发展年会于2013年5月在北京亦庄开幕。设计节为期3天,以"共建瑰谷,共赢未来"为主线,旨在将国内外设计力量汇集于"中国设计瑰谷",力促中国设计业与各大产业产生密切联系,实现设计专家、设计组织、行业创新、区域发展等多方共赢,成为北京建设"设计之都"的重要支撑。

上海作为另一设计之都,工业基础雄厚,设计产业起步较早,发展较为成熟的主要是工业设计、时尚设计、建筑设计、软件设计等。近年来,上海加强工业设计相关材料、技术等研究和应用,以提升行业企业设计创新意识和能力为抓手,通过支持工业企业与设计企业对接合作项目、开展设计创新示范企业认定、建设服务平台、建设基地载体和设立设计奖项,鼓励大型企业集团建立工业设计中心,鼓励各类企业设计服务外包,完善工业设计创新体系,推动工业设计创新成果产业化,促成设计产业与制造业深度融合,逐步打造出一批具有较强竞争力的工业设计龙头企业和品牌。在上海文化创意产业中,软件与计算机服务业、建筑设计业经济规模较大,占文化创意产业增加值比重分别为17.4%、13.3%。设计业持续保持两位数增长,对整个产业的发展贡献作用显著。2012年,文化创意产业中的工业设计业、建筑设计业增加值分别达196.54亿元和301.93亿元,共占文化创意产业增加值总量的22%,分别比上年增长15.3%和11.8%,对文化创意产业增长的贡献率达到27.8%,带动整个产业的迅速发展①。

深圳作为全国第一个获得联合国教科文组织授予"设计之都"称号的城市,在积极参与国际化交流与合作中取得新进展。深圳工业设计占全国市场份额达50%。按照深圳工业设计行业协会统计,全市拥有各类工业设计机构近5 000家,从业人员超过6万人。设计产值增长在25%之上,工业设计带来的附加值超过千亿元。②近三年来全市工业设计斩获国际IF大奖26项,获得红点奖26项,超过全国获奖数量的半数以上。深圳设计之都创意产业园共进驻以工业设计为主的创意设计企业170多家,其中全国性龙头企业占80%,包括嘉兰图、洛可可等中国工业设计领军企业以及靳与刘设计、叶智荣设计等30多家香港地区及欧美龙头设计企业中国总部和机构代表处,形成国内工业设计企业规模最大、龙头企业总部数量最多的创意产业园区,被业界誉为"中国工业设计第一园"。2012年,在有工业设计领域奥斯卡之称的德国红点概念奖评选中,来自深圳的6件作品获此殊荣;随后的英国百分百设计展上,深圳工业设计代表团组织的设计企业达38家,获得多个奖项③。2013年5月,深圳设计首度受邀于意大利佛罗伦萨设计周,近60件展品体现了"设计融入生活"的设计潮流,贴合了"Crossing People"设计周主题④。这也是由"深圳制造"迈向"深圳设计"的世界设计版图的又一坚实步伐。

4. 动漫产业对外文化贸易稳步发展

从2008年起,我国核心动漫产品的出口每年都大幅度增长,展现了很好的发展势头(见表1)。

---

① 《2013年上海文化创意产业发展报告》http://www.shanghai.gov.cn/shanghai/node2314/node9819/node9822/u2lai761760.html。
② 邓翔:《深圳设计"走出去":核心竞争力在哪里?》,《南方日报》2012年5月22日。
③ 《中国质量报》2012年11月26日,第5版。
④ http://www.gdida.org/newsContent.do?sortOrder=3&newsld=572

表 1　近四年中国核心动漫产品出口情况

单位:亿元

年份	2009	2010	2011	2012
金额	3.19	5.1	7.14	8.3

另据国家广电总局数据,2011年,全国各影视机构共出口动画片146部20万分钟,金额2800多万美元。而2010年出口时长为17万分钟,2006年只有4.5万分钟。

根据国家统计局资料,2011年,对外出口动画电视的总金额为3662.39万元。韩国成为我国动画电视出口的第一大市场,大约占动画电视出口总额的1/3,遥遥领先于其他市场,过去四年保持了大幅增长的态势(见表2)。

表 2　2008—2011年中国动画电视出口情况

单位:万元

年份	2011	2010	2009	2008
动画电视出口总额	3 662.39	11 133.19	4 455.99	2 947.79
向韩国出口动画电视总额	1 246.74	271.82	7.00	—
向中国香港出口动画电视总额	757.16	—	—	—
向东南亚出口动画电视总额	511.09	—	—	—
向欧洲出口动画电视总额	365.27	2 199.04	520.03	64.00
向美国出口动画电视总额	380.55	369.19	800.00	—
向中国台湾出口动画电视总额	218.60	—	—	—
向日本出口动画电视总额	78.00	—	—	—
向其他国家出口动画电视总额	74.98	—	—	—

(资料来源:国家统计局网站)

东南亚与我国文化相近,地理相邻,是我国文化产品的传统市场。美国、欧洲和日本等市场是传统的动画产业消费国,观众欣赏动画产品品位高。这些国家和地区市场竞争激烈,是世界各国动画产业的必争之地。我国动画电视片对美、欧和日本的出口从金额看近4年的波动较大,我国动画电视在这些市场还没有建立稳定的市场地位。例如2010年对欧洲市场出口额曾达到2199.04万元,但在

2011年大幅降低,只有365.27万元。在美国市场,2009年曾达到800万元,但在2011年只有380.55万元(见表2)。

但是,从这些国家和地区进口我国电视剧、电视节目和纪录片的情况来看,这些市场对中国文化和中国文化产品保持着浓厚兴趣,从长期角度看,是我国动画电视出口主市场。例如美国市场的电视剧出口额和电视节目出口额都居我国两类电视产品出口的首位。

中国动画电影主要出口韩国和中东国家,与动画电视片的出口市场类似。国内漫画出口主要面向东南亚和欧美市场。在向东南亚市场出口的公司中,以天津神界漫画公司为代表。在向欧美市场出口的公司中,以北京天视全景文化传播公司为代表。

(二) 传统文化产业图书出版、电影、电视、文艺演出稳步推进,并通过数字化、网络化、移动化实现升级换代,提升了行业竞争力

1. 版权贸易有较大增长,版权引进输出比不断变化

版权引进输出比从2003年的8.2∶1减少到2012年的1.9∶1。由于版权输出数量的大幅增长,我国版权贸易逆差出现了明显改观。在国家大力发展文化"走出去"战略下,版权贸易取得显著的成效,2003—2012年我国版权输出总计38 455种,占这10年版权贸易总量的21.2%。

我国图书版权输出获得高速发展。从2003年起,我国正式把出版"走出去"作为新闻出版业发展的五大战略之一,对图书版权输出起到了促进作用。自2006年起,我国同美国、英国、法国、德国、荷兰等56个国家和地区签订了资助出版协议,资助出版图书1 690种;分别于2009年和2010年启动的"经典中国国际出版工程"和"中国出版物国际营销渠道拓展工程",为我国2010年图书输出种数的高增长起到至关重要的作用。正是在"走出去"政策以及一系列具体项目的推动下,我国版权输出量从2003—2008年的12 197种变为2009—2013年的34 774种,增长了将近2倍。从近年的输出情况来看,主要输出地已经从东亚逐渐扩展至欧美地区。根据国家版权局

公布的2003—2012年统计数据,亚洲地区的输出地主要集中在韩国、日本、新加坡以及我国港澳台地区。10年中,对这6个国家或地区的版权输出数量达17 420种,占总数的52.92%。欧美地区的输出地主要集中在美国、英国、德国、法国、加拿大、俄罗斯,对这6个国家的版权输出数量达7 787种,占总数的23.65%,这说明,我国内地的图书版权从华人核心文化圈向东亚文化圈,乃至西方主流文化圈拓展,成绩显而易见。

从目前看,我国图书与版权贸易的进口与输出在总量上还有一定差距,质量上差距更大,形势依然严峻。但从发展趋势看,贸易逆差正在逐年缩小,进口与输出正在走向平衡。如图1所示。

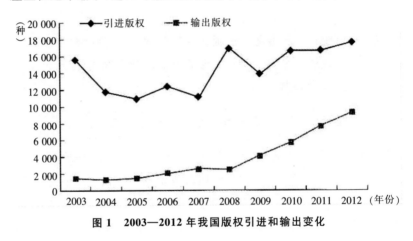

图1　2003—2012年我国版权引进和输出变化

2. 电影对外贸易呈下降趋势

中国加入WTO以来,中国电影海外票房从2003年的5亿元增长到2010年的35.15亿元,越来越多的影视作品在国际市场崭露头角。然而自2010年以来,对外电影贸易逐年递减,发展态势不容乐观。

根据中国电影海外推广公司数据,2010年,中国电影海外发行总收入为35.17亿元(人民币,下同),销往61个国家和地区,共计205部次;2011年,中国电影海外发行总收入为20.24亿元,销往22个国家和地区,共计163部次。2011年中国电影海外收入比2010年下降了42.42%。2012年我国电影年产量700多部,但全年只有75

部中国影片销往80多个国家和地区,共计199部次,数量不足总产量的10%,其中海外票房和销售收入仅有10.63亿元,不到国内票房的10%,相比2011年海外营销的20.24亿元大幅度滑坡,同比减少48%。2013年上半年共有23部影片销往19个国家(地区),共计88部次,海外票房及销售总收入5.41亿元,约为国内上半年总票房的5%。

我国电影对外贸易以合拍片为主力,合拍比例不断增加。从总体看,合拍片收入占比继续呈上升趋势,从2006年的58.8%上升至2010年的99.9%。2010年达成出口协议的影片共计47部,其中46部为中外合拍片。

2011年销往海外的影片共计52部(合拍片50部),合拍比例高达96.15%。其中14部影片销往美国(合拍片13部),销售收入8.59亿元,占全年总收入的42.44%。7部合拍片销往欧洲地区,总收入1.75亿元,占全年总收入的8.64%。此外,国产大片的出品公司主要集中在几家较大公司,其中中影集团在海外发行10部影片(均为合拍片),票房发行总收入为6.68亿元,占全年票房发行销售总额的33.00%;上影集团在海外发行5部电影(均为合拍片),票房发行总收入为2.73亿元,占全年票房发行销售总额的13.49%;新画面在海外发行4部电影(均为合拍片),票房发行总收入为2.71亿元,占全年票房发行销售总额的13.39%;光线影业在海外发行4部电影(均为合拍片),票房发行总收入为1.23亿元,占全年票房发行销售总额的6.08%;银都机构在海外发行3部电影(均为合拍片),票房发行总收入为1.03亿元,占全年票房发行销售总额的5.09%;保利博纳在海外发行4部电影(均为合拍片),票房发行总收入为0.90亿元,占全年票房发行销售总额的4.45%。

2012年销往海外的影片共计75部,合拍片为46部,所占比例高达61.33%,销往80个国家和地区,共计199部次,海外票房发行销售总收入为10.63亿元。华谊兄弟在海外发行9部电影(均为合拍片),票房发行总收入为3.38亿元,占全年票房发行销售总额的31.80%;乐视影业在海外发行3部电影(均为合拍片),票房发行总收入为1.13亿元,占全年票房发行销售总额的10.63%;中影集团在海外发行5部电影(均为合拍片),票房发行总收入为1.11亿元,占全年票房发行销售总额的10.44%;保利博纳在海外发行4部电影(均为合拍片),票房发行总收入为1.04亿元,占全年票房发行销售总额的9.78%;银都机构在海外发行4部电影(均为合拍片),票房发行总收入为8637.46万元,占全年票房发行销售总额的8.09%。

从影片类型看,传统动作类型片逐渐衰落,其余类型片发展不完善。从发展态势看,我国电影"走出去"呈下降趋势。由于国外试水屡屡失败,而国内电影市场十分火爆,市场收入增幅显著,一部分主力片商"走出去"动力不足,将更多精力放在国内,目标直指国内市场。

3. 电视剧生产、消费全球领先

近年来,中国已成为全球生产、消费电视剧最多的国家,电视剧出口出现了喜人的增长趋势。

表3 2008—2011年中国电视剧进出口额

单位:万元(人民币)

年份	2011	2010	2009	2008
进口额	34 564	21 450	26 887	24 293
出口额	14 649	7 483.5	3 583.6	7 524.95

2012年来,国产电视剧集中涌现出一批精品,在国际上赢得了较高声誉。与热播剧同时涌现出的一批具有海外号召力的演员、导演,为后续产品的海外影响力奠定了良好的基础。

电视剧出口主体格局与发行模式有所变化。首先是影视节目出口主体企业有了明显变化。除中国国际电视总公司在出口数量和金额上依然发挥主渠道优势外,北京、上海、江苏、广东、浙江、湖南等地的一些民营影视机构上升优势逐渐显现。2010年上市的华策被业内誉为中国"电视剧第一股",其赢利模式在于将电视剧制作的中间环节全部交给市场,重点放在剧本与发行两头。随着国产剧影响力的日益扩大,国外出现了不少中国电视剧的忠实粉丝,他们借助新媒体接受中国电视,新媒体渠道悄然崛起。

但是,我国电视剧进出口情况呈现贸易逆差。近年来,我国电视剧年对外出口额度徘徊在1亿元左右,受国际金融危机波及,1999年更是暴跌至3 000余万元。与此相对,进口量稳定维持在2亿—3亿元,达到出口量的2.5倍甚至3倍,贸易逆差虽然在逐年缩小,但仍相当严重。比较美、日、韩等影视产业发达的国家,中国电视剧的输出量和影响力相形见绌。近几年,国产剧输出有所提升,2011年我国电视剧出口额达2 000万美元,但同年韩国的电视剧出口额高达2.52亿美元。

4. 文艺演出

我国的对外文艺演出影响大,盘子小,宣传性积习很多,尚未建立完善的市场化机制。

2010年,共有302项演艺类项目走出国门进行商业演出,演出总场次25 908场,出口总收入约为2 765.6万美元;2011年,共有126项演艺产品(项目)走出国门(境)进行商业演出,演出场次为8 090场,出口总收入约为3 171.9万美元。2011年国家艺术院团演出推广交易会上,国家京剧院、中国国家话剧院、中国歌剧舞剧院、中国东方演艺集团有限公司等9个国家级艺术院团分别与相关单位签约各类演出共571场,金额1.15945亿元。可见,中国演艺公司在对外演出贸易这条路上依旧面临着非常激烈的竞争和压力。

目前中国对外演出贸易主要呈现两重格局。中国演艺公司对外演出贸易的主体可以分为以对外演出集团为代表的国有演艺院团和以天创国际演艺公司为代表的民营演艺院团两大类。其中国有演艺院团的对外演出活动多偏于促进文化交流和提升文化影响力,民营演艺院团则以赢利为主要目的。

民营院团在对外演出贸易中更为艰辛,以天创国际演艺公司为例,自成立起便专注于大型演艺项目策划制作与国际演艺项目经纪,先后制作了《天幻》《梦幻漓江》《功夫传奇》等七大常态品牌剧目。《功夫传奇》是其对外演出的首部剧目,于2005年在北美进行了长达5个月的巡演,共计150场,观众人数达11万人次,票房总收入300万美元。2009年,《功夫传奇》进入英国伦敦大剧院,连续演出27

场,观众上座率为60%。2009年底,天创国际投资354万美元在美国密苏里州布兰森市收购了"白宫剧院"。2012年1—4月,《功夫传奇》在西班牙、葡萄牙两国巡演112场。对于大部分的民营院团而言,现在依旧处于探路和积累经验的阶段,对外演出贸易整体实力依旧非常弱。

民族演艺产品表现突出,但以剧目输出贸易为主导。中国对外演出贸易依旧以杂技、功夫剧和民族舞台剧为主,对于国际演出市场主流的音乐剧和歌舞剧演出则较为缺乏。国家文化部外联局数据显示,以杂技为主的民族演艺产品的对外演出创汇额比重达到了80%,表现极其突出。2002年赴美商演的14个团组中11个为杂技团。从中国对外演出的剧目类型看,普遍集中在杂技和功夫剧方面。

(三) 艺术品、音乐产业异军突起

1. 艺术品贸易已经成为世界经济舞台上一个蓬勃发展的新兴领域

经济全球化的日益深化加速了艺术品的跨国流通,形成一个全球性巨大的艺术品市场。2012年,我国艺术品市场在国内文化产业九大类中排名第一,占据重要地位。

2012年1月—2013年6月,我国艺术品进出口总额逐年递增,且增速较大。艺术品进、出口额总体顺差。

从国际艺术品贸易市场的发展来看,2012年国际商品贸易中,进、出口数量为14 951 855件,金额共622 182 098美元。2013年上半年,进、出口数量为6 053 254件,金额共453 962 129美元。海关统计数据显示,2012年和2013年上半年国际出口额中,日本、美国、中国香港、英国、加拿大及荷兰仍占据大部分出口市场;进口额变化较大,2012年进口额最多的六个国家或地区分别为中国、英国、印度、美国、中国香港和法国,而2013年上半年则变为泰国、法国、美国、俄罗斯、中国香港和中国。泰国进口数量及金额得到较大提高,中国进口金额总排名略有下降,而印度则被挤出前20位。

总体来看,2012年,中国出口增速远大于进口增速。但2013年2月以来,艺术品进口额飞速增长,进、出口贸易差额逐步缩小。与

我国文化贸易总体逆差的状况不同,艺术品的对外贸易总体为顺差,且与发达国家的顺差有逐年扩大的趋势。

我国艺术品进、出口总额虽逐年递增,但波动较大。2011年艺术品出口份额大增,仅1—7月,出口额达42.8亿美元,同比增长27.6%;2012年,艺术品的出口经历了两个飞速发展阶段,一个是3—5月,另一个则发生在11—12月。月际出口额在12月达到了顶峰,为76 597 000美元。2012年艺术品进口额变化不大,虽在5—7月经历了较大的波动,但整体发展平稳。3月最低为1 024 000美元,6月为峰值34 086 000美元,与2011年各月相比都有所增长,5月增幅最大,为144.9%。

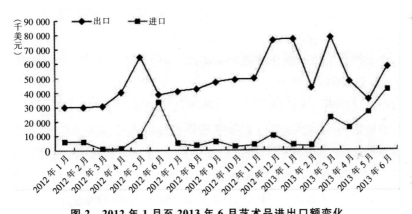

图2　2012年1月至2013年6月艺术品进出口额变化

2. 音乐产业

从整体发展看,我国传统方式的音像、电子出版物出口种数呈逐年下降趋势,2010年为10 352种(次),2009年为19 771种(次),而2008年为16 521种(次)。录音出版物出口种数下降更为明显,2011年为347种(次),2009年为1 878种(次),这与数字音乐产业冲击有关,与国际传统音乐产业整体呈下降趋势相符。出口金额也明显下降,2010年为47.16万美元,2009年为61.11万美元,2008年为101.32万美元。

无线音乐业务展现了巨大市场潜力,市场规模在很短的时间内快速扩大:国际唱片业协会(International Federation of the

Phonographic Industry,IFPI)2013年全球数字音乐报告显示,全球传统唱片行业连续11年下滑,但数字音乐却连续10年上涨。2012年全球数字音乐的贸易总额达56亿美元,2011年为52亿美元,2010年为46亿美元。数字渠道收入占唱片公司全球收入的比例:2012年为34%,2011年为32%,2010年为29%。2004—2010年全球唱片业价值的跌幅达31%,而数字音乐市场价值的增长达1000%多。传统唱片业不断向数字音乐市场领域调整,数字音乐已成为全球音乐产业发展的必然趋势。

自2003年数字音乐在中国开展以来,发展迅猛。根据《2011中国网络音乐市场年度报告(摘要)》显示,2011年,我国数字音乐总体市场规模已达27.8亿元(以网络音乐服务提供商、内容提供商总收入计),较2010年增长20.8%。获得文化行政部门审批、具有网络音乐业务经营资质的企业达到452家,比2010年增加了28.7%。2011年,在线音乐收入规模达3.8亿元,比2010年增长了35%。在线音乐用户规模为3.8亿元,较2010年增长了6.5%。中国无线音乐市场规模达到24亿元(以内容服务提供商总收入计),比2010年增长18.80%。电信运营商无线音乐相关收入达到282亿元(包含功能费)。截至2011年底中国无线音乐用户数近7亿户,在移动用户中渗透率为45.7%。如中国唱片公司数字收入的百分比达到71%,音乐销售大部分来自数字音乐,市场潜力巨大。

2011年7月,百度和三大唱片公司(环球、索尼BMG、华纳)签署One Stop China协议,百度承诺关闭深层链接的数字音乐侵权搜索服务,音乐用户可以通过受广告收入支持的合法服务免费下载音乐。One Stop China协议的破冰之举是中国最大音乐公司的专业经验及创作能力与中国最大互联网公司影响力的深度结合,是中国音乐产业发展史上的里程碑事件,标志着中国合法在线音乐的进步与进展。

三、我国对外文化贸易的政策选择

经济全球化深入发展,国际文化市场已成为各国文化竞争和交流的重要渠道,成为提升国家软实力的重要平台。随着我国综合国力日益增强和文化产业的发展,近年来文化出口发展迅速,越来越多的文化企业进入国际文化市场,文化产品和服务贸易逆差初步扭转,中华文化影响力不断扩大。但由于我国文化产业刚刚起步,在资本、技术、市场等方面与西方国家相比还有一定差距。进一步加大对文化出口重点企业和项目的支持力度,有利于率先培育一批中国文化出口品牌企业和品牌项目,加快提升文化出口企业的国际竞争力,推动我国文化贸易实现跨越式发展。

2007年,商务部会同中宣部、外交部、文化部、广电总局、新闻出版总署、国务院新闻办等有关部门共同制定了《文化产品和服务出口指导目录》(以下简称2007年《指导目录》),根据2007年《指导目录》评选并发布了《国家文化出口重点企业目录》(以下简称《企业目录》)和《国家文化出口重点项目目录》(以下简称《项目目录》)。各部门、各地区依据有关规定在市场开拓、技术创新等方面对国家文化出口重点企业和重点项目予以支持,有力促进了我国文化出口。

2010年,商务部联合中宣部、财政部、文化部、中国人民银行、海关总署、国家税务总局、广电总局、国家新闻出版总署、国家外汇管理局等部门发布《关于进一步推进国家文化出口重点企业和项目目录相关工作的指导意见》(以下简称《指导意见》)(商服贸发[2010]28号),这是迄今为止我国关于对外文化贸易的最权威文件。它确定了对外文化贸易的领导机制:建立由商务部牵头管理,联合中宣部、财政部、文化部、人民银行、海关总署、税务总局、广电总局、新闻出版总署、外汇局组成的文化出口重点企业和项目相关工作部际联系机制,制定规划,研究政策。

《指导意见》的主导精神是进一步扶优扶强,加大对文化出口重点企业和重点项目的支持力度,着力培养一批国际文化市场竞争主体,鼓励、支持和引导各种所有制文化企业开拓国际市场。培育和发展一批实力雄厚的外向型大型国有文化企业,使之成为文化出口主导力量。创造公平的市场环境和良好的政策、法制环境,保障符合条件的非公有制文化企业依法获得出口经营资格,从事国家法律法规允许经营的文化产品和服务出口业务,并与国有文化企业享有同等待遇,以全面推动我国对外文化贸易的发展。

国家政策支持的主要任务是深入挖掘和整理民族文化资源,鼓励文化企业开发具有自主知识产权的原创性产品,加快培育一批具有国际竞争力的文化贸易品牌。积极发展市场中介营销机构,扶持其开展国际市场调研、咨询和营销业务,支持建立中国文化的海外直接营销渠道,减少单个企业的对外贸易成本。提高企业国际市场营销能力,建立适合企业特点的营销网络,不断拓展营销渠道。

这一政策的重点是提升对外文化贸易中现代高新技术的运用水平及发展新兴业态,包括加强文化领域数字化、网络化等技术的研发和应用,提高文化企业的装备制造技术水平。加大对与文化出口相关的共性技术研发的扶持,积极开发拥有自主知识产权的关键技术和核心技术,加强对国外先进技术的引进、消化、吸收和再创新工作,着力发展文化电子商务。采用高新技术和现代生产方式,改造传统的文化创作和生产方式,推进文化产业升级,延伸文化产业链条。发展现代影视内容产业,满足境外多种媒体、多种终端发展对我国影视数字内容的需求。发展高新技术印刷、特色印刷和光盘复制业,开发电子娱乐,创新娱乐业态。

《指导意见》的核心是推动对外文化贸易的十大保障措施。包括:(1)加大资金支持力度;(2)实行税收优惠政策;(3)提供金融支持,多方面拓宽文化企业融资渠道;(4)提高出口便利化水平,海关在有效监管的前提下为文化产品进出口提供通关便利;(5)加强国际营销网络建设;(6)建立并完善文化贸易中介组织;(7)支持企业赴境外投资;(8)支持技术创新;(9)加强信息平台建设;(10)建立表彰奖励机制。这10项重大措施站位高,问题准,目标清晰,措施有力,是推动我国文化贸易快速发展的重要保证。

2012年,商务部公告《文化产品和服务出口指导目录》(以下简称2012年《指导目录》)(2012年第3号),进一步确定了我国文化产品和服务出口的政策扶持方向:通过支持重点企业和重点项目的方式推动我国对外文化贸易"走出去"。2012年《指导目录》确定了重点企业的标准和重点项目范围,确定的重点项目范围包括:文化出口公共服务平台;文化产业境外投资和合作项目;入选国家非物质文化遗产名录、世界非物质文化遗产名录,并实现出口的文化项目;其他具有代表性的项目。

2013年,商务部、中宣部、财政部、文化部、国家新闻出版广电总局认定2013—2014年度国家文化出口重点企业共364家,重点项目共118项。因此,为了进一步建立健全对外文化贸易政策体系,应该进行以下工作。

(1) 随着党的十八届三中全会《决定》的发布,如何发挥市场在对外文化贸易中的决定性作用,以新的改革开放、机制创新的视野和魄力,根据国际文化贸易市场发展趋势和需求以及我国文化产业的发展情况,重新调整《指导目录》具有重要意义,必须抓紧进行。

(2) 目前,2007年《指导目录》是以2004年国家统计局发布的《文化及相关产业分类》为基础和框架,根据各部门提供的文化产品和服务入选条目及入选标准确定的,2012年国家统计局已经调整和重新制定了《文化及相关产业分类》,故需依据新的分类框架,调整2007年《指导目录》。

(3) 必须根据我国对外文化贸易大发展的宏观态势,制定和调整《企业目录》和《项目目录》。要对《企业目录》和《项目目录》入选标准重新评价与修订,改变目前基本上以出口总量为基准的入选标准,兼顾成长性、技术先进性、国际化程度、可持续性、市场发展潜力等评价要素,以更全面地激发企业积极性,鼓励国际化大项目引领,推动对外文化贸易的快速发展。

(4) 统一标准,加强数据的申报与统计。我国对外文化贸易的重点企业和重点项目是我国文化贸易的重头戏,占据我国文化贸易的较大份额。按照规定,企业每年填报一次"文化企业进出口情况申报表",作为下一年度参加重点企业和重点项目评审的依据。文化出口重点企业及重点项目的承担企业(简称"目录内企业")须认真填报"文化企业进出口情况申报表"。这是指导和推动我国文化贸易发展的基础工作和依据,也是理论和实践研究的必要资料,必须予以高度重视。

(5) 加强各部门、各地域、各行业之间的协调。一方面,因为对外文化贸易涉及面广,需要商务部与中宣部、文化部、国家新闻出版广电总局加强协调;另一方面,也明显存在"九龙治水,多头管理"的条块分割的弊端,行业壁垒、部门壁垒、地域壁垒,以及所有制壁垒一直存在。审批程序复杂,挫伤了一些企业申报的积极性。在新一轮国务院减少和取消审批的总思路下,市场能做的让市场来做。在下一步"走出去"的热潮中,如何借鉴苹果公司、三星公司、Facebook(脸谱网)、索尼等全球跨国文化企业成长并获得支持的经验,集中支持一些特大型文化企业跨国发展,是当前阶段我们必须面对的问题。

总之,在新一轮改革开放热潮中,必须创新思路办法、拓宽途径渠道,形成全方位、多层次、宽领域的文化"走出去"格局。要坚持市场在资源配置中的决定作用。坚持市场化、商业化、产业化道路,毫不动摇地发挥国有文化企业骨干作用,毫不动摇地鼓励非公有制文化企业"走出去",加快培育一批有实力、有竞争力的外向型跨国文化企业。要研究国际受众的文化需求,认真了解国外受众的文化需求和消费习惯,增强文化产品和服务的表现力、吸引力,形成核心竞争力强、附加值高的国际知名品牌。必须积极探索符合国际惯例和市场运作规律的营销方式,推进出口平台和海外营销渠道建设,加大国际文化市场开拓力度。要充分利用高新科技改造传统文化产业,大力发展新的文化业态,努力形成对外文化贸易新的增长点。

我国文化产品和文化服务出口结构及竞争力分析

李怀亮　虞海侠

一个国家的文化产品及服务出口结构可以很好地反映一国文化产业的优势与劣势所在,进而反映一国文化产业的结构特点,为一国文化产业的进一步发展提供依据和方向。因此,本文将对我国现有文化产品与服务出口的现状进行分析,并在此基础上探讨进一步优化我国文化贸易结构的具体路径。

关于文化产业,世界各国(地区)尚未形成一致的定义,美国称之为版权产业,英国、澳大利亚、中国台湾等地称之为创意产业,欧盟称之为内容产业,我国传统上称之为文化产业,近年来受到英国创意产业概念的影响,文化创意产业成为更常见的一种提法。尽管不同国家对于文化产业的分类与内容的界定存在一定差别,但是各国普遍认为文化产业属于文化产品和文化服务生产的范畴,其中"文化产品贸易"属于货物贸易范畴,"文化服务贸易"属于服务贸易范畴。为了便于统计和国别比较,联合国贸发会议、联合国开发署、联合国教科文组织、世界知识产权组织和国际贸易中心五家机构共同编写了《2008创意经济报告》,对文化产业的内容进行了界定。这份报告把文化产品分为七大类,具体包括:手工艺品(地毯、纪念品、纸制品、柳编制品、抽纱制品等)、影视媒介、设计(建筑模型、时尚设计产品、玻璃制品、室内设计、珠宝、玩具)、表演艺术(录音带、CD)、新媒体(数字媒介、游戏产品)、出版物(书籍、报刊等)、视觉艺术品(古董、绘画、摄影、雕刻等)。文化服务则主要包括：广告和市场调查服务、建筑工程和技术服务、文化休闲娱乐服务、研究开发服务等。从理论上说，版权转让应该是文化服务贸易的重要组成部分,然而由于数据收集上存在很大的难度,所以在联合国贸发会议的文化服务贸易数据库中并没有列入版权转让的内容,本文的分析中同样不包括这部分内容。

表1 中国文化产品与服务贸易总体情况表(2002—2011年)

单位:百万美元

年份	2002	2003	2004	2005	2006	2007	2008	2009	2010	2011
文化产品出口	32 323	38 550	45 612	55 510	62 715	72 999	84 807	75 740	97 754	12 5646
文化产品进口	2 663	3 145	3 491	3 804	4 185	5 622	6 078	6 061	7 592	9 578
文化产品进出口总额	34 986	41 695	49 103	59 314	66 900	78 621	90 885	81 801	105 346	135 224
文化产品进出口差额	29 660	35 405	42 121	51 706	58 530	67 377	78 729	69 679	90 162	116 068
文化服务出口	1 687	520	890	1 210	1 582	2 229	2 620	2 410	3 008	4 141
文化服务进口	3 121	527	874	869	1 076	1 491	2 195	2 233	2 411	3 173
文化服务进出口总额	4 808	1 047	1 764	2 079	2 658	3 720	4 815	4 643	5 419	7 314
文化服务进出口差额	−1 434	−7	16	341	506	738	425	177	597	968
文化产品与服务出口	34 010	39 070	46 502	56 720	64 297	75 228	87 427	78 150	100 762	129 787
文化产品与服务进口	5 784	3 672	4 365	4 673	5 261	7 113	8 273	8 294	10 003	12 751
文化产品与服务进出口总额	39 794	42 742	50 867	61 393	69 558	82 341	95 700	86 444	110 765	142 538

表2 我国文化产品与服务出口结构(2002—2011年)

单位:百万美元

年份	2002	2003	2004	2005	2006	2007	2008	2009	2010	2011
文化产品出口	32 323	38 550	45 612	55 510	62 715	72 999	84 807	75 740	97 754	125 646
文化服务出口	1 687	520	890	1 210	1 582	2 229	2 620	2 410	3 008	4 141
文化服务所占份额	5.0	1.3	1.9	2.1	2.5	3.0	3.0	3.1	3.0	2.9

表3 世界文化产品与服务出口结构(2002—2010年)

单位:百万美元,%

年份	2002	2003	2004	2005	2006	2007	2008	2009	2010
文化产品出口	198239.9	225895.4	261636.8	290354.4	316323.9	370053.3	408782.7	350645.0	383208.4
文化服务出口	72706.1	72764.5	83508.9	93801.4	115632.4	143211.8	171585.7	160419.3	168682.4
文化服务所占份额	26.8	24.4	24.2	24.4	26.8	27.9	29.6	31.4	30.6

2013年6月,联合国贸发会议发布了2002—2011年世界各国文化产品和服务贸易数据库,本文将主要基于该数据库对我国文化产品与服务的出口结构进行研究。事实上,除了版权转让因数据的不可得性而没有列入数据库之外,联合国贸发会议的这一国际文化产品与服务贸易数据库在很多项目上都存在着数据收集不完全的问题,这会给本文研究结论的精确性带来一定影响,但并不妨碍笔者根据这一数据库勾勒出当今世界国际文化产品与服务贸易格局以及中国国际文化贸易的大致轮廓。另外需要指出的是,本文所提的中国文化产品和服务贸易的分析只针对中国大陆,并不包括中国台湾、香港及澳门地区。

下面本文将通过一系列的图表来分析我国文化贸易的出口结构及竞争力情况。

一、中国文化贸易规模分析

表1比较了2002—2011年中国文化贸易进出口额、贸易差额的总体情况。数据显示,2002—2011年中国文化贸易规模迅速扩大,文化产品贸易额由2002年的349.86亿美元发展到2011年的1 352.24亿美元,10年间增长了2.9倍且为持续顺差,在我国文化贸易总额中占绝对比重。相较于文化产品贸易,中国文化服务贸易规模不大,但增长更为迅速,贸易额由2003年的10.47亿美元上升到2011年的73.14亿美元,9年间增长了6倍多。(注:2002年度的文

化贸易额达到48.08亿美元是因为当年度数据中包括研发服务贸易的数据,而此后因无法获得研发服务贸易的数据而没有将其纳入统计口径。)

从表1可以看出,我国文化产品出口额远远大于文化产品进口额,存在大量顺差,而除了2009年因为美国次贷危机的影响文化产品出口及文化贸易总额有所下降之外,其余年份呈现出了稳定的上升趋势。

从表1同时可以看出,自2004年以来,我国文化服务贸易一直存在少量顺差,而从文化服务贸易总额上来看,其增长速度比文化产品贸易总额的增速要更快。另外需要说明的是,由于数据收集的困难,目前联合国贸发会议的数据库在文化服务项下只列了广告和市场调查服务、建筑工程和技术服务、文化休闲娱乐服务、研究开发服务四方面的内容,并没有把版权贸易列入其中,而在版权贸易方面我国长期存在较大逆差,因此,表1因为版权贸易数据的缺失而掩盖了我国文化贸易逆差的事实情况。

另外,除2002年度外,该数据库只收集到了我国广告和市场调查服务以及文化休闲娱乐服务两个方面的数据,因此所体现出来的文化服务贸易的总体规模要小于实际情况,而2002年度因为包括了研究开发服务的数据,所以2002年度的文化服务贸易额要明显高于其后的几个年份,这只是数据统计口径的区别,而不是增长趋势的改变。从总体上看,我国文化产品贸易的规模要远远大于文化服务贸易。

二、我国文化产品与服务出口结构分析

(一)我国文化产品与服务出口总体结构分析

从表2可以看出,我国文化产品与服务出口中,文化产品占了绝大部分的比重,而每年文化服务出口占文化产品及服务出口总额的比重不到5%,很多年份甚至不到3%。不妨将我国文化产品与服务出口结构和世界文化产品与服务出口结构进行比较(见表3)。

从表3可以看出,就世界范围来看,服务出口占世界文化产品与

服务出口的比重在30%左右。一般认为文化服务较之文化产品有着更高的文化含量,从这个意义上来讲,虽然我国在文化产品及服务出口总量上已经是世界第一大国,但从出口结构上来讲并不理想,尚存在很大的优化空间。

(二) 我国文化产品出口结构分析

从表4可以看出,在我国文化产品出口方面,设计是我国最主要的文化出口产品,每年占文化产品出口额的比重都在70%左右,其次是手工艺品(占比在10%左右)、视觉艺术品和新媒体产品(占比基本在5%—10%左右)。这些主要为附加值低的劳动密集型产品,这是我国对外文化贸易的强项,发挥了我国制造成本低廉的优势。而核心的文化产品如影视媒介、表演艺术、出版物所占比重很小,三部门所占比重不到3%。

表4 我国文化产品出口结构(2002—2011年)

单位:百万美元,%

年份	2002	2003	2004	2005	2006	2007	2008	2009	2010	2011
手工艺品	3 569	4 394	5 041	6 206	7 591	9 364	10 722	8 980	10 615	12 867
占比	11.0	11.4	11.1	11.2	12.1	12.8	12.6	11.9	10.9	10.2
影视媒介	0	0	0	0	0	0	0	0	0	0
占比	0	0	0	0	0	0	0	0	0	0
设计	23 529	28 280	33 893	41 167	45 010	51 859	58 848	55 070	74 082	96 672
占比	72.8	73.4	74.3	74.2	71.8	71.0	69.4	72.7	75.8	76.9
新媒体	2 505	2 821	3 046	4 068	5 282	6 370	9 100	5 959	5 655	6 219
占比	7.7	7.3	6.7	7.3	8.4	8.7	10.7	7.9	5.8	4.9
表演艺术	17	19	20	15	12	1	1	0	1	N/A
占比	0.05	0.05	0.04	0.03	0.02	0.00	0.00	0.00	0.00	
出版	535	651	853	1 031	1 451	2 044	2 421	2 126	2 391	2 661
占比	1.7	1.7	1.9	1.9	2.3	2.8	2.9	2.8	2.4	2.1
视觉艺术	2 169	2 384	2 759	3 022	3 368	3 361	3 715	3 605	5 011	7 226
占比	6.7	6.2	6.0	5.4	5.4	4.6	4.4	4.8	5.1	5.8

(三) 我国文化服务出口结构

从表5可以看出,我国文化服务贸易数据的收集很不完善,建筑工程及技术服务方面的数据始终空缺,研发服务的数据也只收集到了3个年份,而从这3个年份的数据来看,研发服务是我国最重要的文化服务出口项目,这在一定程度上解释了我国文化服务出口比重偏低的原因。而从数据相对完备的广告和市场调查服务以及个人休闲娱乐服务来看,前者占据了绝大部分的比重。

表5 我国文化服务出口结构(2000—2011年)

单位:百万美元

年份	2000	2001	2002	2003	2004	2005	2006	2007	2008	2009	2010	2011
广告及市场调查服务	202.4	258.0	394.4	457.9	698.3	715.2	955.0	1 336.9	1 940.7	1 954.8	2 040.3	4 018
建筑工程及技术服务	0.0	0.0	0.0	0.0	0.0	0.0	0.0	0.0	0.0	0.0	0.0	0
个人休闲娱乐服务	37.4	50.0	96.0	69.5	175.8	154.0	121.5	153.7	254.6	278.4	370.8	123
研发服务	639.7	1 502.0	2 630.5	0.0	0.0	0.0	0.0	0.0	0.0	0.0	0.0	0
文化服务出口总额	879.6	1 810.0	3 121.0	527.4	874.2	869.2	1 076.4	1 490.6	2 195.3	2 233.3	2 411.1	4 141

三、我国文化贸易竞争力分析

国际市场占有率指标是一国出口总额占世界出口总额的比例,反映一国出口的整体竞争力。下面我们将通过一系列国际市场占有率指标来分析我国文化产品与服务在国际市场上的竞争力水平。

表6 我国文化产品出口市场份额(2002—2011年)

单位:百万美元,%

年份	2002	2003	2004	2005	2006	2007	2008	2009	2010	2011
我国文化产品出口额	32 323	38 550	45 612	55 510	62 715	72 999	84 807	75 740	97 754	125 646
世界文化产品出口额	198 240	225 895	261 637	290 354	316 324	370 053	408 783	350 645	383 208	454 019
我国文化产品出口市场份额	16	17	17	19	20	20	21	22	26	28
中国增长率		19.26	18.32	21.70	12.98	16.40	16.18	−10.69	29.07	28.53
世界增长率		13.95	15.82	10.98	8.94	16.99	10.47	−14.22	9.29	18.48

表7 各国(地区)文化产品出口市场份额(2002—2010年)

单位:%

年份	2002	2003	2004	2005	2006	2007	2008	2009	2010
中国	16.3	17.1	17.4	19.1	19.8	19.7	20.7	21.6	25.5
美国	8.6	7.8	7.6	7.9	8.4	8.7	8.6	8.7	8.4
德国	7.2	7.3	7.3	7.4	7.8	8.8	8.4	8.3	7.4
中国香港	11.8	10.6	9.8	9.3	8.6	8.4	8.1	8.0	7.2
意大利	8.3	7.8	7.6	7.0	7.2	7.2	6.9	6.0	6.1
英国	6.7	6.4	6.3	6.2	5.8	5.9	4.9	4.5	4.8
法国	4.5	4.6	4.4	4.3	4.4	4.2	4.2	4.3	4.1
瑞士	2.6	2.3	2.3	2.2	2.3	2.4	2.4	2.3	2.5
比利时	2.7	2.9	2.8	2.5	2.4	2.3	2.3	2.2	2.0
新加坡	0.6	0.8	0.8	0.8	0.8	1.0	1.2	1.3	1.8
其他	30.8	32.5	33.6	33.2	32.4	31.9	32.7	32.8	30.2

表8 我国手工艺品出口市场份额(2002—2011年)

单位:百万美元,%

年份	2002	2003	2004	2005	2006	2007	2008	2009	2010	2011
手工艺品(中国)	3 569	4 394	5 041	6 206	7 591	9 364	10 722	8 980	10 615	12 867
手工艺品(世界)	17 503	21 266	24 014	25 756	27 898	30 790	32 490	26 736	30 873	34 209
占比	20	21	21	24	27	30	33	34	34	38

表 9 世界主要手工艺品出口国(地区)

单位:百万美元

年份	2002	2003	2004	2005	2006	2007	2008	2009	2010
美国	3 568.6	4 394.3	5 041.5	6 206.3	7 591.2	9 364.1	10 721.8	8 979.6	10 614.7
英国	3 013.7	2 774.1	2 822.1	2 629.3	2 440.6	2 300.0	2 211.9	1 648.7	1 836.5
中国	1 501.5	1 739.2	1 885.8	1 785.8	1 934.2	2 149.4	2 092.1	1 714.0	1 760.6
瑞士	462.9	600.4	768.1	1 028.7	1 201.9	1 567.2	1 715.4	1 497.3	1 758.0
德国	1 065.7	1 222.8	1 286.8	1 219.2	1 238.0	1 459.7	1 446.7	1 334.9	1 508.3
法国	1 443.4	1 404.2	1 579.5	1 668.7	1 629.4	1 581.5	1 531.4	1 200.2	1 333.5
日本	..	653.6	774.1	951.5	1 061.9	1 045.4	1 013.2	845.4	1 084.0
中国香港	792.2	876.6	963.7	1 011.6	1 105.0	1 207.8	1 240.5	1 020.6	1 054.3
意大利	739.9	928.5	965.1	941.6	1 025.0	1 187.6	1 153.1	885.6	940.7
加拿大	..	653.5	609.2	614.3	586.9	..	..	..	859.5
世界总额	17 502.7	21 266.3	24 014.1	25 755.6	27 898.2	30 789.7	32 490.3	26 735.9	30 872.6

表 10 主要影视媒介出口国

单位:百万美元

年份	2002	2003	2004	2005	2006	2007	2008	2009	2010
加拿大	153.8	242.6	265.7	317.9	323.8	329.4	334.5	334.9	290.6
意大利	109.9	148.8	208.4	159.9	220.9	233.1	192.7	160.1	114.3
泰国	2.3	2.4	6.6	7.5	10.0	12.7	19.4	23.5	40.2
美国	36.0	33.4	31.6	28.2	32.8	44.8	40.7	45.1	31.6
印度	..	13.8	16.2	17.8	18.3	15.5	24.6	17.2	28.9
保加利亚	1.3	2.0	1.9	6.1	11.1	10.1	14.0	13.9	21.2
英国	60.4	37.9	37.7	29.0	28.8	44.8	44.1	39.4	20.1
墨西哥	8.7	9.5	9.7	10.8	10.1	10.3	11.5	13.7	14.8
法国	23.5	24.7	21.2	21.4	22.2	19.8	17.2	12.0	13.5
德国	2.4	4.3	5.0	8.4	7.6	11.7	13.0	11.7	9.5
总额	454.7	568.6	665.0	667.3	736.7	815.5	793.0	734.7	636.7

（一）我国总体文化产品国际竞争力分析

1. 我国文化产品出口市场份额

从表 6 可以看出，近几年来，我国文化产品国际市场占有率逐年提高，到 2011 年，我国文化产品出口市场份额已经达到了 28%，在国际文化产品市场上占据着重要的地位。而从增长率上来看，我国文化产品出口增长率一直高于世界平均水平，这使得我国文化产品出口份额稳步提升，反映出我国文化产品出口竞争力正在逐步增强。

2. 文化产品主要出口国（地区）分析

从文化产品的主要出口国（地区）来看，中国以绝对优势成为文化产品出口的领跑国，市场份额是第二名美国的 2 倍左右，而且两者之间的差距还在不断扩大。而除中国之外，排名前十的其他九大文化产品出口席位都被发达国家及地区所占据，十大出口国（地区）的市场份额总额接近 70%。

（二）我国不同类别文化产品的国际竞争力分析

1. 手工艺品

从表 8、表 9 可以看出，美国在手工艺品出口方面有着明显的优势，而我国在手工艺品方面的竞争力也在逐步提高，在市场份额上已经基本上可以和第二名英国并驾齐驱。

2. 影视媒介

影视媒介是最具文化传播力的文化产品，影视媒介的国际市场份额可以在很大程度上反映一国文化产品在国际上的竞争力。然而遗憾的是，影视媒介国际贸易数据的收集非常不理想，很多国家包括中国都没有提供这方面数据，而很多国家提供的数据也并不完全，这使得根据数据得出的研究结论的科学性大打折扣，因此，本文所总结的表 10 仅供参考。

表 11 我国设计出口市场份额(2002—2011 年)

单位:百万美元,%

年份	2002	2003	2004	2005	2006	2007	2008	2009	2010	2011
设计(中国)	23 529	28 280	33 893	41 167	45 010	51 859	58 848	55 070	74 082	96 672
设计(世界)	114 694	132 884	156 398	175 036	190 671	220 099	243 379	215 915	241 088	301 262
占比	21	21	22	24	24	24	24	26	31	32

表 12 世界主要设计出口国(地区)

单位:百万美元

年份	2002	2003	2004	2005	2006	2007	2008	2009	2010
中国	23 529	28 280	33 893	41 167	45 010	51 859	58 848	55 070	74 082
中国香港	17 766	18 312	19 820	21 055	20 882	22 596	23 874	20 222	20 458
意大利	13 927	14 674	16 639	17 190	19 394	22 808	23 904	17 736	19 866
德国	6 607	7 681	8 812	9 895	11 958	14 568	16 129	13 641	13 597
美国	6 280	6 384	7 440	8 794	10 457	11 368	12 150	11 156	12 230
印度	..	3 117	5 183	5 758	7 132	7 695	7 759	16 316	12 112
法国	5 054	5 856	6 732	7 498	8 461	9 712	10 871	9 478	10 404
瑞士	3 117	3 222	3 801	4 189	4 784	5 771	6 938	5 938	7 187
英国	4 166	4 699	5 013	5 610	6 478	7 436	7 497	6 208	6 873
泰国	2 503	2 579	2 855	3 266	3 268	3 770	4 474	3 902	4 783
世界总额	114 694	132 884	156 398	175 036	190 671	220 099	243 379	215 915	241 088

表 13 我国新媒体产品出口市场份额(2002—2011 年)

单位:百万美元,%

年份	2002	2003	2004	2005	2006	2007	2008	2009	2010	2011
新媒体(中国)	2 505	2 821	3 046	4 068	5 282	6 370	9 100	5 959	5 655	6 219
新媒体(世界)	17 506	17 852	20 340	24 060	27 746	43 940	53 808	44 717	43 765	43 744
占比	14	16	15	17	19	14	17	13	13	14

表14 世界主要新媒体出口国(地区)

单位:百万美元

年份	2002	2003	2004	2005	2006	2007	2008	2009	2010
德国	1 635	2 232	2 862	3 395	4 210	7 237	9 256	7 907	7 173
美国	2 234	2 460	2 624	2 997	3 495	6 814	7 397	6 504	6 480
中国	2 505	2 821	3 046	4 068	5 282	6 370	9 100	5 959	5 655
中国香港	734	950	983	1 146	1 710	3 572	4 407	4 051	3 115
荷兰	657	776	1 035	1 328	1 452	2 176	4 027	2 932	2 670
新加坡	80	180	252	296	366	1 280	1 452	1 535	2 644
奥地利	1 325	1 481	1 504	1 798	1 766	2 187	2 504	1 919	2 228
英国	1 394	1 321	1 397	1 795	1 771	2 361	2 246	1 847	1 921
中国台湾	..	..	362	303	358	383	306	1 465	1 417
法国	482	598	607	655	713	1 020	1 053	983	1 061
世界总额	17 506	17 852	20 340	24 060	27 746	43 940	53 808	44 717	43 765

3. 设计

从表11、表12可以看出,我国在设计出口领域独占鳌头,有着非常明显的竞争优势,而这也恰恰是我国成为第一大文化产品出口国的主要原因。从理论上讲,设计有着很高的知识文化含量,具备较高的附加值,然而,在收集统计数据时,很难把设计产值从其附着物上分离出来,因此,联合国贸发会议在统计设计出口时,把包含设计成分的产品的所有价值都计算在内,包括建筑模型、时尚设计产品、玻璃制品、室内设计、珠宝、玩具等,这就大大夸大了设计出口的产值。而就我国的情况来说,很多设计产品的出口采取的是加工贸易的方式,也就是说,我们并没有赚取设计环节的费用,所赚取的只是一点点加工费用。以玩具出口为例,50%以上的玩具出口采取的是来料加工的方式,这就在更大程度上导致了我国设计出口贸易额的虚高。因此,我们需要清醒地认识到我国设计出口第一背后的真相,加大设计环节的投入,实现我国从低附加值的设计产品研发到高附加值的转变。

4. 新媒体

新媒体是文化产业中增长最为迅速的一个部分,一方面,新媒体本身以软件、电子游戏等形式存在,另一方面,新媒体还扮演着电影、音乐、图书等其他文化产品的营销手段与分销渠道的角色。在新媒体领域,德国、美国及中国稳居新媒体出口的前三甲,德国在最近几年呈现出了高速的增长势头。从总体上看,发达国家在新媒体领域有着更强的竞争力,除中国外,世界其他九大出口国(地区)全来自发达国家或地区。

5. 表演艺术

表演艺术的数据收集不太理想,数据库中仅提供了 2002—2006 年的数据。从这几年的数据来看,我国在表演艺术方面的竞争力非常低下,占世界表演艺术出口的比重不到 1%,而且近几年来我国在表演艺术出口方面的竞争力还在进一步下降。从表 16 可以看出,表演艺术市场有着很高的集中度,前四大表演艺术出口国的市场份额合计达到了 50% 以上。

表 15　我国表演艺术出口市场份额(2002—2006 年)

单位:百万美元,%

年份	2002	2003	2004	2005	2006
表演艺术(中国)	17	19	20	15	12
表演艺术(世界)	2 754	3 226	3 245	3 468	2 940
占比	0.6	0.6	0.6	0.4	0.4

表 16　世界主要表演艺术出口国

单位:百万美元

年份	2002	2003	2004	2005	2006
德国	545.2	551.9	531.6	885.0	528.1
荷兰	62.5	382.9	361.3	328.3	352.7
美国	390.5	398.1	368.0	373.4	336.2
英国	368.4	401.4	478.5	439.1	335.4

续表

年份	2002	2003	2004	2005	2006
法国	159.9	188.4	194.8	177.8	170.2
印度	..	87.8	96.1	155.7	135.0
奥地利	188.5	214.4	134.8	129.1	120.9
加拿大	128.6	132.4	126.6	125.0	114.7
瑞典	86.9	89.4	90.1	85.2	68.7
比利时	86.9	70.6	71.2	67.8	63.7
世界总额	2 754.0	3 226.1	3 244.9	3 467.8	2 940.0

表17 我国出版出口市场份额(2002—2011年)

单位:百万美元,%

年份	2002	2003	2004	2005	2006	2007	2008	2009	2010	2011
出版(中国)	535	651	853	1 031	1 451	2 044	2 421	2 126	2 391	2 661
出版(世界)	29 908	33 613	37 203	39 325	41 352	45 159	48 378	39 938	40 356	43 077
占比	2	2	2	3	4	5	5	5	6	6

6. 出版

近几年来,我国出版出口额在快速增长,已经成为第五大出版出口国。但需要指出的是,我国出版出口额同时包括外国版权作品在中国印刷后出口的出版物,因此,联合国贸发会议公布的数据实际上夸大了我国出版物的真实国际竞争力。

7. 视觉艺术

与新媒体一样,中国稳居视觉艺术出口前三甲。根据联合国贸发会议的数据可以看出,视觉艺术贸易有着很高的市场集中度,前十大出口国(地区)的市场份额合计达到了近90%。需要指出的是,虽然发达国家在视觉艺术出口方面的确有着明显的优势,然而发展中国家在视觉艺术方面的出口额实际上由于缺乏公开、规范的交易市场以及缺乏有效的官方统计数据等原因而被低估了。

（三）我国不同类别文化服务出口竞争力分析

1. 广告与市场调查服务

从总体上看，世界广告与市场调查服务出口出现了高速增长，从2000年到2010年11年间增长了3倍多。但我国近年来在广告与市场调查服务出口方面出现的增长则更为惊人，在11年间增长了10余倍，已经超过西班牙、意大利等传统的广告与市场调查服务出口大国，成为第三大广告与市场调查服务出口国。

2. 建筑工程与技术服务

与广告和市场调查服务一样，近年来世界建筑工程与技术服务出口也出现了高速增长，11年来同样增长了3倍多。然而由于我国统计数据的缺失，无法对我国在建筑工程与技术服务方面的竞争力做出评价。

3. 个人休闲娱乐服务

美国在个人休闲娱乐服务出口方面遥遥领先，占到了世界个人休闲娱乐服务出口的30%以上，这反映出了美国在文化传播方面的强大实力。另外英国的个人休闲娱乐服务出口方面的世界份额也占到了10%左右，显示出了较强的文化影响力。而我国个人休闲娱乐服务出口占世界出口的份额连0.5%都不到，还存在很大的差距，需要努力提高。

4. 研发服务

在世界研发服务出口方面，德国以绝对优势成为该领域的龙头老大，占世界出口份额的40%左右。我国在世界研发服务出口方面缺乏完整的数据，但从2000年至2002年这3年间我国提供的数据来看，我国在当时也属于主要的研发服务出口国，具备较强的研发服务实力。

表18 世界主要出版出口国(地区)

单位:百万美元

年份	2002	2003	2004	2005	2006	2007	2008	2009	2010
德国	3 831	4 255	4 751	5 351	5 625	6 046	6 331	5 365	5 138
美国	3 756	3 964	4 055	4 423	4 646	4 960	5 293	4 629	4 982
英国	2 952	3 496	4 079	3 901	3 830	4 430	4 290	3 767	3 707
加拿大	5 048	5 076	5 137	5 440	5 371	4 713	4 898	3 108	3 333
中国	535	651	853	1 031	1 451	2 044	2 421	2 126	2 391
法国	1 642	1 969	2 194	2 338	2 295	2 521	2 655	2 374	2 312
中国香港	1 013	1 112	1 312	1 466	1 659	1 881	1 989	1 637	1 779
意大利	1 215	1 432	1 564	1 532	1 570	1 762	2 062	1 559	1 600
比利时	980	1 263	1 428	1 447	1 467	1 737	1878	1 588	1 514
瑞典	1 047	1 156	1 256	1 163	1 273	1 391	1 554	1 312	1 261
世界总额	29 908	33 613	37 203	39 325	41 352	45 159	48 378	39 938	40 356

表19 我国视觉艺术出口市场份额(2002—2011年)

单位:百万美元,%

年份	2002	2003	2004	2005	2006	2007	2008	2009	2010	2011
视觉艺术(中国)	2 169	2 384	2 759	3 022	3 368	3 361	3 715	3 605	5 011	7 226
视觉艺术(世界)	15 421	16 485	19 772	22 043	24 980	28 901	29 728	22 495	26 364	31 127
占比	14	14	14	14	13	12	12	16	19	23

表20 世界主要视觉艺术出口国(地区)

单位:百万美元

年份	2002	2003	2004	2005	2006	2007	2008	2009	2010
美国	2 911	3 075	3 874	4 730	6 038	7 549	8 558	6 938	6 964
英国	3 936	4 076	4 838	5 691	5 436	6 850	5 420	3 508	5 421
中国	2 169	2 384	2 759	3 022	3 368	3 361	3 715	3 605	5 011
瑞士	1 034	925	1 167	1 044	1 343	1 897	1 678	1 132	1 396
德国	893	834	1 104	1 047	1 124	1 292	1 405	1 126	1 359
法国	778	963	1 025	1 061	1 337	1 393	1 769	1 375	1 148
日本	364	435	554	598	587	650	677	463	573

续表

年份	2002	2003	2004	2005	2006	2007	2008	2009	2010
中国香港	767	652	600	621	588	727	769	474	553
意大利	342	336	380	414	478	466	515	337	498
加拿大	330	352	622	669	642	745	508	420	436
世界总额	15 421	16 485	19 772	22 043	24 980	28 901	29 728	22 495	26 364

表 21　世界主要广告与市场调查服务出口国

单位:百万美元

年份	2000	2001	2002	2003	2004	2005	2006	2007	2008	2009	2010
德国	1 134	1 233	1 352	1 617	3 206	3 548	3 942	5 255	5 741	5 327	5 828
比利时	1 179	2 096	1 899	2 617	2 470	2 551	2 605	1 826	2 547	2 774	3 788
中国	223	277	373	486	849	1 076	1 445	1 912	2 202	2 313	2 885
俄罗斯	..	432	584	856	1 220	1 567	1 795	2 336	2 847	2 270	2 615
西班牙	952	1 028	1 407	1 881	2 106	2 108	2 493	3 208	2 934	2 195	2 290
意大利	1 052	1 045	1 036	1 073	1 340	1 362	1 377	1 579	2 351	1 817	2 158
波兰	45	57	37	104	235	415	696	956	1 673	1 440	1 734
奥地利	..	..	..	..	..	..	776	..	..	955	954
捷克	76	66	45	44	90	489	491	643	812	699	755
印度	..	..	..	..	103	279	545	759	573	544	717
世界总额	6 413	8 420	8 843	11 176	14 626	17 098	20 099	23 855	28 715	26 508	29 940

表 22　世界主要建筑工程与技术服务出口国

单位:百万美元

年份	2000	2001	2002	2003	2004	2005	2006	2007	2008	2009	2010
荷兰	3 922	3 407	3 765	..	..	..	25 067	28 297	30 307	26 108	26 928
德国	2 718	2 968	3 079	6 979	8 927	8 606	9 051	10 109	13 348	12 469	12 361
巴西	1 686	1 517	1 586	1 509	2 014	2 741	3 034	4 216	5 596	5 583	5 591
加拿大	1 788	1 898	2 596	2 803	3 398	4 064	3 720	4 281	4 787	3 848	4 820
西班牙	790	940	962	1 104	1 547	1 681	2 672	3 677	4 645	4 982	3 610
俄罗斯	..	321	415	904	906	1 147	1 572	2 078	3 250	3 215	3 231
奥地利	..	..	..	..	..	..	2 403	..	..	2 939	2 927

续表

年份	2000	2001	2002	2003	2004	2005	2006	2007	2008	2009	2010
挪威	837	797	748	827	875	1 359	2 453	2 770	3 034	2 732	2 815
印度	..	..	..	..	841	2 620	3 923	3 136	2 131	1 412	1 971
意大利	1 594	1 402	1 551	1 765	1 909	2 318	2 863	3 347	2 769	1 361	1 951
世界总额	17 895	18 348	18 786	19 936	25 110	30 494	62 324	68 233	80 246	72 932	74 689

表 23　世界主要个人休闲娱乐服务出口国

单位：百万美元

年份	2000	2001	2002	2003	2004	2005	2006	2007	2008	2009	2010
美国	6 379	6 618	6 534	7 137	7 549	6 958	12 823	14 423	13 455	13 809	14 564
英国	1 973	1 954	2 410	3 086	3 928	4 082	3 932	3 759	4 211	3 768	3 951
加拿大	1 451	1 350	1 271	1 414	1 838	2 070	2 286	2 291	2 184	2 079	2 198
法国	1 590	1 432	1 524	1 864	2 298	2 158	1 743	1 963	2 231	1 902	2 021
卢森堡	376	330	161	162	189	240	331	626	887	1 256	1 983
西班牙	535	630	671	814	966	1 073	1 243	1 598	1 756	1 673	1 772
马耳他	6	29	45	73	161	362	473	721	1 365	1 437	1 385
匈牙利	207	600	527	845	1 167	1 272	1 066	1 360	999	1 074	1 270
德国	395	523	534	1 007	978	1 175	942	1 144	1 063	1 235	1 081
土耳其	2 591	1 074	1 355	781	1 418	1 079	998	971	1 224	774	912
世界总额	20 801	19 352	21 966	24 884	29 974	29 881	35 690	40 185	41 204	37 721	40 458

表 24　世界主要研发服务出口国

单位：百万美元

年份	2000	2001	2002	2003	2004	2005	2006	2007	2008	2009	2010
德国	4 121	3 479	4 211	5 253	6 301	7 595	8 679	10 504	12 424	11 787	12 540
加拿大	2 850	2 016	1 605	2 334	2 537	2 636	2 869	3 098	3 460	3 224	3 788
比利时	926	715	795	1 224	1 540	1 720	1 839	1 907	2 830	4 157	3 298
意大利	569	842	978	952	1 091	996	1 285	1 390	2 576	2 393	1 873
奥地利	..	..	..	..	..	..	1 797	..	..	1 935	1 784
西班牙	410	455	512	590	767	902	1 068	1 169	1 212	961	1 118
爱尔兰	..	388	383	366	442	410	447	708	730	910	950
印度	..	..	..	..	118	335	670	1 187	1 684	613	900
挪威	158	133	154	150	200	319	491	437	518	582	608
波兰	20	28	38	38	97	169	183	253	361	324	568
世界总额	11 330	10 958	12 763	14 192	16 846	19 567	21 822	24 030	30 308	30 492	31 278

四、结语

通过以上众多数据的分析我们可以看到,在总体规模上,我国已经成为文化产品出口第一大国,在国际市场上具备明显优势,市场份额达到了20%以上,然而在文化服务出口方面,我国竞争力并不强,市场份额不到2%。从世界范围来看,文化服务出口在文化产品与服务出口中的平均占比在30%左右,而我国不到5%。一般认为文化服务较之文化产品有着更高的文化含量,从这个意义上来讲,虽然我国文化产品及服务的出口结构并不理想,但存在很大的优化空间。

另外,通过对文化产品出口商品结构的分析,可以看到我国具备明显优势的是在设计、手工艺品、新媒体、视觉艺术这几个方面。需要指出的是,这些产品在计算出口产值的时候并不能单独把设计环节或者说文化创意环节剥离出来,而是会把设计所依附的产品的总体价值都计算在内,因此,通过这一统计口径获得的数字会夸大一国的文化产品创造能力,我国即属于这种情况。事实上,在最具文化影响力的文化产品如影视媒介、表演艺术、出版等核心文化产品出口方面,我国并不具备优势,而这应该成为我国今后大力发展的部分。

中国文化产业:从"走出去"到"融进去"

秦 勇

历经十年努力,中国的文化产业从"借船出海"的"走出去",向努力站稳脚跟的"融进去"转型,总体上发展呈上升趋势,困难与机遇并存。

一、"走出去"的十年

尽管在"十五"规划中尚没有把文化产业的"走出去"提上议事日程,但已经明确提出了"文化产业"的概念,提出推动有关文化产业发展的任务。但人们对文化产业能否走出去,尚不看好,也无思路。对此,时任文化部部长孙家正率先提出把中央"走出去"的战略与文化交流联系起来。在文化部等部门的主导下,各种对外文化交流活动广泛展开,中国文化产品开始走向世界。2005年10月,在中共十六届五中全会上更加明确地要求加快实施文化产品"走出去"战略。中国文化产业正式从国家战略角度走上议事日程。2006年9月,《国家"十一五"时期文化发展规划纲要》更进一步提出要"初步改变我国文化产品贸易逆差较大的被动局面",进一步明确了文化"走出去"的目标。

在近五年里,在中国政府主导下,中国对外文化交流活动迅速展开,建立了一系列的交流机制,如为推广中华文化,从2004年至今已在全球建立了几十所孔子学院;为推广中国电影,定期在全球举办中国电影节,比较有名的如好莱坞中国电影节、加拿大中国电影节、巴黎中国电影节、悉尼中国电影节等;为促进文化产品对外输出,国家设立了例如"国产音像出口专项资金""动漫产业发展专项资金",设立了奖励优秀出口文化企业、产品和服务项目的措施等。在"走出去"的战略指导下,中国文化不仅日益获得世界的认同,文化产品输出也成效显著,2004—2008年,我国核心文化产品出口年均增长24%,超过货物贸易平均增速近7个百分点,2009年出口总额更达到109亿美元的新高。

二、"走出去"要靠两条腿

经过这十年对文化产业"走出去"的摸索与实践,行之有效的战略思路越来越清晰。在正在制定的"十二五"规划中,相关主管部门已明确把对外文化交流和对外文化贸易并重,实施"两条腿走路"战略。文化部部长蔡武表示:"中华文化'走出去'必须坚持两条腿走路。只有政府交流性质是不够的。我们的文化'走出去'可以更多地利用商业的渠道,利用市场化的运作来推动。所以,我们现在就提出了中华文化'走出去'要坚持'文化的交流和文化的贸易两个渠道并重的方针'。""两条腿走路"的战略方针实质上是在谋求用文化交流获得的文化认同感为文化产品输出铺平道路。这也是今后很长时间内中国文化产业发展的重要思路。

我们说文化产业要"走出去",主要是"走进"发达的欧美市场,即是所谓的"西方"市场。虽然欧美掌控产业的高端,下放了粗加工业,但始终对低端行业采取各种进口限制政策。从这次美国蔓延世界的金融危机中,我们看到,中国文化产品出口大多集中在相对低端的外围层,例如各种文化用品、玩具、相关娱乐设备等,最先受到冲击,订单的锐减甚至导致中国南方玩具业的倒闭风潮。即使是核心文化产品的出口,也大多集中在粗加工的产业链下游,例如动画产业上色加彩等外包业务,利润微薄。另一方面,经济发展不平衡的更严重后果是文化间的不兼容。高姿态的西方文化中,一直存在着对东方文化的歧视与排斥。文化产品贸易中的高税壁垒还不仅仅是贸易利益问题,根本上是一种文化上的抵触。所以,中国文化产业要想"走出去",一要获得各国人民的文化认同感,二要占领文化产业的高端。

至今,我国已经和世界上140多个国家签订了双边交流协定,和近千个文化团体、文化组织有定期的文化交流和合作的关系。这些国内外各类文化交流活动凸显了中华文化的特色与元素,从文化典籍到生活方式,方方面面,已对西方文化构成影响。例如,孔子学院和汉语教育招收了大量海外学生,为消除语言隔膜奠定了基础;春节、青花瓷、杂技、功夫、京剧等各种中国元素,已经吸引了西方大众的目光;通过参加和举办各种电影节、出版发行会等,成功推销出大量中国文化产品。仅以中国电影为例,2003年我国出口电影仅25部,2006年上升为73部,2009年则提升到185部,海外票房2003年仅几亿元,2009年则达到27.59亿元,成绩斐然。

同时,我们也看到,中国文化产业"走出去",文化已在铺路,但是文化产品输出与发达国家的文化产品出口相比仍有巨大距离。重要原因在于我国文化企业的竞争力还不强,缺少核心技术,中国出口国外的文化产品相对粗糙,中国文化产品模仿性强,但缺乏原创性等。在文化发展的"十二五"规划中,提升未来中国文化企业竞争力将成为一个重要的建设目标。蔡武部长表示,要提升文化企业的竞争力,"用多种办法,支持我们有实力的文化企业能够生产出适销对路的产品,能够参与国际文化市场的竞争,能够把我们真正优秀的中华文化带到世界"。

三、更进一步,还要"融进去"

中国文化产品要在西方文化市场上站稳脚跟,单纯靠"走出去"还不够,还要"融进去"。这是中国对外文化产业未来发展的重要目标。蔡武部长还在2010年9月提出了"融进去"的要求——"要跳出华人圈子,深入西方主流社会"。这一要求不仅仅是要在西方文化市场上看到中国的文化产品,不仅仅是要中国文化产品深入海外华人的生活圈,更要做到使中国文化产品被西方社会视为其自身不可或缺的一部分。要做到"融进去"，就要在坚持"两条腿走路"的同时，把文化交流与文化贸易都做得深入。

在文化交流方面，我们已经先走出了一步，随着孔子学院、汉语教育等文化融合的深入发展，会培育出欣赏中国文化并把中国文化精神作为西方文化必要补充的文化受众，这是一个坚持与时间的问题。而在培养扶植中国文化企业能深入西方社会并"融入"其中方面，在未来的"十二五"规划中有许多工作要做。为鼓励中国文化企业能"走出去"，中国政府部门制定了支持出口文化优秀企业名录，仅 2009 年就奖励了 117 家文化企业。其他如出口退税、贴息等办法，无疑都能起到鼓励促进文化企业"走出去"的作用。但要真正"融进去"，必须要绕过文化与贸易的重重壁垒，而要能站稳脚跟，又必须把文化企业做大做强。

为了使中国文化企业能顺利"融入"西方主流社会，中国政府一直在尝试，未来也准备长期利用在境外设立的文化处，以文化处为联络中枢，利用各种商贸的渠道为中国文化企业取得合适的营销渠道。同时，中国政府也一直致力于帮助中国涉外文化企业注入资本，解决文化企业的资本瓶颈问题。2009 年 3 月，文化部与中国进出口银行签订了《关于扶持培育文化出口重点企业、重点项目的合作协议》。根据协议，此后 5 年内，中国进出口银行会向中国文化企业提供不少于 200 亿元人民币或等值外汇的信贷资金。同年 4 月，新闻出版总署发布《关于进一步推进新闻出版体制改革的指导意见》，提出要在 3—5 年内，培育出六七家资产超过百亿的国际知名大型出版传媒企业。这种打造资本航母的努力在中国未来的文化产业发展中会越来越多。当代世界的企业竞争，很大程度上是企业资本实力的竞争。充足的资本条件必将有益于中国文化企业对西方市场的融入。而且，似乎这种迹象已经开始显露。例如中国天创国际演艺制作交流有限公司于 2009 年 12 月购买了美国第三大演艺中心布兰森的白宫剧院。这是中国公司首次在国外购买剧院。自此，中国演出公司不必再给国际演出中介机构交付大量的中介费用，可以直接融入西方的主流文化市场，通过人力资源的进一步融合而"落地生根"。

购买白宫剧院仅仅是中国文化企业"融进去"的第一步，随着中西文化交流与文化贸易的深入发展,随着全球文化与经济一体化的全面展开,必将有更多的中国文化产业"走出去""融进去"。这种企业融入的成功,也会积极促进中西方建立更为广泛的经贸联系。

基于偏好相似理论的我国文化产业"走出去"战略研究

佟　东

一、引言

　　拉动中国文化产业发展,推动中华文化走向世界是中国文化产业"走出去"的历史使命。中国文化正在大踏步地走向世界,而文化"走出去"是中国民族复兴的主要途径。我国文化产业正在探索文化与科技融合,文化与创意融合的崭新发展模式,在这一背景下,如何促进承载着文化价值和文化意识的中国文化产品和服务走向国际市场,如何运用国际化的运作方式和国际化标准来促进文化产业的发展,如何提高我国文化企业的整体实力以及驾驭国际市场的能力,这些都是文化产业发展战略需要深入研究的问题。这不仅需要不断拓展我国文化产业的国际视野,传播良好文化形象,更要将文化交流与文化贸易融合在一起,努力发掘我国文化产业的资源优势,增强文化软实力,不断提升文化话语权。2014年3月国务院签发了《关于加快发展对外文化贸易的意见》明确提出,随着改革开放的推进,尽管我国对外文化贸易的规模不断扩大且结构逐步优化,但核心文化产品和服务贸易逆差仍然存在,对外文化贸易占对外贸易总额的比重比较低。这需要在明确支持重点的基础上,加大财税支持,强化金融服务,完善服务保障,以加强统筹协调,整合资源,推动相关政策措施的落实。2002—2013 年,我国文化产品对外贸易额由 39.3 亿美元上升到 274.1 亿美元,但出口所占比例仍很小,2013 年我国文化产品出口总额为 91.9 亿美元,仅占文化产品对外贸易总额的 33.53%,如何实现扩大文化产品出口仍是我国文化产业发展面临的艰巨任务之一[①]。囿于文化产业的统计口径存在差异,且文化贸易在我国的发展还比较不成熟,本文所涉及的文化产业是指在我国对外文化贸易中占据主要份额的演艺娱乐业、新闻出版业、电影产业、电视产业、动漫产业、游戏产业、艺术品产业、设计业、广告业、音乐产业和文化会展产业。

二、偏好相似理论在文化贸易研究中的适用性

偏好相似理论是由瑞典经济学家林德于 1961 年在其著作《论贸易和转变》中提出的,最初用于解释发达国家间存在大量贸易往来的现象。由于古典国际贸易理论和现代国际贸易理论都是基于要素禀赋差异来解释国际贸易发生的原因,而这对于要素禀赋相近的国家和产品的贸易无法给予很好的解释,因此基于需求偏好不同的偏好相似理论从传统贸易理论中拓展出来,形成新的国际贸易理论。偏好相似理论基于参加贸易的各国在需求上有重叠的部分,这部分重叠来源于各国居民收入水平的不同,无论在经济发达的欧美资本主义国家,还是在经济比较落后的发展中国家和欠发达国家,都有对不同档次文化产品的需求,而这部分重叠需求就是贸易参与国参与国际分工并进行贸易的基础。

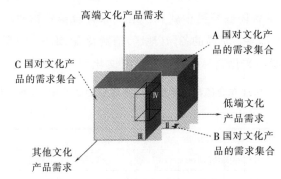

图 1　偏好相似理论对文化贸易的分析

---

① 刘建凡:《中国文化发展报告(2013)》,北京:社会科学文献出版社,2013 年。

如图 1 所示，假定世界上有三个国家，分别为 A、B、C 三国，这三国均对三类文化产品有需求，分别为高端文化产品、低端文化产品和介于二者之间的其他文化产品，在图中，矩形 I 为 A 国的需求可能性边界，矩形 II 为 B 国的需求可能性边界，矩形 III 为 C 国的需求可能性边界，在三国共同的需求可能性边界中，有一部分是互相重叠的，即为图中黑实线围成的小矩形 IV，矩形 IV 即为三国间进行国际分工并进行文化产品贸易的来源。

偏好相似理论之所以适用于分析文化贸易以及文化产业"走出去"，其原因主要在于：

第一，文化产品需求结构的梯度分布。结合我国文化贸易的发展现状，目前，在文化产业领域与我国有着较为广泛贸易往来的国家主要集中在美国、欧洲、日本以及韩国等发达经济国家。在我国，居民文化消费日益多元化，从最受欢迎的上网、看电视、看电影，到阅读书报杂志、参观博物馆展览馆、旅行、听广播，再到看文艺演出、艺术品收藏，不同消费群体体现出了对不同文化产品和服务的需求，从文化消费支出结构来看，年龄越大对文化消费的支出越高，受教育程度越高文化消费支出越高，收入越高文化消费支出越高，这样的消费结构决定了我国居民对文化产品的需求存在梯度分布，既有对高端文化产品和服务的需求，也有对低端文化产品和服务的需求。同样在任何一个国家或地区，都存在不同层次的消费需求，一个国家的生产和供给能力难以满足全部消费需求，因此需要通过对外贸易实现需求与供给的平衡，使参加贸易的各国在贸易中获利。这一点符合偏好相似理论的第一个前提假设，即参加贸易的各国（地区）消费者需求结构不同。

第二，参与文化贸易的各国存在对文化产品和服务需求的重叠。

表 1　2011 年我国与主要贸易伙伴部分文化产业对外贸易额

单位：千美元

国别/地区	第 49 章		第 95 章		第 97 章	
	出口额	进口额	出口额	进口额	出口额	进口额
美国	897 664	322 666	12 327 892	61 063	100 952	7 193
日本	114 360	322 623	2 870 105	176 246	126 646	701

续表

国别/地区	第 49 章		第 95 章		第 97 章	
	出口额	进口额	出口额	进口额	出口额	进口额
韩国	25 774	17 379	609 786	174 070	571	603
欧盟	724 185	321 068	9 053 274	86 365	70 624	13 080
德国	98 977	133 625	2 901 030	17 294	10 661	1 221
英国	317 340	121 495	1 953 091	2 490	9 068	2 651
法国	81 836	10 623	767 997	4 559	7 966	5 388
意大利	26 386	10 536	509 021	12 494	3 397	1 176
荷兰	80 419	17 188	1 032 930	4 723	21 786	219
俄罗斯	75 405	10 759	581 371	175	25 930	64
西班牙	37 414	1 046	419 246	770	6 175	146

(资料来源:根据《中国对外文化贸易年度报告 2012》中数据整理)

正如图 1 所示,参与贸易的各国间有需求上的重叠是偏好相似理论得以成立的基础,以 2011 年我国与主要贸易伙伴间部分文化贸易数据为例,表 1 中数据全部来自《中国对外文化贸易年度报告 2012》[1],其中第 49 章、第 95 章、第 97 章是指按照海关统计标准所采用的国际通用《商品名称及编码协调制度》中与文化产业相关的产品。其中第 49 章包括"书籍、报纸印刷图画及其他印刷品;手稿、打字稿及设计图纸";第 95 章包括"玩具、游戏品、运动用品及其零件、附件";第 97 章包括"艺术品、收藏品及古物"。这三类产品可以用来代表不同消费层次的消费品。从表中数据可以看出,我国与主要贸易伙伴间在不同档次的文化产品上均有贸易往来,互有出口和进口。这说明在不同档次的文化产品消费中,中国居民消费偏好与主要贸易伙伴国家居民消费偏好存在重叠需求部分。这一点符合偏好相似理论的第二个前提假设,即参加贸易的各国(地区)需求重叠。在满足以上两个假设前提基础上,可认为偏好相似理论是适用于文化贸易和文化产业"走出去"分析的国际贸易理论,但这里还要考虑国际贸易产生的两个基本前提,即存在可交换的剩余产品和剩余服务,贸

---

[1] 侯相华、叶朗:《中国对外文化贸易年度报告》,北京:北京大学出版社,2012 年,第 70、71 页。

易是在不同国家或地区之间进行的。一方面,在满足本国消费基础上,存在可用于交换的剩余产品和剩余服务。随着科学技术的发展和生产力的提高,在国际分工的链条中,各国都会生产并向其他国家或地区出口本国在生产中具有比较优势的产品,这在文化产业"走出去"和文化贸易中仍然存在。以新闻出版产业为例,2012年我国图书出版量为79.25亿册,其中国内零售61.55亿册,收入617.13亿元;图书出口1 325.69万册,出口额4 250.09万美元;并且全国新华书店系统、出版社自办发行单位仍有累计库存56.00亿册。大量的库存图书说明本国消费在一定程度上得到了满足,并存在较多的剩余,这些剔除国内消费后的剩余图书就是我国对外图书贸易的基本条件之一。扩展到文化贸易领域,仍然满足国际贸易这一基本前提。另一方面,贸易或者称其为商品和服务的流动是在国家(地区)间进行的。这一点无须赘述,文化产业"走出去",就是通过文化贸易带动文化产业的发展,以及文化产品和服务走出国门,走向世界。通过文化"走出去",使世界各国各地区逐渐了解中国文化,将中国的文化传向世界,提升我国在国际竞争中的软实力,实现国民经济的长足发展。

三、文化产业"走出去"的战略体系

(一) 我国文化产业"走出去"现状

2000年起,伴随着我国加入WTO,国家出台了多项促进文化产业及其细分行业"走出去"的政策,通过15年的发展,我国文化贸易从无到有,规模从小到大,取得了一定的发展。从核心文化产品进出口额看,进出口总额从2005年的82.3亿美元上升到2012年的274.5亿美元,其中出口额由2005年的78.9亿美元上升到2012年的259.0亿美元,进口额由2005年的3.5亿美元上升到2012年的15.6亿美元。在核心文化产品中,视觉艺术品的贸易量最大,2012年视觉艺术品的进出口总为143.37亿美元,占当年核心文化产品进出口总额的52.22%,其中进口总额为1.23亿美元,出口总额为

142.14 亿美元①。

从产品结构上看,在核心文化产品进出口方面,出口增长率最高的是视觉艺术品,其增长率为 52.40%,其次是视听媒介产品,其增长率为 42.50%,除声像制品的出口为负增长外,其他核心文化产品的出口均实现了一定程度的增长。而进口增长率最高的是视听媒介产品,其增长率为 131.70%,其次是视觉艺术品,其增长率为 19.10%,除声像制品的进口为负增长外,其他核心文化产品的进口均实现了一定程度的增长。

从贸易集中度角度看,2007—2012 年,我国出口的主要对象国为美国、德国、英国、日本和荷兰等国和中国香港地区,值得关注的是,2012 年韩国成为我国的主要文化产品出口对象,并仅次于美国、日本和欧盟,成为我国第四大文化产品出口贸易伙伴。2007—2012 年,我国进口的主要对象国和地区为美国、日本、韩国、英国、德国和中国香港等,尤其是韩国,2012 年仅次于美国、日本和欧盟,一跃成为我国第四大进口贸易伙伴。因此可以看出,北美、欧洲和东亚是我国文化产品出口的主要方向。

(二) 适应"走出去"的文化产业结构调整战略

文化产业结构反映的是文化产业内部各细分行业之间的结构关系。我国文化产业发展起步较晚,目前尚未形成完整合理的产业结构,产业结构仍需进一步优化和完善。在我国,目前占据文化产业产值绝大部分比重的细分行业主要有演出业、新闻出版业、电影产业、广播电视产业、动漫产业、艺术品产业和文化会展产业。如表 2 所示,从 2010—2012 年文化产业各细分行业之间的比例关系看,在文化产业各细分行业中,新闻出版业占据了绝大部分比重。以 2012 年为例,根据国民生产总值及文化产业产值占 GDP 比重推算的当年文化产业产值为 44 142.37 亿元,新闻出版产业产值占到了文化产业总产值的 37.69%,而其他主要产业的产值比重相对要小很多。由

---

① 国家统计局社会科技和文化产业统计司:《中国文化及相关产业统计年鉴》,北京:中国统计出版社,2013 年,第 51 页。

此可见,对于文化产业结构来说,各细分行业发展的不均衡,是文化产业"走出去"以及文化贸易发展受到限制的原因之一。

表2 2010—2012年文化产业主要细分行业产值及结构关系

单位:亿元,%

	2010		2011		2012	
	产值	比重(%)	产值	比重(%)	产值	比重(%)
演出业	108.00	0.55	203.20	0.87	355.90	1.34
新闻出版业	12 375.20	63.19	14 568.60	62.22	16 635.30	62.64
电影产业	153.60	0.78	178.10	0.76	209.60	0.79
广播电视产业	2 301.87	11.75	2 717.32	11.61	3 268.79	12.31
动漫产业	470.84	2.40	621.72	2.66	759.94	2.86
艺术品产业	1 694.00	8.65	2 108.00	9.00	1 784.00	6.72
文化会展产业	2 482.00	12.67	3 016.00	12.88	3 543.00	13.34
7个产业总值	19 585.51	100.00	23 412.94	100.00	26 556.53	100.00

(资料来源:演出业数据来自《2012中国演出市场年度报告》;新闻出版产业数据来自《2012年新闻出版产业分析报告》;电影产业数据来自《2012—2013年中国电影产业研究报告》;广播电视产业数据来自《2012中国广播电视年鉴》;动漫产业数据来自文化部第九届中国国际动漫游戏博览会;艺术品产业数据来自《2012中国艺术品市场年度报告》;文化会展产业数据来自《2012年中国会展业发展报告》)

文化产品需求上的差异,针对贸易对象国或地区文化产品类别需求的不同,形成文化产业在全国范围内的合理分布,以及文化产业细分行业在区域上的协调分布,避免出现重复建设、发展重点不突出等制约文化产业发展的现象,通过区域间的协同发展,实现互利共赢,从而实现我国文化产业的繁荣,促进文化产业走向世界。

(三)适应"走出去"的文化产业政策制定战略

文化产业政策反映了一国政府对文化产业发展的支持与规范。切实有效的文化产业政策不仅对文化产业发展有加速作用,同时还能规范文化市场的竞争秩序,提升文化产业的国际竞争力,促进文化产业"走出去"和文化贸易的发展。文化产业"走出去"的前提是文化产业的繁荣发展,在满足本国消费者对文化产品和服务需求的基础上,再将文化产品向外出口,实现中国文化的"走出去"。因此要处理好文化产业内需与出口两者之间的关系,这就需要政府通过"看得见的手"来实现资源的有效配置,并通过"看不见的手"实现供给与需求的平衡。法国是一个时尚的国度,巴黎时装周无疑是法国的一张名片,每一位殿堂级的时装设计师都是从这里走向世界,巴黎时装周这个国际性大舞台的构建充分体现了法国政府所推行的"走出去"的文化产业政策,不仅促进了法国文化走向世界,同时也为有着同样需求的各国服装设计师提供了一个展现自我的舞台。因此,国家在制定相关促进文化产业"走出去"政策时,要发挥本国的比较优势,搭建具有本国文化特色的海内外推广平台,将中国文化推向世界。我国于2004年开始每年举办一次的"中国(深圳)国际文化产业博览交易会"到2014年已经举行了十届,吸引了越来越多的海外采购商前来洽谈合作,作为实现文化梦想的舞台,文博会在推动中华文化"走出去",提升中国文化产业国际竞争力方面有着不可替代的作用。文博会不仅能够使世界各国的采购商接触到中华文化的精髓,同时也使中华文化走向世界的力度越来越大。

同时,文化产业"走出去"不仅要依靠文化贸易,同时也要依靠投资。准确掌握需求信息,通过投资的方式将中国文化带出国门。出国演出,将中国文化生动地呈现在海外观众的面前,是促进中国文化"走出去"的一个有效途径。特别是与中国传统表演形式和技艺相结合的商业演出更能使海外观众了解中国文化。2013年,伴随尼日利亚中国文化中心和马德里中国文化中心的建成,海外中国文化中心已达到14个,举办各类文化活动近千场。2013年全国文化系统批准对外文化交流项目2 159起,在对外文化交流中起到了不可忽视的作用。正是国家政策的支持,成就了多样化的对外文化交流活动,促进了文化产业产品和服务的"走出去"。因此,适应文化产业"走出去"的产业政策制定战略,应该是在充分掌握需求信息的基础上,针对不同特点的产业制定不同内容的文化产业政策。针对演出业艺术感染力强的特点,应该多支持走出国门,到世界各地巡回演出,或在主要国家或地区设立文化中心;对于影视广播等题材主题鲜明的文化产品,应鼓励多参与国际合作,不仅能够使中国文化更容易被不了解中国文化和历史的国外观众接受,更有利于学习国外先进的拍摄方法和技术,提高相关产业的技术水平和国际竞争力。总而言之,文化产业政策的制定要有利于针对不同需求群体的消费者,便于和更有效地向他们提供适合的文化产品和服务,在满足消费需求的同时,实现文化产业的"走出去"。

(四) 基于偏好相似理论的文化产业"走出去"战略体系

偏好相似理论是一个以需求为研究出发点,探讨贸易各国进行国际分工和生产,并进行贸易的理论。因此需求相似或者需求重叠是本文提出文化产业"走出去"的基本前提,如图 2 所示,

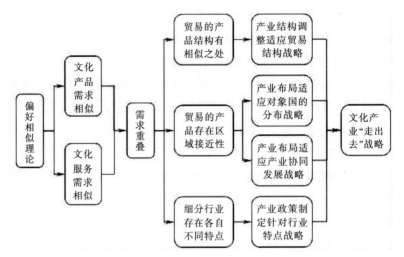

图 2 基于偏好相似理论的文化产业"走出去"战略体系

结合前文的分析,基于偏好相似理论的文化产业"走出去"战略应该是一个包含产业结构调整适应贸易结构战略、产业布局适应对象国分布战略、产业布局适应产业协同发展战略以及产业政策制定针对行业特点战略在内的综合战略体系,通过制定有针对性的战略实现文化产业的繁荣和文化贸易的发展,促进中国文化走出国门,走向世界。

四、实施文化产业"走出去"战略的对策建议

(一)以文化产业结构调整促进文化贸易结构调整

促进文化产品"走出去"产业结构与贸易结构间的协调程度往往是决定产品能否走出国门的重要基础。我国在实施文化产业"走出去"战略过程中,以文化产业结构的调整为基础对文化产品和文化服务的供给结构动态调整,适应国内外两个市场对文化产品和文化服务的需求,并进一步促进贸易结构的改善。合理的贸易结构能够使我国的文化产品和服务,以更为合理的供需关系为纽带,通过文化贸易走入世界各国(地区)消费者的生活中,把中国文化带到世界各地。通过文化产业结构调整实施的文化产业"走出去"战略,不仅能够实现文化贸易的增长,促进文化产品的出口,同时还能够通过文化贸易反过来促进文化产业结构的调整。既有利于文化产业"走出去",又有利于调整文化产业结构。

(二)以地缘优势为导向合理布局文化产业,提升文化产品的认知度

地缘优势在文化产业发展中起着重要的作用,地缘接近的国家(地区)在文化、风俗、语言、宗教信仰等方面有着相似性。我国是一个多民族、多语系、风俗多样性的国家,从南到北、由西向东,不同地区有着各不相同的文化特色,也因此形成了发展文化产业各自不同的优势。我国南部与港、澳毗邻,同属岭南文化圈,开放进取、实利重商使其在我国改革开放中起到了重要作用。东部沿海与韩、日隔海相望,日本和韩国传承了儒家文化的精髓,更加重视人与人之间的伦理关系。不同的地域文化形成了当地与众不同的文化特征,以此为基础对文化产业合理布局,将使中国不同地区的文化精髓得以充分彰显,同时也会加深文化产品和服务所蕴含的不同文化特征,进一步提升文化产品的可认知度,更易于被海外消费者所接受和认知,也更有利于我国文化产品和文化服务"走出去"。

（三）以国家整体战略为出发点布局文化产业，避免文化产业的重复建设

产业布局不仅要考虑到地缘优势，更要与国家总体产业布局和产业发展战略相结合。既要顾及到三次产业在全国范围内的布局，也要考虑三次产业内部的细分产业布局，并结合文化产业的特点，实现与相关产业、辅助产业、支撑产业的全国合理布局。这样既可以避免重复建设、产能过剩，又可将有限的文化资源进行合理配置，使其在现有技术水平条件下产生更大的经济效益，并配合其他政策实现文化产业的"走出去"。

（四）以各行业特点为依托制定文化产业政策，提高文化产业国际竞争力

行业特点是一个行业具有国际竞争力、赖以发展的基础，而有针对性的产业政策将进一步凸显行业特色，使其本身固有的与众不同之处更好地被激发出来。而针对不同的消费群体的不同特色文化产品和服务在产品生命周期的初始阶段，更加需要政策的扶持，出台与行业特色紧密相关且能有效实施的政策，对文化产业各细分行业的发展会大有裨益。同时产业政策的实施更需要金融政策、财政政策、货币政策等各类政策的协同来发挥作用，提高我国文化产业的国际竞争力，使文化产业走向世界的步伐加大加快。

试验的价值
——中国(上海)自贸试验区建设与文化产业发展

李康化　马　萍

　　经济全球化是当今时代的客观事实和发展趋势,对世界经济发展具有巨大的促进作用。随着经济全球化的深化,两种转移悄然出现。第一是经济竞争重点的转移,近十年来,全球贸易结构发生较大变化,相比于货物贸易,服务贸易的比重显著上升。服务业增加值占GDP的比重已成为衡量一个国家和地区经济发达程度的重要指标。第二是经济区域重心的转移,金融危机后,亚太国家在世界经济中的地位日益提高,逐渐成为国际经济贸易的活跃地区。基于国际经济发展形势的转变,美欧等发达国家正致力于新一代高标准、高规格的全球贸易和服务以及投资规则的形成。在TPP(跨太平洋伙伴关系协议)、TTIP(跨大西洋贸易与投资伙伴关系协定)和PSA(诸/多边服务业协议)等新一轮多边贸易谈判中,WTO规则和发展中国家日益边缘化。身为APEC重要成员且作为亚太区大国,中国并没有被邀请参与TPP的谈判。TPP在国有企业、知识产权等领域的条款是目前中国尚不能达到要求的。由此,事实上,中国正面临着后WTO时代新的服务贸易壁垒,迫切需要进行全新的改革,以主动适应新的发展潮流。中国(上海)自贸试验区即诞生在这样的背景之下。

　　中国(上海)自由贸易试验区(下文简称自贸区),是中国大陆境内第一个自由贸易园区。自贸区的建立,是新形势下推进改革开放的重大举措。作为中国经济升级版的缩影和试验田,自贸区体现的是国家战略,是高层次、高水平的创新性改革。面对全新的世界经济局势,中国国内转型升级压力较大,需要以开放促改革,释放制度红利,激发经济活力。自贸区在探索管理创新、制度创新的过程中,变要素和投资驱动型经济增长为科技和创新驱动型增长,对文化产业的发展产生重要影响。自贸区内对金融、科技、贸易等要素的重视,必将促使文化产业实现新一轮的增长,并逐渐壮大成中国经济的新型主导力量,从而反哺其他产业。

一、自贸区制度创新与文化产业发展

自贸区着重以制度创新推动新型改革开放,以释放制度红利代替政策红利,以投资自由化、贸易自由化、金融国际化、行政法制化为主要任务。事实上,这四项任务都对应着一个重要的文化产业课题,自贸区的制度创新无疑将为文化产业的发展提供新的机会,并由此推动国内整体经济发展环境的转变。

(一) 投资管理制度与文化投资

自贸区发展一年来,已有283个项目落户,共新设企业12266家,同时,外商投资热情迸发,外资企业1677家,占13.7%,而一年来新设外商投资企业数相比去年增加了10倍。[①] 投资管理是一个关乎金融、监管等多重因素的二分概念,可以分为资本引进和对外投资。首先,上海自贸区在资本引进方面的改革主要集中在:服务业市场准入开放、准入前国民待遇、负面清单管理及商事登记制度等。服务业市场准入就是允许国外的投资者在上海自贸区内投资于服务业。对于国内民营企业,采取了同样放开服务业投资的措施,中、外资企业在投资领域实现一定程度上的平等。文化服务作为上海自贸区扩大开放措施的六大服务领域之一,在投资准入松绑的过程中,将不仅直接扩大外资含量,也将获得学习国外文化产业软、硬件的发展经验。

---

① 曹继军、颜维琦:《上海自贸区交出一周年答卷》,《光明日报》2014年9月28日。

文化产业领域中外资与本土资本的结合尤其将实现企业的迅速壮大,例如百事通与微软合资建立的百家合信息技术有限公司立足于自贸区对文化娱乐的进一步放开,瞄准家庭娱乐这片蓝海,在负面清单公布的 7 天内迅速组建了自贸区内第一家文化贸易类企业,专注"家庭游戏娱乐"项目。2014 年 9 月,百家合运营的家庭游戏娱乐 Xboxone 产品在国内上市,该业务在第一年内的直接产值有望达到 150 亿－200 亿元。家庭娱乐投资发展领域的进一步放开,将产生逾万亿元的产值。[①] 自贸区扩大投资市场准入的管理措施是对外商投资准入实行负面清单管理模式,即"非列入即开放"。有别于中国长期采用的"正面清单"思维,此次制度创新具有以下积极意义:负面清单以外的行业施行内外资一致,采用备案制,简化了外商准入的手续;政府管理从事前审核管理向事中、事后监管转变;结合其他营造跨境投资便利化的制度,跨国公司在区内集聚,有利于搭建具有良好服务能力的境外投资管理平台,形成外资"引进来"的重要基地。商事登记制度的改变同样将促进自贸区投资领域的发展。传统的审批与核准制设有前置条件,尤其在文化产业领域,文化企业需历经较长时间与程序才能获得准入许可,极大地阻碍了现代文化市场经济中国内外资本的快速流动。

其次,人们对于自贸区投资准入的极大关注一定程度上削弱了对中国企业对外投资的注意。事实上,对外投资对于中国文化企业的发展壮大,实现做大做强具有重要的推动作用。它是指企业利用资本优势,对外国企业进行投资,以扩大经济效益或提升区域影响力。自贸区对企业"走出去"的支持完全可以与上海新一轮国资国企改革联动。后者的一项重要改革措施即加快开放性市场化联合重组。结合文化产业的逻辑,上海市应在支持国有文化企业转企改制的基础上,支持国有企业通过证券市场、产权市场等引入各类投资主体参与改制重组,壮大自身实力以后,依托"走出去"战略,进一步实现资本的扩张。2013 年 10 月,东方明珠公告拟 2400 万美金获得

[①] 曹继军、颜维奇:《自贸试验区助推文化产业新模式》,《光明日报》2014 年 6 月 15 日,http://roll.sohu.com/20140615/n400849244.shtml。

RED520.01%股权,成为资本市场首个利用自贸区子公司对外投资的案例。① 此外,2013年上海审议通过的《在上海自贸试验区打造全国民营企业"走出去"桥头堡的配套政策》也预示了自贸区对促进国内企业对外投资的决心。自贸区将在工作简化行政审批、放松投资限制、拓宽融资渠道、降低法律风险等方面落实,并与区内文化企业共同探索制度突破,为境外文化投资创造更好的发展模式。

(二) 贸易监管制度与文化贸易

自贸区的建设是文化与贸易深度融合的良机。在"一线放开、二线管住、区内自由"的监管制度基础上,自贸区将以贸易便利化为核心,探索以货物状态、分类监管为导向的货物贸易监管方式,同时为促进区内服务贸易的发展,积极探索适合服务贸易发展的贸易监管方式。② 2013年自贸区内完成经营总收入1.42万亿元,同比增长10.5%,其中商品销售额12 260亿元,同比增长11.5%;航运物流服务收入1 000亿元,同比增长17.6%;完成进出口总额1 134亿美元,同比基本持平,占上海市的25.7%;完成工商税收476亿元,同比增长10.8%。③

自贸区的文化贸易发展主要以国家对外文化贸易基地为"腹地"和"跳板",2013年基地文化贸易新增规模已达71亿元人民币。④ 基地文化贸易的繁荣主要源于其保税区性质、相关文化贸易服务的提供以及国际艺术品交易中心等文化基础设施的建设。首先,就基地的保税区性质而言,它不仅因税率对文化企业产生影响,也在贸易流程、文化产品定价方面为企业松绑。文化企业多为中小型规模,一般没有财务审计、税务、关务等相关部门,在国际贸易中往往依托某些

---

① 《沪企借力自贸试验区出海忙东方明珠投资境外文化产业》,中国证券网,2013年10月24日,http://news.xinhuanet.com/fortune/2013-10/24/c_125589665.htm。

② 《上海自贸试验区探索贸易监管制度创新接轨国际惯例》,《中国上海》2014年3月28日,http://www.shanghai.gov.cn/shanghai/node2314/node2315/node4411/u21ai859819.html。

③ 郑洁、黄辉:《自由贸易试验区:培育出怎样的文化产业种子? 艺术品外贸多项解决方案待突破》,《中国文化报——文化财富周刊》2014年5月31日,第6698期(02版)。

④ 《上海自贸试验区加强国家对外文化贸易基地建设》,文博会新闻中心,2014年5月15日,http://nd.oeeee.com/xzt/planning/2014wbjyh/2014wbjyh_ldpic/201405/t20140515_1456433.shtml。

物流公司,无法掌握全部的贸易话语权。并且由于文化产品价值形成周期的特殊性,文化企业往往无法解决文化产品的定价事宜。基地作为一个资源整合平台,为文化企业提供进出口的全套口岸服务,并结合文化产品的交易过程及版权价值,为企业难以定价的文化商品确定价格,使文化企业专注于自身的文化业务。其次,在相关文化贸易服务方面,基地依托网络信息技术,整合国际文化贸易信息与资源,突破区域限制,为文化贸易提供更高效便捷的"在线"服务,在资源补给、行政法律商务咨询等方面也有相关支持机制。此外,在国际艺术品交易中心的建设中,基地结合艺术品保税仓库,提供文化保税贸易、制作和加工便利。众多艺术品转运至上海自贸区以保税方式得以妥善储存;各种文化产品的编辑与制作在基地完成,成本费用得到了有效合理的控制,迅速拉动区域内文化贸易的发展。截至 2014 年 6 月,保税仓库已经拥有来自 100 多个国家和地区的 2000 多组海内外艺术作品。[1] 与普通保税仓库不同的是,自贸区的艺术品保税仓库并无存放时间限制,拥有更多的灵活度。基地在为境内外艺术品投资经营者提供艺术品保税仓储的同时,也借助国际艺术品交易中心的建设在艺术品展示、交易、运输、保险、鉴定、评估、质押等一系列艺术品贸易产业链上提供更专业的服务。文化贸易是一个整体性的活动,基地对文化贸易诸多环节的支持对促进国内文化贸易发展具有重要的借鉴意义。

　　此外,随着电子商务的崛起,自贸区正面临数字贸易与货物贸易高度融合的现状,国际社会早有条约或协定对电子商务贸易中的关税问题进行规定:美韩 FTA 就明确规定电子商务专章,并规定了双方都对数字贸易实施零关税,而中国与他国地区签订的 FTA 或 BIT,均不包含电子商务专章。[2] 由此可见,中国在应对数字产品贸易自由化相关问题上仍有亟待规范的方面。2014 年 8 月 20 日,亚马逊正式入驻自贸区,全面开展跨境电子商务业务;9 月 11 日,自贸区跨境电子商务推出"线上"监管平台。这些行为或许将引领自贸区对

---

[1] 《自贸试验区推动上海成为亚太新兴艺术品交易中心》,中商情报网,2014 年 6 月 3 日,http://www.askci.com/news/2014/06/03/17513343.shtml。

[2] 冯军:《新规则下的上海自贸区建设》,《社会科学报》2014 年 8 月 28 日,第 2 版。

数字贸易自由化的探索。

（三）金融制度与文化金融

在深化金融制度创新方面，目前已有87家有金融牌照的金融机构入驻自贸区。2014年1—8月，自贸区新增跨境人民币结算金额1563亿元，占上海全市的15%；人民币境外借款发生174.3亿元；10家中资银行开立了4110家自由贸易账户。[①] 文化贸易的发展必须配以金融制度的创新。作为自贸区建设的重中之重，金融市场的深层次开放得到了全新的探索。自贸区内现有金融制度规定在风险可控前提下，可在试验区内对人民币资本项目可兑换、金融市场利率市场化、人民币跨境使用等方面创造条件进行先行先试。目前中国实行外汇管制政策，国外投资者无法直接投资A股市场，国内投资者也无法直接投资海外市场股票，资本项目可兑换改变了这一局面。这意味着，任意资本都可以自由兑换为中国货币资本，将极大地推动文化资本的流动与积累。利率市场化是政府简政放权在金融领域的体现，尽管只是放开外币存款利率，但仍有重要的开放意义。2014年中国人民银行上海总部在自贸区组织召开支付机构跨境人民币业务启动仪式，标志着上海市支付机构跨境人民币支付业务正式启动。自贸区内所有企业或个人均可以以简化的流程办理经常项下跨境人民币收付业务，提升了自贸区在金融与经济方面的吸引力，促进了包括文化企业在内的企业集聚。作为自贸区一周年的重要成果，自由贸易账户（FT）业务的正式启动与自贸区金融改革创新的基础平台搭建成型为区内企业在投资、贸易等各个运营环节上打通全新通道。

具体到文化产业，自贸区的文化金融创新主要立足于上海文化产权交易所。一是文化项目的交易创新。传统的文化行业均以项目形式进行融资，交易与退出机制并不完善，使众多民营文化企业望而生畏。上海文交所探索实行文化项目分段融资，逐段释放风险，激发更多企业的融资行为。二是上海文交所正逐步完善文化综合配套交易服务，包括产权的确权、交易清算等方面。此外自贸区内全面铺开

---

① 曹继军、颜维琦：《上海自贸区交出一周年答卷》，《光明日报》2014年9月28日。

文化产权交易、确权、金融租赁、质押融资等项目。上文已谈及的人民币资本项目可兑换、人民币跨境使用等政策的出台,也将为文化金融的发展提供优良的环境。作为目前经济发展的热点产业类型,文化与金融的牵手蕴含着一定的互促机制,其中的动因表现在金融对文化转型和更新的促进作用以及文化对金融的影响与渗透。借助于自贸区对文化金融的探索,区内文化产业将实现资本的快速流动,促进跨地区、跨媒体、跨所有制的兼并重组,有利于文化企业的优胜劣汰、做大做强。例如2014年以来中国文化产业并购持续出现热潮。众多其他行业的领头企业开始入驻文化产业,资本运作事件的买方涵盖汽车零部件、家居建材、地产园林、餐饮酒店、煤炭有色等传统企业。文化领域一跃成为金融资本市场的主角。

(四) 法律制度与文化法规

自贸区在现有开放政策的作用下,叠加原有的外高桥保税区功能,十分有利于外向型、对外投资型以及需要更多运用现代科技手段、金融手段的企业发展。文化产业正是适宜自贸区政策与发展环境的产业类型。自贸区的法制建设同管理体制一样,遵循多层次的结构原理。国家层面上,自贸区的先行先试涉及大量国家事权,以《中国(上海)自由贸易试验区总体方案》为依据。区域内招商引资、贸易往来、保税存储等各方面都需要有完善的法制支持,以形成与国际标准接轨的法制经济。2013年10月1日起,自贸区《管理办法》正式实施。[①] 作为国家战略试验区,自贸区存在某些与国家现行政策法规不符的规定,为此中国特批支持在自贸区先行先试,对涉及外商行政审批的部分法律条款在自贸区内暂停实施三年。地方层面上,2014年2月25日,上海市十四届人大常委会第11次会议表决通过《上海市人大常委会年度工作要点》,市人大将把制定上海自贸区条例作为今年立法工作的重中之重。7月25日,备受关注的《中国(上海)自由贸易试验区条例》正式通过,成为中国第一部关于自贸区的

---

① 上海财经大学自由贸易区研究院:《赢在自贸区——寻找改革红利时代的财富与机遇》,北京:北京大学出版社,2014年,第177页。

地方性法规,并将于8月1日起施行。《条例》在遵循国家层面《管理方案》的基础上,对上海市政府及自贸区管委会的法规建设提出了更多的要求。例如《条例》明确规定了自贸区需履行的职责,包括负责组织实施自贸区发展规划和政策措施、负责自贸区内投资、贸易、金融服务等有关行政管理工作;上海市人民政府在自贸区建立综合审批、相对集中行政处罚的体制和机制。

总体而言,自贸区的法制制度建设依照中央—上海市—自贸区三级管理层逐级展开,形成统一高效的法制管理环境。在此基础上,自贸区为促进文化产业的发展,还重视知识产权保护方面的法规建设。知识产权的保护是繁荣文化产业的必要条件。2014年9月16日,自贸区首次强制销毁侵权产品。然而在以美国为主导力量的TPP(《跨太平洋伙伴关系协定》)正成为未来国际贸易潮流的背景下,众多国家对知识产权的保护力度明显大于中国现行法规。在对版权保护期限、作品保护执法水平等问题上,中国都与国际现行制度存在落差。因此上海自贸区在知识产权保护方面应注意应对TPP等国际贸易新协定对中国知识产权保护体系的冲击,充分以先行先试的发展思路,积极与国际水平靠拢,提高知识产权保护水平,在避免成为"政策优惠洼地"的同时也不可沦为知识产权侵权的"避风港"。

二、自贸区管理创新与文化产业

与其他经济区域本质上不同的是,此次自贸区的建立不是为了繁荣地区经济,而是为了探索管理与制度的创新形式,实现贸易便利化、投资自由化、金融国际化和行政精简化,并借由可复制、可推广的特点促进我国整体经济的转型。管理创新即对经济活动中涉及的各类要素进行变化、置换或整合,形成不同的管理方式。自贸区在管理方面最令人耳目一新的就是"境内关外"与一线放开、二线管住模式及负面清单与事中、事后审查模式。

(一)"境内关外"与"一线放开、二线管住"

从法律地位上而言,包括自贸区前身上海综合保税区在内的中国所有保税区,本质上都属于"境内关内"的管理。此次自贸区建设承载的升级性任务即从"境内关内"向"境内关外"放开。这一步放开,对自贸区管理体制而言是更大自由度和便利性的要求。自贸区在"境内关外"的管理定位上,采用"一线放开、二线管住"的管理方式。所谓"一线",是指自贸区与国境外的通道口,"一线放开"是指境外的货物可以自由地、不受海关监管地自由进入自由贸易区,自由贸易区内的货物也可以自由地、不受海关监管地自由运出境外;所谓"二线",则是指自由贸易区与海关境内的通道口,"二线管住",是指货物从自由贸易区进入国内非自由贸易区、或货物从国内非自贸区进入自贸区时,海关必须根据本国海关法的规定,征收相应的税收。① "一线"放开将极大地促进国外企业在自贸区的集聚,对"二线管住"的管理方式提出更高的要求。

总体而言,"境内关外"的管理定位赋予自贸区更大的开放空间,对区内外文化产业的发展有弊利两种影响:入驻自贸区的文化企业将凭借雄厚的资本优势,对文化人才形成更大的吸引力,一定程度上影响本土文化企业的发展动力与活力;某些外资文化企业为保持其技术优势,可能会取消境内原有技术研发机构,由此中国本土文化产业的自主创新能力会有一定程度地削弱;自贸区内的外资文化企业还可能借助自身强大的文化资源挖掘、加工制作等能力,利用自贸区赋予的法律和保护机制,对中国博大的文化资源宝库进行发掘,并抢注本土文化专利,将对本土文化企业的发展形成较大的冲击;自贸区基于"境内关外"释放的自由便利信号对中国文化产业的发展无疑也有利好的方面:文化产业一直因突出的意识形态、舆论导向等问题受到较其他产业更多的管制,此次自贸区的管理创新将在文化金融、投资、文化法制等多方面为文化产业松绑,为文化贸易往来的便利化做贡献,这也是众多文化企业入驻自贸区的一大原因。截至 2014 年 5 月底,自贸区内的国家对外文化贸易基地共聚集了 232 家中外文化

---

① 上海财经大学自由贸易区研究院:《赢在自贸区——寻找改革红利时代的财富与机遇》,北京:北京大学出版社,2014 年,第 38 页。

企业入驻，入驻企业注册资本累计已超过35亿元。[①] 入驻企业包括百家合信息技术、盛大国际、佳士得拍卖、东方明珠文化发展等文化骨干与行业领头企业。该基地正逐渐成为我国文化"引进来、走出去"的前沿高地。其中时代出版传媒公司作为国内首家"境内关外"出版文化企业，依托自贸区全新的管理模式，以版权贸易、图书衍生产品开发和出口为经营抓手，结合文化产品与服务贸易出口，并同时开展期刊、印刷、文化会展等业务，积极利用国内资源拓宽国际市场，实现了良好的发展。自贸区采用的"境内关外"管理模式让文化企业不出国门就享受到相关文化交易优惠政策，通关速度和便利程度大大提升，为包括时代出版在内的众多文化企业解决了当前我国文化版权输出难、文化产品出口难等主要问题。

（二）负面清单与事中、事后监管

自贸区借鉴国际通行规则，对外商投资施行准入前国民待遇，研究制订试验区外商投资与国民待遇等不符的负面清单，改革管理模式。对负面清单之外的领域，按照内外资一致的原则，将外商投资项目由核准制改为备案制（国务院规定对国内投资项目保留核准的除外），由上海市负责办理。此外，政府管理由注重事先审批转为注重事中、事后监管，以高效运作为目标。2014年9月23日，配合政府事后监管，自贸区首批企业经营异常名录出炉，1467家企业上榜。[②] 这是政府管理对风险可控原则的把握以及对企业经营底线的坚守。负面清单模式是此次自贸区发展的最大亮点，而事中、事后监管则是最大难点。这两方面的管理创新实质是对国家深化体制改革的呼应，也是对淡化政府管制、让市场发挥决定性作用的强调。

具体到文化产业领域，自贸区内外的文化企业仍在期待负面清单对文化产业的进一步放开。负面清单中对于文化产业限制较多的原因包括：文化产业是具有文化和意识形态属性的产业类型，其产品将对国人的文化修养、性格养成产生影响。其因相对于其他产业类

[①] 郑洁、黄辉：《自由贸易试验区：培育出怎样的文化产业种子？企业舞台广阔不只是税收》，《中国文化报—文化财富周刊》2014年5月31日，第6698期（01版）。

[②] 郑红、张奕：《自贸试验一年间》，《解放日报》2014年9月26日。

型的特殊性，本就受到政府管理力量的更多介入；此外负面清单是一个不断调整优化的名录，自贸区秉持风险可控的原则，将视具体发展做不同程度上负面清单的升级。2013 年版的上海自贸区负面清单编制措施共 190 项，占行业比重的 17.8% 左右。在这 190 项特别措施中，使用禁止字样的有 38 条、限制字样的有 74 条。[①] 2014 年的负面清单相比上一年，在文化产业投资领域的限制有了一定程度的改善，例如：2014 年版负面清单删除了关于"禁止投资电信、广播电视和微型传输服务""投资文化艺术业须符合相关规定"以及"禁止投资互联网上网服务营业场所（网吧活动）"等 5 项内容；并在投资电影院建设经营的限制表述前，增加"除香港、澳门服务提供者外"，这意味着相关业务开始向港澳开放。目前负面清单对传统文化产业领域包括出版、新闻、广播影视等限制较多，这也预示着中国新兴文化产业类型拥有更多的开放机会，新媒体、数字出版等领域将更能得到外资的注入，从而借由外国先进的技术与管理理念，获得更大的发展空间。在文化产品审批过程中，传统流程由于文化产业特殊性的限制，往往要经历漫长的审批过程，有些甚至直接封杀。事中、事后审查管理的创新是对政府工作的精简，实现政府力量在市场领域的进一步弱化；对于各文化企业而言，也将促进文化产品生产与营销的顺畅发展。

此次自贸区在管理方面的创新实质上是增强了区域自由度，并且以社会力量取代政府力量来进行新型管理。这种转变将有利于市场经济活力的进一步焕发，对于文化产业而言，是发展的良好契机。

三、自贸区文化产业发展的突破口

2014 年 4 月，《上海自贸区文化市场开放项目实施细则》（下文称《实施细则》）发布，游艺设备、演出、娱乐三个领域作为自贸区发展文化产业的突破口，不仅在行业操作上得到了进一步开放，也在地域

---

① 叶飞、宋佳烜、陈璐：《来自上海自贸试验区的文化试验》，《中国文化报》2014 年 3 月 14 日，http://art.people.com.cn/n/2014/0314/c206244—24633716.html。

放开方面取得了新进展。香港特别行政区、澳门特别行政区、台湾地区投资者和在国外居住的中国公民在自贸区内设立企业从事游戏游艺设备生产和销售、设立演出经纪机构、演出场所和娱乐场所的,适用该实施细则,同享有自贸区待遇。

(一)自贸区游艺设备产业的发展

《中国(上海)自由贸易试验区总体方案》中明确规定自贸区面向信息传输、软件和信息技术服务业开放,允许外资企业从事游艺设备的生产和销售。这预示着在中国实行达13年之久的游戏机禁令正式解除。游戏机是"舶来品",在最初进入中国市场时被视为"洪水猛兽"。它作为典型的文化承载物,其内含的游戏文化对我国青少年产生巨大的影响。中外文化观念、意识形态的差异,使部分游戏机在文化内容上宣扬与我国教育相悖的理念;同时,游戏机市场由于产业规范的不完善,乱象频出。因此2000年6月,国务院办公厅转发文化部等7部门发布的《关于开展电子游戏经营场所专项治理的意见》,开始了针对国内游戏机市场的治理工作,规定"自本意见发布之日起,面向国内的电子游戏设备及其零、附件生产、销售即行停止。任何企业、个人不得再从事面向国内的电子游戏设备及其零、附件的生产、销售活动。"①在该规定的影响下,索尼、任天堂、微软等企业的游戏产品正式退出中国市场。然而,人们对游戏的需求一直存在,巨大的人口基数形成了庞大的市场缺口。于是硬件与软件方面的盗版开始猖獗,一时间,中国成了游戏机"水货"横行的市场,盗版率逼近百分百。在漫长的13年中,中国广博市场的强大诱惑使索尼、任天堂等企业多次试图绕开禁令,均以失败告终。此次自贸区对外资生产与销售游艺设备的适度放开,无疑将刺激大量相关外资企业的入驻,重新繁荣中国游戏机市场。

根据《实施细则》,在自贸区内,外资从事游戏游艺设备的生产和销售,审批权限已经下放到了上海市文广影视局,审批单位应在受理之日起20个工作日内做出审批决定,并报文化部备案。同时,该细

---

① 诸悦:《游戏机,"行货来了"》,《小康·财智》2013年10期。

则还规定,向国内市场销售的设备,应满足有合法知识产权,有益于青少年健康成长等条件;并且不得含有国家有关条例中禁止的内容,不得有押分、退币、退钢珠等赌博功能。① 游戏运营商通常把市场分为三大块,个人市场、家庭市场和集体市场。目前,后两种仍是尚未有效开拓的蓝海。最先瞄准蓝海并对政策做出反应的是百视通和微软,2013 年 9 月 24 日,百视通发表公告称与微软共同投资 7900 万美元成立全资公司,其中百视通持股 51%,微软持股 49%,双方将拿出各自与业务相关的核心资源,旨在合作打造一流的"新一代家庭游戏娱乐产品"和具备世界领先水平的"家庭娱乐中心服务",主营范围是设计、开发、制作游戏、娱乐应用软件及衍生产品;销售、许可、市场营销自产和第三方的游戏、娱乐应用软件;游戏机相关技术咨询和服务。② 此外,2014 年 5 月 25 日,东方明珠宣布公司旗下上海东方明珠文化发展与索尼集团在华全资子公司索尼(中国)共同出资设立合资公司,分别负责生产、营销索尼集团旗下索尼电脑娱乐公司的 Play Statio 硬件、软件以及提供相关服务的在华业务。③ 由此,微软与索尼这两大游艺业巨头都以与本土企业合资的方式完成了面向中国市场的自贸区战略布局。这样的商业模式对于国内其他文化行业的发展具有启示和可借鉴意义。国内外资本在同一平台充分发挥各自优势:国内企业往往掌握更便捷的营销渠道,国内资本的存在也能更好地与政策、资源实现对接;而国外企业的优势在于优良的软、硬件打造技术,例如索尼在主机游戏软硬件开发中的实力,其 PS4 已占据主机游戏市场份额的 50%。④

总体上来说,自贸区对游艺设备生产与销售的放开,在制造层面影响不大。众所周知,中国是世界第一制造大国。微软、索尼、任天堂等国际知名企业的加工厂就设在中国境内。自贸区改革将在游艺产业的消费领域产生深远影响。它将在较大程度上削弱途经香港的

---

① 《上海自贸区正式解禁游戏机产销》,《东方早报》2014 年 4 月 22 日,http://news.ifeng.com/a/20140422/35940940_0.shtml。
② 诸悦:《游戏机,"行货来了"》,《小康·财智》2013 年 10 期。
③ 《上海自贸区政策推动游戏产业发展 15 股井喷》,《证券日报》2014 年 7 月 12 日,http://money.163.com/14/0712/11/A0UUHAPV00253B0H_4.html。
④ 诸悦:《游戏机,"行货来了"》,《小康·财智》2013 年 10 期。

"水货"渠道对中国的渗透,并打造正规的游戏机销售窗口。

(二) 自贸区演出经纪机构的发展

《实施细则》中指出,自贸区取消外资演出经纪机构的股比限制,允许设立外商独资演出经纪机构,在上海行政区内提供服务。纵观中国演出市场的发展,其放开是一个渐进的过程。1997年,中国公布实行《营业性演出管理条例》,曾规定禁止设立中外合资经营、中外合作经营、外资经营的文艺表演团体、演出场所和演出经纪机构。2005年9月,中国新修订的《营业性演出管理条例》中取消了这一禁令,上述机构被允许依法设立。[1] 这一系列开放举措充分表明了为中国在文化产业领域内接轨世界经济的决心。

自贸区对外资演出经纪机构股比限制取消后,其发展应实现点与面的结合。首先以自贸区开放便捷的特征吸引一批国外具有创意资源与经验的大型演出机构,在点上实现突破;其次,优化艺术节交易会、演艺交易会等平台功能,在吸引不同规模外资演出机构的同时也逐渐形成演艺经纪规模效应。以往传统的中国经济环境中,外资演出经纪机构面临着严格的审查制度和保守的股本比例限制,本次自贸区规定外资演出机构可在上海市范围内提供服务,这种区域级放开无疑将促进各外资机构把目光聚集在上海这片广袤的市场中,其入驻与设立,将对本土演出机构造成冲击。就目前风靡中国的日韩、港台娱乐文化而言,长此以往,自贸区的改革将有利于中日韩娱乐圈的互动、港澳台艺人的内地(大陆)发展等。总体而言,自贸区为外资、国资与民营资本提供了公平竞争的机会,一定程度上会推动演出行业的良性竞争,自贸区对外资的相对放开将同样对其他文化产业类型带来类似的影响。

基于自贸区可复制、可推广的属性,在自贸区放开对外资演出经纪机构的股比限制后,国务院最新一批改为后置审批的事项名单中亦有四项涉及演出经纪机构。政府审批的放宽将为中国演出经纪行

---

[1] 徐馨:《中国演出也加大开放外资可管经纪机构演出场所》,中国新闻网,2005年8月1日,http://www.chinanews.com/news/2005/2005-08-01/26/606289.shtml。

业带来全新的发展空间。当前,部分风险投资基金正将目光更多地转向文化产业和演出行业。在审批制度松绑的大环境下,中国文艺演出机构将吸引大量资本注入,从而反促演出内容的优化,并使企业主体在上市融资的目标下,不断以市场调节为导向,形成良性竞争。

(三)自贸区娱乐场所的发展

自贸区内允许设立外资经营的娱乐场所,在自贸区内提供服务。该项规定同样彰显了自贸区在外资准入方面的松动信号,是文化产业发展的突破口。2006年2月13日,中国《娱乐场所管理条例》正式公布施行,当时的建设目标是形成具有中国特色的新娱乐业。《管理条例》公布时明确指出不准外资以及民营资本涉足娱乐业。当时对外资的拒之门外,首先源于西方国家在文化领域的霸权主义,他们以文化产业的发展为契机,进行意识形态的灌输与渗透;其次,国内娱乐产业尚处于起步阶段,国外优势产业的竞争压力将摧残国内的娱乐业。如今,自贸区对外资经营娱乐场所的允许作为一次大胆的尝试,既表明中国参与国际竞争的决心与信心,其仅在自贸区内有效的附加条款同样展现了中国在文化产业放开问题上的谨慎。随着自贸区入驻企业数量的扩大,文化休闲与消费成为自贸区需要具备的基础配套功能,由娱乐场所、演艺等其他文化商品组成的文化产业将在区域内获得良好发展。文化娱乐企业在区内开设娱乐场所,不仅没有繁琐的投资管理限制,也能与保税区内其他文化产品、服务形成联动,从而推动新的文化消费中心的形成。自贸区在文化产业发展领域中的三个突破口是有意义的尝试,随着对外开放力度的加大,将有更多的文化产业业态实现新的增长。

自贸区改革探索的根本大背景是国家全面深化改革中的核心问题:就是把党的十八届三中全会提出的处理好政府与市场的关系这一根本改革,在自贸区里试出整个制度体系。[①] 自贸区的宗旨是以开放倒逼改革,构建国内经济发展新秩序、新规则。建设自贸区可能

---

① 韩正:《探索政府与市场关系这一根本改革》,2014年9月30日,http://www.aisixiang.com/data/78499.html。

是国内先行的改革行为,但绝不是孤立的改革步伐,即所谓倒逼的含义。事实上,自贸区能取得多大的成功取决于国内改革的步骤有多快。如果自贸区往前走,国内改革迟迟不推动,其试验性、推广性就毫无意义,且局部区域与国内整体经济发展会产生较大落差,不利于整体的协调发展。因此全国各地应借鉴自贸区可复制、可推广的发展经验,逐渐探索一条充分发挥市场在资源配置中起决定性作用和更好发挥政府作用的新路子。目前,自贸区中23项海关改革措施于2014年8月推广至长江沿岸多个海关监管区。① 纵观自贸区一周年的发展,尽管已取得不少成就,依然有需要继续探索的方面:作为自贸区改革的重点,事中、事后监管模式应更加开放和便利化,政府权力应进一步"瘦身",促进货物、服务等要素自由流通的同时也增强政府部门间协同性,提高监管效率;在传统卡口监管基础上,对货物贸易、服务贸易和数字贸易结合的新型贸易方式采取动态或状态化管理;金融改革应进行更大胆的尝试等。具体到文化产业,尤其是在自贸区引领下更加开放的环境里,面对文化资源、文化贸易的对外开放,应如何对文化产业进行管理。总体而言,首先,中国文化产业的管理需吸收自贸区的核心要义,以反对市场禁入为突破口,积极放开不涉及国家文化安全的领域,不仅积极引进外资,也要允许民营资本的注入,引进良性竞争机制,打破垄断,同时也要大力扶持文化企业做大做强,从而对外输出文化产品,实现"引进来,走出去"的双向互动。其次,文化产业属于服务产业,其交易大多为非实物性交易。对以非实物性交易为主的文化产业的管理,要求完善的产权基础设施,力图做到管理的法制化、规范化,进行清晰的产权界定、建立规范的交易平台与解决纠纷的机制等。

---

① 王志彦:《23项海关改革分三步推广至全国》,《解放日报》2014年9月28日。

附录:官方文件

文化部关于促进文化产品和服务"走出去"2011—2015年总体规划

时间:2011年4月　来源:文化部

积极促进中国文化产品与服务进入国际市场,是推动中华文化"走出去"、提升国家软实力和扩大国际影响力的重要途径,也是促进国内经济发展方式转变和文化产业成为国民经济支柱型产业的重要手段。

当前,世界对中国文化产品和服务的需求不断增加,国内文化产业快速发展,文化产品和服务"走出去"步伐加快,竞争力不断增强。但是,作为新兴领域,我国相关产业刚刚起步,缺乏通过市场运作"走出去"经验,文化产品和服务在海外市场规模小、缺乏品牌,无论是数量还是质量都与中国文化大国的形象不符,与我国日益上升的国际影响力不符。

为充分发挥政府在推动中华文化"走出去"工作中的引导作用和服务职能,积极推动文化企业、产品和服务通过商业渠道走向世界,特制定本规划,规划期为2011—2015年。

一、指导思想、基本原则和规划目标

（一）指导思想

坚持以邓小平理论和"三个代表"重要思想为指导,深入贯彻落实科学发展观,全面贯彻中央推动中华文化"走出去"的总体战略,紧密围绕《文化产业振兴规划》相关要求,对内服务于国内文化建设,协助文化产业成为国民经济新的增长点,对外服务于国家外交大局,提升国家文化软实力,扩大国际影响力。

(二)基本原则

坚持把社会效益放在首位,努力实现社会效益和经济效益的统一;坚持"政府为引导、企业为主体、市场运作为主要方式";坚持统筹国内外两种资源、两个市场;坚持从实际出发,加强针对性,分层次、分业态和分区域开展工作。

(三)规划目标

1.培育一批能够在国际文化市场长期立足的、代表中华优秀文化的骨干文化企业和产品;2.在国际文化市场上初步形成重点产业类别中国文化产品营销网络;3.促进我国文化产品和服务在周边国家影响持续扩大,在欧美打造知名品牌,在南亚、东欧和中亚、拉美及海湾地区等新兴市场有较大增幅,积极培育非洲市场;4.文化产品在我对外文化交流和文化外宣项目中所占比重明显增加;5.中国文化企业和产品成为扩大我国际影响力的重要力量。

二、重点任务

为落实上述目标,本规划期内将综合运用政策指导、项目带动、资金扶持、信息服务、人员培训等手段,充分发挥政府间文化交流与合作机制作用,重点做好以下几方面工作:

(一)确立重点扶持领域

大力扶持代表中华优秀文化的文化企业和产品。进一步贯彻落实《文化部关于加快文化产业发展的指导意见》,重点扶持表演艺术、艺术品与工艺美术、动漫、游戏等领域的文化企业和产品走向世界;积极协助推动影视、出版、艺术创意和设计、文化旅游、网络文化、文化产品数字制作与相关服务等产业领域的出口。

（二）建立文化产品和服务"走出去"资源库

建立文化企业、产品及人才资源库，编制表演艺术、艺术品与工艺美术、动漫、游戏等领域企业和产品（项目）名录。在每个重点领域培育5—10家有国际竞争力的骨干出口企业和出口示范项目，采取授予"文化出口示范企业""文化出口优秀产品"等方式推广经验。

（三）定期发布海外市场、渠道及平台信息

大力开展中国文化产品海外市场调研，加强对海外文化产业、市场的深度分析和国内外案例介绍；汇集文化产业各领域、特别是我重点扶持领域海外商业渠道和平台信息；编发《对外文化贸易参考》《海外文化市场信息》《海外主要文化产品营销公司、会展名录》等资料，为政府决策提供参考，协助企业了解国际市场动态，扩大海外营销网络。

（四）简化审批手续，推动出口便利化

简化文化企业人员出国（境）开展工作的审批手续。依据国家有关规定，制定文化系统派出人员持因私护照出国（境）执行商业项目有关办法；积极与有关部门协商，研究、制定文化产品出口通关便利化措施；根据需要，有选择地在重点口岸建立文化部对外文化贸易出口基地和服务平台。

（五）扶持外向型产品开发

鼓励企业依托中华文化资源优势，发挥创意能力，面向国际市场开发原创产品；积极推动国际文化产业合作，支持中外企业联合研发外向型产品；加强重点领域的人才交流与培训；各驻外文化机构积极推动文化产品研发合作项目。

（六）扶持优秀产品对外推介

逐步提升具有国际市场潜力的优秀文化产品在政府文化交流、

文化外宣任务中的比例；为具有国际市场潜力的优秀文化产品参与重大国际文化活动提供更大便利；组织企业参与各类国际展会与交易会，给予参展企业展位费、宣传费、差旅费专项支持；支持举办重点扶持领域的国际经销年会等各类国际推介活动；各驻外文化机构积极为我文化产品、作品、企业搭建推介平台，疏通渠道，培育消费群体。

（七）扶持优秀产品出口及企业海外落地经营

对通过商业渠道和市场化运作出口的优秀文化产品（项目），按照一定的条件，予以国际旅运费、广告宣传费及翻译费用等专项支持；鼓励并支持我文化企业通过独资、合资、控股、参股、收购海外文化资产等多种资本运营形式出口文化产品以及在国外兴办经营实体，建立文化产品长期营销网点，实现海外自主经营。

（八）奖励优秀出口业绩

继续实施《国家文化出口重点企业目录》和《国家文化出口重点项目目录》等已有措施，对出口业绩优秀的企业和项目予以奖励；建立年度表彰机制，进一步细化和适度增加奖励类别，鼓励各种所有制、不同规模的文化企业走向世界，鼓励不同层次文化产品的研发、推广和出口。

（九）加强与港澳台文化产业合作

有计划、有步骤地加强中央政府文化部门与特区政府、两岸文化主管部门在推动文化企业、产品和服务走向世界的合作。加强学习借鉴港澳台地区外向型文化产品开发、推广和海外市场营销经验；搭建平台，推动两岸相互举办"两岸文博会"，鼓励开展两岸三地行业交流、联合制作；支持举办不同业态、不同层次、针对不同区域市场的定期专题研讨会，推动实施两岸三地"中华文化产品创意竞赛"等项目，共同在国际市场推广中华文化产品。

（十）制定实施分区域推广计划

重点推动我文化产品和服务进入欧美地区主流市场，形成重点产品品牌效应;依托中日韩政府文化产业合作平台,重点推动演艺、动漫、游戏等领域三国间产业合作;对东南亚地区,应积极发挥已有优势,提高产品和服务质量、扩大和深化影响;引导我文化企业积极开发南亚、东欧和中亚、拉美及海湾地区等新兴市场;对非洲等经济尚欠发达的地区,通过文化交流、文化援助等方式积极培育中华文化产品市场。

三、保障措施

(一)建立促进对外文化贸易工作协调机制

充分发挥"对外文化工作部际联席会议制度"、部省对外文化工作协调机制以及驻外文化机构负责人年会机制的作用,加强政府文化产业相关主管部门的沟通协调,加强对地方开展对外文化贸易工作的支持和引导,加强对驻外使领馆文化处组和驻外文化中心推动对外文化贸易工作指导,建立对外文化贸易促进工作的统一协调领导机制,为推动对外文化贸易工作提供组织保障。积极发挥行业协会等民间社团的作用,鼓励企业成立文化产品出口商会。

(二)加大财政与金融扶持力度,积极吸引社会各界投入

加强对有国际市场潜力企业的扶持,为扶持文化产品和服务"走出去"提供资金保障,对重点企业和项目的海外市场推广准备和实施工作进行专项奖励。建立中央与地方促进"走出去"的引导资金与配套资金的相结合的资金扶持体系。完善对外文化贸易投融资服务体系,吸引社会各界对中国文化产品国际推广的投入。

(三)加强人才培养与智力引进工作

通过"走出去,请进来"的方式,积极培养具有国际市场运作能力的文化经营管理人才;加强各级文化主管部门人员对外文化贸易专题培训;支持专业教育机构国际文化贸易专业人才培养。加强智力引进工作,加大文化产业和对外文化贸易所需海外高层次人才的引

进力度。

四、规划实施

　　文化部将根据本规划进一步制定实施细则及分业态、分地区推广规划。各有关直属单位,各省、自治区、直辖市文化主管部门及驻外使领馆文化处组和驻外文化中心在本规划的指导下,结合本部门实际,根据分层次、分业态、分区域的原则,积极开展专项研究,制定实施计划,完善和落实各项措施,确保本规划的实施。

国务院关于加快发展对外文化贸易的意见

国发〔2014〕13号

各省、自治区、直辖市人民政府,国务院各部委、各直属机构:

近年来,随着改革开放的推进,我国对外文化贸易的规模不断扩大、结构逐步优化,但核心文化产品和服务贸易逆差仍然存在,对外文化贸易占对外贸易总额的比重还较低,有待进一步加强。加快发展对外文化贸易,对于拓展我国文化发展空间、提高对外贸易发展质量,对于继续扩大改革开放、转变经济发展方式,对于稳增长促就业惠民生、提升国家软实力、全面建成小康社会具有重要意义。为进一步做好有关工作,现提出以下意见:

一、总体要求

(一)指导思想

立足当前,着眼长远,改革创新,完善机制,统筹国际国内两个市场、两种资源,加强政策引导,优化市场环境,壮大市场主体,改善贸易结构,加快发展对外文化贸易,在更大范围、更广领域和更高层次上参与国际文化合作和竞争,把更多具有中国特色的优秀文化产品推向世界。

(二) 基本原则

坚持统筹发展。将发展文化产业、推动对外文化贸易与促进经济结构调整、产业结构优化升级相结合,与扩大国内需求、改善人民群众生活相结合,促进服务业发展、拉动消费和投资增长。

坚持政策引导。切实转变政府职能,依法监管,减少行政干预,加大政策支持力度,营造对外文化贸易发展的良好环境。坚持企业主体。着力培育外向型文化企业,鼓励各类文化企业从事对外文化贸易业务,到境外开拓市场,形成各种所有制文化企业积极参与的文化出口格局。

坚持市场运作。进一步发挥市场在文化资源配置中的积极作用,激发社会活力,创新文化内容和文化走出去模式,努力打造我国文化出口竞争新优势。

(三) 发展目标

加快发展传统文化产业和新兴文化产业,扩大文化产品和服务出口,加大文化领域对外投资,力争到2020年,培育一批具有国际竞争力的外向型文化企业,形成一批具有核心竞争力的文化产品,打造一批具有国际影响力的文化品牌,搭建若干具有较强辐射力的国际文化交易平台,使核心文化产品和服务贸易逆差状况得以扭转,对外文化贸易额在对外贸易总额中的比重大幅提高,我国文化产品和服务在国际市场的份额进一步扩大,我国文化整体实力和竞争力显著提升。

二、政策措施

(一) 明确支持重点

1. 鼓励和支持国有、民营、外资等各种所有制文化企业从事国家法律法规允许经营的对外文化贸易业务,并享有同等待遇。进一步完善《文化产品和服务出口指导目录》,定期发布《国家文化出口重点企业目录》和《国家文化出口重点项目目录》,加大对入选企业和项目的扶持力度。

2. 鼓励和引导文化企业加大内容创新力度,创作开发体现中华优秀文化、展示当代中国形象、面向国际市场的文化产品和服务,在编创、设计、翻译、配音、市场推广等方面予以重点支持。

3. 支持文化企业拓展文化出口平台和渠道,鼓励各类企业通过新设、收购、合作等方式,在境外开展文化领域投资合作,建设国际营销网络,扩大境外优质文化资产规模。推动文化产品和服务出口交易平台建设,支持文化企业参加境内外重要国际性文化展会。鼓励文化企业借助电子商务等新型交易模式拓展国际业务。

4. 支持文化和科技融合发展,鼓励企业开展技术创新,增加对文化出口产品和服务的研发投入,开发具有自主知识产权的关键技术和核心技术。支持文化企业积极利用国际先进技术,提升消化、吸收和再创新能力。

(二) 加大财税支持

1. 充分发挥财政资金的杠杆作用,加大文化产业发展专项资金等支持力度,综合运用多种政策手段,对文化服务出口、境外投资、营销渠道建设、市场开拓、公共服务平台建设、文化贸易人才培养等方面给予支持。中央和地方有关文化发展的财政专项资金和基金,要加大对文化出口的支持力度。

2. 对国家重点鼓励的文化产品出口实行增值税零税率。对国家重点鼓励的文化服务出口实行营业税免税。结合营业税改征增值税改革试点,逐步将文化服务行业纳入"营改增"试点范围,对纳入增值税征收范围的文化服务出口实行增值税零税率或免税。享受税收优惠政策的国家重点鼓励的文化产品和服务的具体范围由财政部、税务总局会同有关部门确定。

3. 在国务院批准的服务外包示范城市从事服务外包业务的文化企业,符合现行税收优惠政策规定的技术先进型服务企业相关条件的,经认定可享受减按15%的税率征收企业所得税和职工教育经费不超过工资薪金总额8%的部分税前扣除政策。

（三）强化金融服务

1. 鼓励金融机构按照风险可控、商业可持续原则探索适合对外文化贸易特点的信贷产品和贷款模式，开展供应链融资、海外并购融资、应收账款质押贷款、仓单质押贷款、融资租赁、银团贷款、联保联贷等业务。积极探索扩大文化企业收益权质押贷款的适用范围。鼓励金融机构对符合信贷条件的国家文化出口重点企业和项目提供优质金融服务。

2. 支持符合条件的国家文化出口重点企业通过发行企业债券、公司债券、非金融企业债务融资工具等方式融资。积极发挥专业增信机构作用，为中小文化企业发行中期票据、短期融资券、中小企业集合票据、中小企业私募债券等债务融资工具提供便利。支持符合条件的文化出口项目发行非金融企业资产支持票据和证券公司资产证券化产品。鼓励有跨境投资需求的文化企业在境内发行外币债券。支持文化出口企业在国务院批准的额度内，赴香港等境外人民币市场发行债券。

3. 鼓励保险机构创新保险品种和保险业务，开展知识产权侵权险，演艺、会展、动漫游戏、出版物印刷复制发行和广播影视产品完工险和损失险，团体意外伤害保险、特定演职人员人身意外伤害保险等新型险种和业务。对国家文化出口重点企业和项目，鼓励保险机构提供出口信用保险服务，在风险可控的前提下可采取灵活承保政策，优化投保手续。

4. 鼓励融资性担保机构和其他各类信用中介机构开发符合文化企业特点的信用评级和信用评价方法，通过直接担保、再担保、联合担保、担保与保险相结合等方式为文化企业提供融资担保服务，多渠道分散风险。利用中小企业发展专项资金等对符合条件的融资性担保机构和担保业务予以支持。

5. 推进文化贸易投资的外汇管理便利化，确保文化出口相关跨境收付与汇兑顺畅，满足文化企业跨境投资的用汇需求。支持文化企业采用出口收入存放境外等方式提高外汇资金使用效率。简化跨境人民币结算手续和审核流程，提升结算便利，降低汇率风险。鼓励境内金融机构开展境外项目人民币贷款业务,支持文化企业从事境外投资。

(四) 完善服务保障

1. 尽快培育国家文化出口重点企业成为海关高信用企业,享受海关便捷通关措施。对图书、报纸、期刊等品种多、时效性强、出口次数频繁的文化产品,经海关批准,实行集中申报管理。为文化产品出口提供24小时预约通关服务等便利措施。对文化企业出境演出、展览、进行影视节目摄制和后期加工等所需暂时进出境货物,按照规定加速验放。对暂时出境货物使用暂准免税进口单证册(ATA单证册)向海关申报的,免于向海关提供其他担保。

2. 减少对文化出口的行政审批事项,简化手续,缩短时限。对国有文化企业从事文化出口业务的编创、演职、营销人员等,不设出国(境)指标,简化因公出国(境)审批手续,出国一次审批、全年有效。对面向境外市场生产销售外语出版物的民营文化企业,经批准可以配置专项出版权。

3. 加强相关知识产权保护,研究开展文化知识产权价值评估,及时提供海外知识产权、法律体系及适用等方面咨询,支持文化企业开展涉外知识产权维权工作。加强对外文化贸易公共信息服务,及时发布国际文化市场动态和国际文化产业政策信息。着力培养对外文化贸易复合型人才,积极引进各类优秀人才。建立健全行业中介组织,发挥其在出口促进、行业自律、国际交流等方面的作用。

三、组织领导

建立健全由商务、宣传文化、外交、财税、金融、海关、统计等部门组成的对外文化贸易工作联系机制,加强统筹协调,整合资源,推动相关政策措施的落实,依法规范对外文化贸易工作。加强对外文化贸易统计工作,完善文化领域对外投资统计,统一发布对外文化贸易和对外投资统计数据。结合《文化及相关产业分类(2012)》,修订完善文化产品和服务进出口统计目录。各地区、各有关部门要按照本意见的要求,切实加强对外文化贸易工作的组织领导,明确任务落实责任,尽快制定具体实施方案,完善和细化相关政策措施,扎实做好相关工作,确保取得实效。

2014 年 3 月 3 日

第二编
中国影视产业"走出去"评论

影视产业是文化创意产业的核心产业,中国影视产业"走出去",不仅可以传播中国的文化,更可以帮助中国树立良好的国际形象,但目前做得还不理想。本编收集了几篇有代表性的研究和评述文章,分别从必要性、可能性、现实评价、存在问题、战略、策略等方面进行了有益探索。

我国影视产业"'走出去'工程"10 年的绩效反思

朱春阳[①]

一、问题的提出

2001 年,伴随着我国正式加入 WTO,《关于广播影视"走出去工程"的实施细则》也颁布实施,标志着我国文化"'走出去'工程"的正式启动。2005 年颁布的《国务院关于进一步加强和改进文化产品和服务出口工作的意见》与 2006 年的《关于鼓励和支持文化产品和服务出口的若干政策》具有重要意义。这两个文件被认为确定了我国文化"走出去"政策的基本思路和框架,是文化"'走出去'工程"中最具操作性的文件,直接推动了文化产业参与国际贸易的积极性;2009 年 8 月,《文化产业振兴规划》颁布。作为我国第一部文化产业专项规划,它标志着文化产业已经上升为国家建设的战略性产业,文化产业也因此成为我国软实力建设的核心所在。2011 年 4 月,国家新闻出版总署颁布《新闻出版业"十二五"时期走出去发展规划》;文化部也颁布《关于促进文化产品和服务"走出去"2011—2015 年总体规划》;2011 年 10 月,中共十七届六中全会审议通过了《中共中央关于深化文化体制改革、推动社会主义文化大发展大繁荣若干重大问题的决定》,提出了推动文化产业成为国家支柱产业的重要目标,对"走出去"做了

[①] 朱春阳(1972—)男,河南舞平县人,现为复旦大学新闻学院副教授,媒介管理学博士。

进一步的强调。从目前"'走出去'工程"相关政策举措来看,主要集中于对文化产品出口的补贴、税收优惠与资金扶持,以及国家主导突破贸易壁垒等。我国文化部网站数据显示,在这一背景下,从2001年到2010年,文化产品和服务出口规模分别增长了2.8倍和8.7倍;中国影视产品进出口逆差也已经由2001年的10∶1缩小到现在的3∶1。

在过去的十年中,我国相继成为电视剧、动画年产量世界第一大国、电影生产的世界第三大国(仅次于印度和美国);影视行业同时是我国文化产业中最早推出"'走出去'工程"的具体领域。因此,本文拟以影视产业中动画、电视剧和电影为例来对"走出去工程"的政策绩效问题进行考察。从数据来看,动画的情况似乎较好地实现了"'走出去'工程"的目标。动画是目前我国影视产业中唯一一个取得明显顺差效果的细分产业;2011年以超过26万分钟的产量遥遥领先于位居国际贸易份额首位的日本(日本电视动画片年产量近年来最高是2006的135 530部,2010年降至89 586分钟)[1],占据全球动画年产量的一半以上。从国家广电总局公布数字来看,2009年我国动画进出口比例甚至达到了1∶34.8,为文化产品国际贸易中反差罕见的顺差水平。但就具体数字来看却不容乐观。以2008年公布的数据来看,尽管进口份额中欧洲与美国几乎各占半壁江山,而在2 947.79万元的出口份额中,除了欧洲市场64万元的市场份额,在美国、日本、韩国与拉美等主流市场则完全空白,大部分集中于非主流市场。2009年我国动画出口4 456万元,进口却只有128万元,源于欧洲、美国和日本三地,但出口到三地的份额只占29.6%,未能列出的其他地区却占据了62.3%[2]。很显然,这一出口格局和我国文化"走出去工程"所确定的以国际主要市场为目标的要求偏离较多。电视剧方面,尽管我国早在2003年就已经成为电视剧年产量第一大国,年产量是位居电视剧国际贸易份额首位的美国的3—4倍,但2008年我国电视剧出口总额仅为7 524.95万元,甚至低于韩剧仅出口到中国的部分(韩剧年总出口额为1.05亿美元,中国大陆仅为日

---

[1] 数据来源:参见日本动画协会官方网站(http://www.aja.gr.jp/index.html)。

[2] 数据来源:本文中凡是未特别标注的数据资料均来自于国家广播电影电视总局网站(http://www.sarft.gov.cn/)和文化部网站(http://www.ccnt.gov.cn/)。

本、中国台湾之后的韩剧第三出口地,占总出口额的10%左右)。更为严峻的是,因为受到韩剧的挤压,我国电视节目原有主要出口地中国香港、中国台湾市场也正面临萎缩。尽管电影业和上述两个行业的产量相比未能位居全球第一,但从国内国际市场的均衡性来看,却相对较好。国产电影的国内与海外电影票房比例较为接近(57.34亿元∶35.17亿元,2010年),其中,2010年有47部国产影片销往61个国家和地区,国产电影美国票房占全年票房发行销售总额的35.15%;欧洲票房发行总收入占全年票房发行销售总额的17.73%[1]。这一收益结构恰恰是文化产业国际竞争优势的核心体现。

上述三个产业间的反差表明我国影视产业"走出去"能力具有明显差异,其主要影响因素是什么呢?2004发布的《中国文化产业国际竞争力研究报告》显示,对影响我国文化产业发展诸因素的调查中发现,文化体制和文化政策是首要制约因素。在14个主要国家文化产业国际竞争力排名中,我国政府行为综合竞争力排名第13位;其中,文化政策的"透明度""健全性"和"科学性"三项指标得分均为最低。[2] 2005年"韩流"的流行导致我国开始学习韩国经验,而其中政府扶持政策的效用被再次放大,甚至把"政策支持"当作是促进文化发展的最有效措施[3]在影视产业的三个领域中动画一向被认为国家政策扶持力度最大。但是对动漫产业的调查结果却并不支持上述扶持政策的预期价值取向。据2010年对219家动漫企业的调查显示,相关税收、财政、土地、人才及市场准入等方面的优惠政策并没有取得预期的效果,其支持作用并不明显;资金匮乏是我国现阶段动漫产业发展的大障碍,虽然每年我国都有相当可观的补贴用于动漫产品的制作上,但只有少数企业才能享受得到,绝大多数动漫制作企业尤其是民营和中小型企业则很难得到国家的资金支持[4]。看起来,以政府为主导的"'走出去'工程"的相关政策并没有解决我国影视产业国际竞争力的核心问题。究竟问题何在?我们来看一看关于国际竞

---

[1] 李怀亮、万兴伟:《中国影视文化产品"走出去"的问题与对策》,《现代传播》2011年第11期。
[2] 祁述裕:《中国文化产业国际竞争力报告》,北京:社会科学文献出版社,2004年,第37页。
[3] 祁述裕:《中国文化政策研究报告》,北京:社会科学文献出版社,2011年,第316页。
[4] 黄德森、杨朝峰:《基于结构方程模型的动漫产业影响因素分析》,《中国软科学》2011年第5期。

争优势的相关研究结论,或许会有所启示。

文化产品国际贸易的研究认为,文化贴现和国内市场大小的交互作用是拥有最大国内市场规模的国家在国际文化贸易中最具竞争优势的核心原因①。其中,文化折扣是指因文化背景差异,国际市场中的文化产品不被其他地区受众认同或理解而导致其价值的减低。从日本与韩国的影视产业国际贸易的实践来看,文化折扣是一个跨文化传播的沟通技巧问题,是可以通过协调国际市场需求和国内市场需求而得到较好的解决。日本与韩国的影视产业国际贸易实践也验证了东亚文化和西方主流文化沟通的可能性。对于中国而言,最大的国际贸易竞争优势来自于超大规模国内市场这一无法被模仿和替代的自然基础。大国经济特征对培育国际竞争力的作用主要表现在四个方面:一是有利于在国际谈判中占据有利地位和获得贸易条件之利;二是对出口产业的规模经济支撑;三是当出口产品在国际市场上一旦受阻,国内市场可以为出口商品提供一个缓和的平台;四是大国富有潜力的市场是吸引国际生产要素的重要因素。而对美国影视产业的研究也同样表明,电视节目的窗口化(Windowing)策略正是得益于美国国内多层级的市场结构,使得美国电视节目在走入国际市场竞争之前已经因为大国市场而获得利益保障,从而在国际竞争中享有低价格优势。②

很显然,对于我国而言,实现文化"走出去",在政策扶持之外,还有一个可能性选择,即发挥大国国内市场规模优势。究竟如何才能发挥这一优势呢?美国《关于产业竞争力的总统委员会报告》认为,产业国际竞争力是指"在自由良好的市场条件下,能够在国际市场上提供好的产品、好的服务的同时又能提高本国人民生活水平的能力"。从这一界定来看,国际竞争力的培育是指向国内与国际两个市场,割裂两个市场之间的关联,政策的有效性将会大大降低。迈克尔·波特在《国家竞争优势》一书中认为,"一个国家的经济体系中,

---

① [英·加·澳]考林·霍斯金斯等著,刘丰海、张慧宁译:《全球电视和电影产业经济学导论》,北京:新华出版社,2004年,第56页。

② 钟昌标:《大国国内市场体系与国际竞争力的关系》,《杭州电子科技大学学报》(社会科学版)2005年9月。

有竞争力的产业通常不是均衡分布的"①。产业集群,而不单单的是产业集团,被认为是产业国际竞争力培育的基本形态。文化产业集群形成的一个重要条件则需要形成全国性的自由竞争秩序,以便于资源从效率低的环节流向效率高的环节,最终形成面向国际市场的竞争优势。但是,对我国国际贸易的相关研究发现,中国一定程度上存在"大国规模""小国条件"的现象。这一现象的存在与"行政性分权"政策所引起的区域性市场分割有一定的关系。② 具体表现在文化产业,目前明确提出"文化立省"或"文化立市"的省市自治区已经超过 30 个,大量的文化产业资源被分散到各个区域市场,导致资源无法流动、聚合,大国经济规模优势很难实现。

基于此,我们提出本文研究的核心问题,即"'走出去'工程"政策体系如何优化才能在发挥中国超大规模国内市场作用的基础上实现国际竞争力的提升?我们研究的假设认为,我国影视产业"'走出去'工程"的目标实现需要建立在两个层次的政策基础上,其一是针对文化产品国际贸易环节的扶持和补贴;其二是如何通过政策优化促进一个能够发挥大国国内市场规模优势的产业格局形成。扶持措施只有建立在国内市场格局优化基础之上,才会事半功倍;否则,简单的扶持很可能演化为对行业内垄断巨头的补贴,进一步鼓励了产业的垄断惰性。本文希望通过影视产业的三个细分产业国际竞争力培育模式的比较对上述问题与假设予以回应,从中寻找我国文化"走出去"能力培育的合理路径。

二、我国影视产业国际竞争力培育模式的比较分析

影视产业是文化产业的核心层,同时也是我国文化产业中最早明确"'走出去'工程"发展方向的一个分支产业。影视产业主要涵盖三个细分产业,即动漫产业、电视剧产业和电影产业。从过去 10 年影视产业国际竞争力培育情况来看,三个产业表现出明显的不同。

---

① [美]迈克尔·波特:《国家竞争优势》,北京:华夏出版社,2002 年,第 139 页。
② 钟昌标:《大国国内市场体系与国际竞争力的关系》,《杭州电子科技大学学报》(社会科学版)2005 年 9 月。

相对而言,电影产业国内市场与国际市场竞争力相对均衡,而电视剧产业和动漫产业尽管解决了生产能力不足问题,但却在国际市场竞争中表现不佳。我们对这三个产业进行具体分析与比较。

(一) 动画产业发展模式:国家扶持、区域分化、以生产能力提升为核心

动画产业被认为是影视产业中政策扶持最为明显的一个领域。在过去的10年中,我国动画年产量增长了50余倍,位居年产量世界第一,并形成文化产业少有的进出口顺差。从简单的概况来看,似乎动画已经解决了我国文化"走出去"的问题,动画产业国际竞争力培育经验是否具有扩散到其他行业的价值呢? 我们来看一看具体的情况。

动画产业发展表现出明显的国家推动、以生产能力提升为核心的特征。从国家广电总局每年发布的"全国电视动画片年度制作发行情况通告"中就可以清楚地看到,不论是"全国原创电视动画片生产十大城市",还是"全国原创动画片制作生产七大机构",或"国家动漫产业基地排行榜",评价的标准都只是动画片的生产数量。2000年,我国动漫产业年产量仅为4 689分钟。2004年,国家广电总局颁发《关于发展我国影视动漫产业的若干意见》,首次以行政手段加大发展动漫产业的力度。2004年的中国动画题材规划量为20万分钟,超过了2003年全球19万分钟的动画总产量,而实际制作完成仅为21 819分钟;2005年的情况更为夸张,经主管部门备案的动画年产计划为57万分钟(约为当年全球动画年产量的3倍),实际生产量为4万分钟。[①] 2006年,国务院办公厅转发财政部等部门《关于推动我国动漫产业发展若干意见》。该政策更加明确地提出在5至10年内使我国动漫产业创作开发和生产能力跻身世界动画大国和强国行列,并在税收和资金方面激励动漫出口。据国家工商总局统计,2002—2006年,全国动画制作机构从120多家猛增至5 400多家。

[①] 卢斌、郑玉明、牛兴侦:《中国动漫产业发展报告·2011》,北京:社会科学文献出版社,2011年,第44页。

2010年全国制作完成的国产电视动画片220 530分钟,2011年则超过了26万分钟。《中国动漫产业发展报告(2011)》数据显示,2010年我国已取代日本成为世界第一动画生产大国。但目前我国有盈利能力的动画企业却不超过5%。而美国动漫产业已经形成庞大的产业链,综合产值超过了2 000多亿美元,并形成迪士尼这样的全球性动画品牌。

动漫产业发展动力源于限制进口带来的国内需求替代效应。2006年8月,主管部门颁布《关于进一步规范电视动画片播出管理的通知》,要求各级电视台在17:00—20:00期间不得播出境外动画片,2008年,这一规制扩展为17:00—21:00,2010年进一步扩展为17:00—22:00。这一日渐紧缩的限制政策带来的是进口电视动画片的急剧下降,2009年我国电视动画片进口总额仅为127.5万元。[①]以生产者为中心的产业发展模式,适合于一个供不应求的国内市场格局。但是,在海外动画黄金时段的播出时间不断压缩后,电视台却并没有释放出应有的吸纳能力,和电视动画的跨越式增长相比,电视台播出动画的时间长度却增长缓慢,以至于"播出难"成为整个国产动画面临的共同问题。按照产业发展的一般性逻辑,在供大于求的产业格局下,供给量会有明显的下降,这也是市场机制配置资源的基本机理。但是,在政策扶持的刺激下,2011年动画年产量依然比上一年增长了近4万分钟,为整个欧洲的动画年产量规模。在这样的背景下,所谓的动漫产业进出口顺差与产业国际竞争力关系不大,而仅仅是为生产而生产。一般而言,因缺少竞争对手而形成的生产能力与市场关联度相对较低,基于生产数量的激励和补贴最终催生出远离市场需求的产品,这也是同样市场化程度不高的电视台也不愿意播出国产动画的主要原因。另外,中国影视产品"'走出去'工程"主要目标是走进国际主流市场,是否真正走进了国际主流市场常常被认为是中国影视产品真正意义上"走出去"的核心标志。2009年,全国影视动画片总出口占影视节目出口总额的51.9%,但对欧美韩

[①] 卢斌、郑玉明、牛兴侦:《中国动漫产业发展报告·2011》,北京:社会科学文献出版社,2011年,第14、15页。

日等动漫主流市场的影响不大,主要集中于中东、非洲和南美等欠发达区域,经济效益并不明显①。

政府扶持的另外一个副作用是动漫产业园区和动漫节庆的遍地开花。《中国动漫产业发展报告(2011)》数据显示,2010年全国共有20个省份设立动漫产业基地,全年共举办100多次动漫节展、大赛和论坛;国产动画片创作生产数量位居前列的十大城市分别是杭州、无锡、沈阳、深圳、广州、苏州、宁波、北京、郑州、合肥,十大城市所生产的动画片数量占全国总量的73.7%,但连续两年位居首位的杭州2010年的产量仅为全国总产量的16%。动漫产业资源的区域市场分割,无法形成优胜劣汰的产业聚合效应,或许是该产业国际竞争力缺失的主要原因。同时,我们也可以推断,如果不能充分发挥大国市场的资源配置作用,即便国家强力扶持,对产业国际竞争力的培育也效果十分有限。而上文提到的对国家动漫扶持政策的评价也表明,仅有国家扶持,而缺少相应的竞争机制,受到扶持者很可能不是绩效杰出者,而仅仅是与政府关系密切的企业。

(二)电视剧产业模式:区域分割、适当开放,但国有播出平台利益优先

电视剧是我国影视行业市场化尝试的先行者,早在2003年就以年产量超过12 000集而成为世界电视剧生产第一大国。电视剧还是电视台的核心节目类型。2011年上半年,电视剧的播出比重和收视比重分别达到了28.3%和31.2%。2010年度全国生产完成并获得《国产电视剧发行许可证》的剧目共14 685集,比2009年度多3 000多集;2011年前三季度生产并获准发行的电视剧达到10 378集,预计全年产量将达到17 000集,②为近5年来最高。但广电总局同期发布的官方数据显示,中国每年的电视剧产量和播出比为5∶3。并且,虽然国内目前从事电视剧制作的机构近2 500家,但真正盈利的只有10多家。高风险带来的压力往往通过模仿和跟风来降低。

---

① 卢斌、郑玉明、牛兴侦:《中国动漫产业发展报告·2011》,北京:社会科学文献出版社,2011年,第14、15页。
② 李岚、莫桦:《当前政策条件下电视台"剧战"策略分析》,《视听界》2012年第1期。

在 2010 年广电总局公布的影视拍摄许可立项中发现,2011 年古装片将出现"5 个关云长""4 个孙悟空""3 个穆桂英""3 条白蛇""3 桌鸿门宴"。

笔者前期的研究发现,2007 年之前,电视剧产业的利益分配由电视台主导,生产商、发行商和播出商的利益分配分别为 2∶2∶6,而美国则正好相反,利益分配格局由生产商主导,为 6∶2∶2。电视剧行业的主要问题集中于国有资本垄断播出平台(即电视台),而民营资本集中于生产环节,生产环节的开放性带来了接近于完全竞争的市场格局,这使得垄断竞争市场结构下的播放平台体系在与生产商博弈中处于优势地位,不仅具有更高的定价权力,而且较少承担市场风险;反过来,承担较高市场风险的生产企业在定价环节处于劣势,很难在短时期内完成原始资本积累。这导致了中国电视剧原创能力严重不足,模仿和复制大行其道,成为规避市场风险的无奈之举。① 我国电视剧的上述产业格局对行业国际竞争力的培育形成制约。以播出平台为主导的电视剧产业格局很难形成面向国际市场的竞争力,因为节目销售和推广从来都不是播出平台的优势所在。同时,和美国电视联播网相比,我国电视节目播出系统因为区域和行业的分割而无法发挥大国国内市场的规模优势,区域垄断带来的直接后果是电视台居于垄断地位,反过来迫使电视剧生产商处于一个非常不利的市场地位,丧失电视剧的定价权。

和动漫相比,电视剧的出口规模更小。2009 年,动画片出口占电视节目出口总额的 51.9%,电视剧仅占 34%。② 尽管从 2003 年起,我国就已经成为世界电视剧生产第一大国,年产量超过 12 000 多集,但目前电视剧进出口逆差则仅缩小到 3∶1,具体到韩国则更高。就出口总量而言,如前文所言,尽管韩国总人口 4 500 万,但韩剧的国际市场竞争优势却让中国电视剧难以匹敌。这一电视节目国际竞争优势格局显然基于中国国内市场规模这一自然优势的无法发挥。

---

① 朱春阳:《权益分割的技巧与市场延展》,《新闻与传播研究》2006 年第 4 期。
② 李怀亮、万兴伟:《中国影视文化产品"走出去"的问题与对策》,《现代传播》2011 年第 11 期。

不过,近年来电视剧产业表现出喜忧参半的趋势。这一趋势可以概括为两个方面:电视剧价格的攀升与自制剧、独播剧的盛行。电视剧价格的攀升源于视频网站参与了电视剧的购买竞争以及因为电视台对电视剧的严重依赖而强调对电视剧版权独占而带来的独播剧现象。2011年上海电视节传出的数据显示,电视台收购电视剧的价格在过去5年攀升了5倍,而视频网站的收购价格则攀升了100倍,甚至更多。2005年电视剧网络版权仅500元一部,而2011年的独家网络版权已经攀升到25万—185万元一集[①]。另一方面,由于电视剧价格的攀升,电视台通过自制剧策略来保证对电视剧版权的优先占有,并降低电视剧成本和播出风险的方式。

上述变化产生了两方面的影响:一方面,基于网络视频平台的竞争效应以及独播剧的版权需求,电视剧行业的利益分配格局开始出现向制作方倾斜的趋势。另一方面,因为电视剧对电视台收视率的强力支撑作用无可替代,自制剧成为电视台降低电视剧获取成本的新策略。但是,从国际范围内考察,自制剧和独播剧更多是较为狭小的区域市场中电视剧产业的无奈之举。例如香港地区和韩国电视剧产业,而非大国国内市场规模条件下的首选。沿着这一路径发展下去,是对大国国内市场规模优势的持续消解,也从另一方面强化了前文所述的"诸侯经济"格局。自制剧和独播剧都表现出播出平台对电视剧版权的主导诉求,而这类诉求在美国这样的大国规模市场格局中一直被以"反垄断"的名义被禁止。鼓励生产商对版权的优先权和制播分离是美国电视节目实现面向国内、国际的多级窗口销售策略的基础性规制保障。尽管我国省级卫视以全国性观众市场为目标,但是,因为电视剧版权的独享,很难发挥我国大国经济规模的优势,通过区域分工,确立行业资源聚合的序列,并形成多级窗口,以满足电视剧产业的利益需求。2012年开始启动的"限娱令"将进一步强化电视剧作为娱乐类节目的主导地位,电视台对电视剧版权的排他性诉求将强化电视剧对电视台收视率的支撑作用,但也对电视剧产业的国际竞争力造成负面影响,形成以小国经济规模为基础的国际

---

① 李岚、莫桦:《当前政策条件下电视台"剧战"策略分析》,《视听界》2012年第1期。

贸易参与方式。总体而言,电视台主导电视剧产业,而不是电视剧生产商,是这一行业近期的基本特征。如果这一格局不改变,电视剧产业实现国内市场与国际市场的均衡发展将会很难实现。和动画产业政策扶持生产者环节相比较,电视剧产业更多是纵容了国有电视播出平台的市场资源配置方式。

(三) 电影产业模式:以开放竞争为主导、国际与国内市场相对均衡发展

2010年中国电影票房突破百亿(101.72亿),较2009年62.06亿元增长63.9%;同期共有47部国产影片销往61个国家和地区,同比增长27%;其中,国产电影美国票房占全年票房发行销售总额的35.15%;欧洲票房发行总收入占全年票房发行销售总额的17.73%[①],表现出了国内市场与国际市场间较为均衡的发展。和上述两个产业相比,电影产业无论在生产者环节还是播出院线环节都表现出了较高的开放性,形成相对均衡的市场力量格局。其结果是,自2002年我国电影全面实施产业化改革以来,全国城市票房增长11倍,年均增幅超过35%,远远高于同期GDP的增长速度(截至2010年)。尽管2011年被认为是全球票房下滑最严重的一年[②],但是这一年中国电影产业票房收入依然达到了131.15亿元(其中,国产影片票房收入703 122万元,进口影片票房收入608 350万元),同比增长28.93%。

在"走出去"环节的激励政策上,电影业并没有特殊的政策设置,甚至政策出台还要晚于动画与电视剧行业。例如,国家广电总局电影局从2009年开始实施《国产影片出口奖励暂行办法》,从当年年底起,首次对符合条件的国产或合作拍摄的出口影片,按照票房收入或合同销售额给予奖励。按照新规定,国家电影主管部门每年对能提供相关证明材料的国产影片,给予海外票房2‰的奖励、中外合拍影片给予海外票房1‰的奖励。

---

① 李怀亮、万兴伟,《中国影视文化产品"走出去"的问题与对策》,《现代传播》2011年第11期。
② Mark Hughes,《2011年电影业回首:票房下滑最严重的一年》,福布斯中文网,http://www.forbeschina.com,2011年12月31日。

电影产业竞争力培育的关键在于政策导向明显鼓励多元化的资本进入,形成了相对开放和平等的竞争环境。国家广播电视电影总局的相关调研认为,电影产业的繁荣得益于国有电影集团并没有得到政策的特意保护,国有电影集团在电影产业的垄断优势也并不明显(如:2009年国有的中影、民营的华谊分别以16.97%和15.157%的份额占据中国电影票房的前两位;院线体系中的资本构成也与此类似);全国影视制作机构300余家,其中,民营机构为270余家,民营制片单位独立完成或参与制作影片的比例到2010年已达到70%以上;同时,我国电影产业制作与营销也被认为是三个分支产业中国际化程度最高的,这对于电影产业与国际市场对接非常有利。

2010年,国务院颁布《关于促进电影产业繁荣发展的指导意见》,这一举措大大刺激了我国电影业的发展。当年中国电影票房突破百亿,较上年增长63.9%;其中国产影片票房达57.3352亿元,占到了总票房的56.37%,超过进口大片的市场占有率;全年累计有17部票房过亿元的国产影片。就具体个案而言,华谊兄弟2010年较2008年的国内市场与国际市场营收分别增长了162.66%和346.98%。此外,博纳影业公司2010年12月在美国纳斯达克上市,成为中国内地第一家在美国上市的影视公司。2011年我国电影票房同比增长28.93%;国内共生产各类影片数量791部,增幅超过50%;全国电影银幕数量达到9 200多块,新增银幕3 030块,日均增加8.3块银幕,增幅超过了48%;影院数量达到了2 803家,增幅40%。电影观影人次达到3.7亿,同比增长27.6%。最鼓舞人心的消息是2011年12月《电影产业促进法(草案)》征集意见稿的出台。这是我国首次以立法这一方式来推动文化产业的发展。

当然,上述两个产业的规制惯性在电影产业也有表现。例如,进口分账片的发行市场目前仍主要由国有背景的中影集团和华夏公司两家寡头垄断,带有明显的行政色彩;《电影产业促进法(草案)》意见征集稿中突出了国家的扶持和对资源配置的主导性,对行业组织的自我治理功能并没有十分重视。而在韩国文化产业振兴过程中发挥重要作用的"文化产业振兴院"正属于非官方的公共机构,在政府之外形成行业的自我激励和管理机制。日本动画行业制作委员会作为行业自我治理组织,被认为是"最成功的运营模式",成为日本动画产业竞争力培育的关键。① 就国际市场而言,我国电影产业的影响力还不能和美国比较。2010 年,中国电影出口额为 35.17 亿元,而美国电影出口则达到 212 亿美元,是中国影视产品出口额的 40 倍以上。2010 年,中国电影票房收入 15 亿美元,其中 44% 来自美国电影。② 不过,这也表明中国电影产业未来成长空间会很大,也是一个非常有发展前景的领域。

从对上述三个影视产业竞争力发展模式的比较分析来看,电影产业无论在制作环节、发行环节与播放环节的开放程度都要高于另外两个产业,竞争与开放是这一产业获得国内市场与国际市场相对均衡发展的一个重要保证。但是,一系列的问题却始终令笔者迷惑:对于中国影视产业"走出去工程"而言,为何源于市场高度开放的电影产业国际竞争力培育模式的创新经验没有在电视剧市场和动漫市场得到扩散?源于市场高度开放的电影产业国际竞争力发展模式,与源于政策扶持、强化资源区域分割的动漫产业国际竞争力发展模式,究竟哪一个是"'走出去'工程"的最优化的选择?同时,三个发展模式之间是否能够形成国际竞争力培育的效率竞争机制?这一机制能否成为政策变迁的参照系而发挥积极作用?在政策选择过程中,产业国际竞争力培育的效率指标是否居于主导性地位?如果没有,其背后的原因是什么?这一系列问题的研判是未来"走出去工程"战略走向所必须考虑的核心内容。

三、总结:我国影视产业"'走出去'工程"的绩效反思与优化方向

2006 年,我国影视产业的三个分支市场的基本态势为:电影产业国际票房与国内票房比例接近,相对均衡;电视剧产业国内市场供大于求,但基本解决了国内生产问题;动漫产业存在巨大的供给缺

---

① 祁述裕:《中国文化产业国际竞争力报告》,北京:社会科学文献出版社,2004 年,第 268 页
② 李怀亮、万兴伟:《中国影视文化产品"走出去"的问题与对策》,《现代传播》2011 年第 11 期。

口,明显供不应求,国内的生产问题尚未解决;其中,电影产业被认为是影视产业国际竞争力培育的楷模。但是,到 2011 年,情况却已经发生了变化。电影产业持续均衡发展;电视剧产业生产能力依旧严重过剩,却出口乏力;动漫产业也进入产能过剩的格局,我国动画年规划产量几乎和年度世界动画总体产量相当。动漫产业快速的发展得益于国家产业政策的扶持,国家级动漫产业园的批量上马,以行政的方式主导的资源配置。这一发展思路尽管带来了生产能力的提高,但却丧失了以市场需求为主导来配置资源的机会。当然,政府强力扶持的发展取向来自于对各个发达国家影视产业考察的结果。究其原因,由于政府主导了考察过程,使得考察被简单化为对政府扶持战略的考察,片面放大了政府扶持在动漫产业国际竞争力培育过程中的作用,而忽视了其他因素的作用,割裂了政府扶持与市场因素结合。基于此,我们对过去 10 年我国影视产业"走出去工程"的反思也由政策扶持这一点展开。

(一)对于政策扶持的呼吁保持冷静判断

本研究的缘起主要针对现象是近年我国国内关于学习韩国文化产业经验,强化政府对文化产业扶持的呼声日高。就目前的情况来看,中国对影视产业国有播出垄断力量的扶持力度并不低于韩国;而对以民营影视制作机构为主的竞争性生产力量的扶持却很少,产业开放度之间的差异非常明显。因此,我们认为,影视产业国际竞争力生成的根本在于开放竞争环境下对生产者原创能力的扶持和权益的优先保护。这种保护不是基于垄断,而是通过相对均衡的产业结构和培育公平竞争环境来实现的。政府力量的根本目标应该是鼓励产业创新、成就产业的可持续发展。基于此,所谓扶持影视产业,是扶持垄断,还是扶持竞争?我们认为,扶持竞争是优化政府管理与产业国际竞争力关系的逻辑起点,在竞争基础上的适度集中才是国际竞争力培育的基本路径。

(二)突破集团化发展的瓶颈,以影视产业集群方式促进全国性统一大市场的形成

集团化被作为由政府主导的、应对加入 WTO 后新竞争环境的

影视产业国际竞争力培育方式。集团化尽管使影视产业获得了规模的提升，但也强化了行政性区域市场垄断，牺牲了中小传媒的创新活力与产业要素在全国性统一市场内的聚合。行政力量主导的影视集团化最终消解了我国大国国内市场规模这一先天优势，并导致影视产业陷入"大国规模、小国贸易条件"的对外贸易困境。我们认为，中国影视产业竞争力发展模式还需要引入新的发展理念，适应当前传媒产业国际竞争新环境。同时，国际市场上，在传统媒体向数字化的多媒体、全媒体转型的推动下，产业集群主导的国际竞争模式成为主流，这使得以影视集团为单位、单兵作战的国际竞争模式相形见绌。综合国内国际的情况来看，我国影视产业发展思路强调的以影视集团化为主导的国际竞争力培育规制取向亟须变革，产业集群化应该成为未来我国影视产业国际竞争力培育的政策规制方向，并最终推动资源的聚合和全国性统一市场的形成，发挥我国大国经济规模的先天优势。

（三）协调国际面向与国内面向的发展诉求

我国现有"走出去工程"的重点表现为：(1)通过相关补贴政策支持影视企业进军海外市场；(2)着力于突破国际贸易壁垒，营造相对公平的国际竞争环境。整体而言，政策强调的是国际贸易环节的直接支持。但对于影视产业国内市场的发展规划却基本上与国际竞争力培育这一目标脱节。出于意识形态安全考虑，现有政策更多的是鼓励行政力量对影视产业资源配置发挥主导作用，同时强化在播出环节居于主导优势的国有影视产业集团的垄断地位，而对在生产环节居于主导地位的民营影视企业却没有相应的扶持政策，民营影视企业甚至作为市场经济运行基础的平等经济地位待遇也无法获得。在一些环节，还出现了国有资本雇佣民营影视企业劳动的市场权力寻租的情况。这一竞争力发展现实导致了国内市场的发展目标和"走出去"的发展目标之间的背道而驰，甚至也使得国际贸易层面的直接扶持成为缘木求鱼之举。因此，如何协调国际市场政策和国内市场发展目标之间的关系，最终发挥我国大国国内市场规模这一自然优势，而不是割裂两个市场的内在发展联系，需要成为未来影视产业发展战略革新的逻辑起点。

中国影视文化产品"走出去"的问题与对策

李怀亮　万兴伟

影视产业作为文化产业的一个重要门类,吸引着数十亿的影迷和电视观众。影视产品作为普通商品,能够带来巨大的经济效益。作为特殊文化商品,影视产品传递着一国或地区的文化、价值观等,具有巨大的社会效益。近年来,世界影视产业发展迅速,美国依然主导全球影视市场,同时中国、印度等国影视产业也在蓬勃发展。面向未来,我们要总结影视产品出口的经验和不足,找准药方,促进影视产业的发展。在创造经济效益的同时,传递中国文化,形成创造经济效益和传递中国文化的良性循环。

一、中国影视文化产品出口现状

(一)出口规模和区域不断扩大,但占世界出口份额仍然非常小

自 2003 年文化体制改革以来,中国影视产业有了历史性的长足发展,影视产品出口增长迅速。2004 年中国影视产品出口金额为 13.98 亿元,2010 年出口金额超过 40 亿元,年均增长 12% 以上(图 1)。

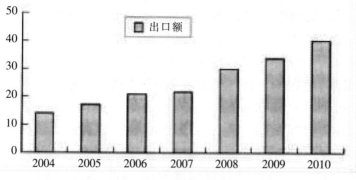

图 1　2004—2010 年中国影视产品出口额

从出口区域来看，20 世纪 80 年代，中国电影出口地还局限在东南亚周边国家和地区。至 2010 年，中国电影出口到 61 个国家和地区，涵盖北美、欧美、亚太、中东和非洲等 60 多个国家和地区。2009 年，中国在这四个区域取得的电影票房收入为 20.91 亿元，占中国电影海外票房收入的 75.78%。2010 年，国产电影美国票房占全年票房发行销售总额的 35.15%；欧洲票房发行总收入占全年票房发行销售总额的 17.73%。

1992 年以前，中国电视节目出口凤毛麟角，收入也近乎零。至 1998 年，仅中国国际电视总公司就售出节目 3 777 小时(5 059 集)，节目输往以亚洲为主的约 20 个国家和地区的 60 多家电视机构。至 2010 年，中国电视节目已经销往世界 50 多个国家和地区，产品类型涵盖纪录片、电视剧、动画片和娱乐节目等，中俄合拍功夫悬疑电视剧《勇士最后的秘密》，在俄罗斯、保加利亚等欧洲 18 个主流国家电视台播出。

但是，中国影视产品出口额占世界影视产品出口总额的比重还非常小，中国在世界影视产品市场的影响力还非常小。2010 年，中国电影出口额为 35.17 亿元，而美国电影出口就达到 212 亿美元，是中国影视产品出口额的 40 倍以上。2010 年，中国电影票房收入 15 亿美元，44% 来自美国电影。而美国电视剧在加拿大、欧洲等地热播，出口数量和金额巨大，中国电视节目出口完全无法比拟。

(二) 影视产品放映和播放渠道较窄,在欧美市场的文化折扣依然较高

虽然国产电影出口的地域范围在不断扩大,但是除部分合拍片外,国产电影在欧美放映范围还比较窄。以美国为例,发行的区域主要在加州、旧金山、纽约等少数华人聚集的区域,观影主要对象为华人,安排的屏幕数也较少。2010 年 9 月至 2011 年 2 月,共有 5 部影片在美国上映,包括《唐山大地震》《非诚勿扰 2》等,这些电影均进入美国院线发行。《唐山大地震》在洛杉矶、纽约、华盛顿等地的 AMC 的 24 家剧院放映,虽然加了英文字幕,但是原版的中文对白,显然难以吸引美国观众。

与中国台湾地区和东南亚国家相比,国产电视剧在欧美等发达国家的发行仍相对滞后,难以进入欧美的主流电视台,销路仅限于当地的华语电视台。目前,中国的出口电视剧经过配音或者加字幕就直接出口到海外,或是将长篇电视剧改编成短篇电视剧出口到国外。这种出口形式出口到文化相近的地区,还能凑合。但是,如果出口到欧美地区,不同的文化、制度,使得影视产品的文化折扣非常高,这也就是为什么中国产品始终无法大规模走向欧美主流市场的原因。对于欧洲来说,其与美国的文化背景有些相似,但是即使是英国,其生产的电视连续剧也不能进入美国主流电视网放映。英国的电视剧要想在美国放映,基本上必须由美国的大牌明星来主演,按照美国人的喜好和思维来修改剧本,然后重新进行制作、播出。这也是为什么原汁原味的中国优秀电视剧《牵手》《欲望》《让爱做主》《拿什么拯救你,我的爱人》都落地于当地的华语电视台,没有进入欧美主流电视媒体的原因。

(三) 电影出口方式多样,但合拍片仍为海外票房主力军

中国影视产品"走出去"从 20 世纪 80 年代的以文化交流为主"走出去",到目前以文化交流和商业运作方式相结合"走出去"。商业"走出去"包括自办发行、影视节目展览和交易会、委托代理发行和合拍的方式在海外共同发行。由于自办海外发行风险大,制片公司

主要还是通过节目交易会、委托代理发行进行海外发行。现在中国越来越多的影视企业积极参加国际国内影视节目展,通过展会推介影视产品,形成出口意向或直接签署出口合同。同时,国内和海外的发行公司也积极代理中国影片在海外的发行。如 2010 年成立于美国的北美发行公司华狮电影公司,主要引进中国影片在北美、澳大利亚和新西兰等华人聚集区发行。虽然出口方式多种多样,为中国电影产品出口探索了不同的渠道,但是合拍片才是中国电影海外票房的主力军。从 2001 年至 2010 年,中国与美、法、英等国合拍了 130 部影片,合拍片如《英雄》《赤壁(上)》《木乃伊 3》《功夫梦》等在海外热映,创造了可观的票房。2008 年,中国电影海外票房总收入 25.28 亿元,合拍片占了 95%。2009 年,45 部出口影片中合拍片占 34 部。其中,9 部合拍片销往欧洲,6 部合拍片销往日本。2010 年,47 部影片出口海外,其中合拍片 46 部。

(四)出口电影仍以功夫片为主,电视剧以历史剧和动画片为主

20 世纪 90 年代,以成龙和李连杰主演的功夫片出现在了海外,特别是北美的屏幕上,吸引了一定北美观众。因此,中国的动作片也成为最受美国主流市场观众认可的影片类型。近几年,中国在海外发行的影片类型逐渐增多,包括《非诚勿扰 2》等,但是真正能够叫座的还是功夫片。2010 年,中国电影海外票房前十名中有 8 部影片是功夫片,这 8 部影片的销售额占中国电影出口额的 80% 以上。电视节目出口相对于电影来说非常少,从 20 世纪 80 年代的纪录片出口到现在纪录片、电视剧、动画片和娱乐节目等,出口产品类型不断增多。但是,出口的主力军是电视节目出口,主要是动画片和电视剧。2009 年,动画片出口占电视节目出口总额的 51.9%,电视剧占 34%,纪录片、文艺专题类只占 14.2%。

(五)电视剧国内外需求不一致,文化折扣依然很高

国内观众和国外观众对电视剧需求的不一致,使得许多国内热映的电视剧在国外无法找到观众。近年来,在中国热播的电视剧有以《潜伏》《暗算》为代表的谍战片,有以《蜗居》《新结婚时代》等反映当今中国人生活现状的电视剧。谍战片中惊险刺激的场景吸引着无数国内观众,反映现实的剧情片就好比在写着自己的生活,把现实生活中的热点问题展现得淋漓尽致,抒发了观众内心的想法,也受到大家的热捧。

但是,谍战片所反映的历史背景,以及现代剧情片所反映的当代中国生活,对于许多欧美观众来说,都是陌生的。他们可能知道第二次世界大战,日本人偷袭了珍珠港。但是对于中日战争、解放战争等,却知之甚少。同时,由于欧美国家文化的差异,如父母与孩子的相对独立,使得中国电视剧中出现的婆媳关系等在欧美几乎不存在。再则,像美国的电视剧主要以喜剧为主,大多诙谐幽默。中美观众需求的不一致,使得中国影视产品在欧美市场的文化折扣很高。

(六)产业链未形成,产业带动性不强

文化产业这个门类包含影视、图书出版、游戏、演艺等核心门类,还包括外围文化产品和衍生产品。影视产品具有较强的相关产业带动能力,不仅可以带动图书出版、演艺、游戏等核心文化产业的发展,还可以带动外围产业和衍生产品的发展。美国影视产品的产业带动性极强,影片本身的放映带来外围和衍生产品热卖,其电影80%的收入来自非银幕营销。迪士尼的动画片带动了图书的出版、主题公园的建设、衣服饰品等纪念品的热卖。电影《变形金刚》带动了汽车的销售,汽车玩具的热销。而中国电影海外收入中90%以上来自电影票房,后续带动能力仍然不足。国内的许多影视产品也在尝试着开发影视产业链,以影视产业带动相关产业的发展,形成品牌优势,扩大收入来源。但是总体而言,整个影视相关产业开发链条还没有完全形成,绝大多数电影产品的后开发和相关开发依旧是一个突出的薄弱环节。

二、中国影视产品"走出去"面临的机遇

（一）信息与传播技术的发展

当今，高新科技已经成为社会生产力发展的火车头，它在文化产品生产领域包括从内容到形式、从生产方式到传播方式的广泛应用，必将极大地促进文化产品生产的发展和创新。首先，电影自从诞生以来经历了无声到有声、黑白到彩色、再到电脑特技的三次革命 CG 技术的广泛使用。在技术推动下，电影不断地冲击着我们的视觉神经。随着《阿凡达》上映，带领第三次技术革命核心 CG 技术的导演詹姆斯·卡梅隆颠覆了传统电影的拍摄方法，让科技成为主导，开启了电影新时代，标志着电影 3D 特效时代真正来临。《阿凡达》的引领价值已经显现，目前好莱坞《爱丽丝梦游奇境记》《驯龙记》《史瑞克4》《电子世界争霸赛》《丁丁历险记》等电影已经推出或正在制作 3D 版和 IMAX 版。在技术推动下，电影的生产和消费已经进入一个全新的时代。其次，中国拥有世界规模最大的移动通信市场和通信运营商：2010 年 12 月 30 日，全国移动电话用户约 8.59 亿户，通过手机上网的人数近 3.03 亿，手机普及率比电脑更高。手机用户以每年 20% 的增长率递增，WAP 的用户增长率则达到 100%。中国拥有了 TD-SCDMA 这一具有民族自主知识产权的第三代移动通信技术标准。TD 作为我国在移动通信领域第一次自行提出的国际技术标准，将完全改变我国目前以市场换技术的被动局面，实现对世界移动通信市场游戏规则的再改造，走上一条内涵式发展之路。

（二）金融危机加速世界文化产业格局重构的步伐

金融危机把全球经济推入"寒冬"，文化产业也在这场暴风骤雨中经受着飘摇的命运：世界各地一些大型博物馆的展览先后取消，剧院相继关闭，电影节停办，电影拍摄数量减少。如美国：美国加州的太平洋歌剧院因为无法筹到足够资金，只得取消 2008—2009 演出季的全部剩余剧目，并拍卖剧院大楼以偿还欠债、遣散员工；美国的影

视业在金融危机面前也已经绷紧了神经。NBC Universal 大幅度削减了年度人事与推广方面的计划,以补偿广告额的下滑;华纳兄弟 2008 年第四季度业绩滑落 9％;迪士尼影业 2008 年第四季收入下滑 13％;新闻集团第二季度净亏损 64 亿美元。华纳兄弟电影公司把《哈利·波特 6》从 2008 年 11 月份推迟到 2009 年夏天公映,环球电影公司也将参与投资的《丁丁历险记》推迟到 2011 年 10 月上映。在美国,由于消费者紧缩开支,不少观众开始取消有线电视和卫星电视这种收费电视,转向免费的网络视频,也有观众开始削减收费频道的订用数量。对于日本:金融危机和猖獗的网络盗版,导致动漫产业的制作经费也在缩减,部分动漫公司开始裁员节流。对于韩国:韩国的三大电视台已经在减少电视剧的播放量,各大电视台也都对电视节目做了大幅调整,如 SBS 电视台取消了周五剧的播出,MBC 电视台也取消了周末特别企划电视剧,并且将原本要播放的电视剧重新排序,延长了电视剧的播出周期。而反观中国,2010 年核心文化产品进出口总额 143.9 亿美元,同比增长 15.1％。国产影片海外销售总额超过 35 亿元人民币。图书版权输出引进比从 2005 年 1∶7.2 缩小至 2010 年的 1∶3。2010 年深圳文博会交易额突破千亿元。通过这一降一升,可以看出金融危机加速了世界文化产业格局重构的步伐。

(三) 政策支持

2009 年 7 月,国务院常务会议讨论并原则通过了《文化产业振兴规划》,以文化创意、影视制作、出版发行、印刷复制等为重点,旨在加大文化产业政策扶持力度,完善产业政策体系,推动中国文化产业实现跨越式发展。

2010 年 1 月,《国务院办公厅关于促进电影产业繁荣发展的指导意见》出台,指出要从大力繁荣创作生产、积极培育新型企业、继续扩大院线经营规模、大力支持城镇数字影院建设、鼓励加大投融资政策支持、积极推动科技创新、全面加强公共服务、努力增强国际影响力、不断完善监管体系等九个方面采取措施,促进中国电影产业的繁荣。在增强中国电影国际影响力方面,从政策上给予中国电影生产企业更多支持,鼓励中国影视产品多渠道"走出去"。

这两个文件在国际金融危机之后以及中国影视文化产业蓬勃发展的时候提出来,充分表明了中国已经把发展影视文化产业、促进影视文化贸易提高到国家战略的层面上来。在国际上最能够体现我们的"软实力"的是中国的文化,而最能代表中国文化的就是中国影视产品。中国影视产品真正的"走出去"是指能够真正走进国际主流市场,能在国外观众心中产生共鸣。他们通过了解中国影视作品,来了解和认同中国文化。所以,是否真正走进了国际主流市场和受众才是中国影视产品从真正意义上"走出去"的唯一标志。

三、中国影视文化产品"走出去"的对策

在当前影视文化产业发展所面临的机遇下,中国影视文化产品"走出去"要从企业培育、国际市场调研、影视配音、人才培养、拓宽和选择合适的发行渠道及建立影视品牌、开发影视产业链等六个方面着手,实现中国影视产品"走出去"新的飞跃。

(一)以市场为导向,企业为主体,培育大型影视制作发行企业

影视及关联企业是市场的主体,是影视产品生产和出口的践行者,是扩大中国影视产品出口的内因。在当今全球化视野下,世界市场正在一体化。各国企业通过跨国兼并,进行横向和纵向重组,形成跨国巨头企业。影视文化领域也是如此。从20世纪90年代开始,影视传媒领域兼并重组不断进行,形成了几个具有国际影响力的超级传媒巨头,如迪士尼集团、时代华纳、美国新闻集团、康卡斯特集团等。相比这些跨国巨头,中国的影视制片发行企业还非常弱小,需要发展壮大。因此,对于中国整个影视产业来说,还需要加以保护,避免受到外来影视产品的过度冲击。但是,对内,要在影视产业领域形成以市场为导向、企业为主体的竞争机制。在政府和行业协会现有或者以后出台的政策法规的引导下,通过企业兼并重组等资本运作,在激烈竞争的环境中推动中国影视产业健康快速发展,推动影视制作发行企业变大变强,形成几个具有国际影响力的影视制作发行跨

国巨头企业。

(二) 做好国际市场调研, 为影视产品出口企业提供宏观参考

中国影视产品"走向"国际市场的区域定位要考虑市场接受能力、市场辐射能力和市场发展潜力。因为影视产品区别于一般商品的特殊性,中国影视产品出口首先要考虑文化因素和地缘关系。美国、西欧和日本的跨国公司首先进入的大部分是地缘上相近或者语言文化传统上相近的外国市场。①

早在20世纪20年代,美国商业部内外贸易司便开始发表驻海外代表有关世界各国电影市场的调查,美国官方贸易报告《中国电影市场》专门研究中国人的电影口味,确认"美国电影比任何其他国家的电影都受中国人的欢迎,中国人喜欢我们大多数电影结尾的'永恒幸福'和'邪不压正'"。《功夫熊猫》《花木兰》等就是在做好中国市场调研的基础上,经过好莱坞的大制作,才在中国市场上如此受欢迎。因此,我们可以借鉴这种做法,做好国际影视市场的调研。为避免"搭便车"行为,可以将这项研究作为公共产品,由政府资助研究,最后形成研究报告,从宏观上对海外各细分区域的观众的年龄、喜好、影视产品消费类型等进行深入细致及系统的研究,对北美、欧洲、东亚、南美等多个文化背景和审美需求不同的地区进行细分。通过定期更新报告,及时了解海外市场动态。通过参考宏观报告,影视产品在创作之初就可以找到明确的市场定位,是主攻国内还是锁定海外,是出口北美还是出口日韩,确保影视产品在目标国家取得较高的票房收入。

(三) 做好影视配音, 消除语言障碍

中国影视产品要实现海外票房新的大突破,就必须扩大海外目标受众群,从海外华人扩展到美国人、英国人、法国人等各国影视产品消费的主体人群,形成更大范围的消费人群。而影视产品作为视听产品,其画面和声音都非常重要。要想吸引国际市场的主流人群,

---

① 韩骏伟:《国际电影与电视节目贸易》,北京:中国传媒大学出版社,2008年,第322页。

必须是他们能够熟悉的语言对白,至少是英语对白,才能够吸引他们购买我们的影视产品。

由于英语作为全球性语言,使得美国影视产品出口到世界其他国家,很多都是原版输出,没有太大的改动。而中文对欧美等国观众来说,还属于非常陌生的语言,因此我们要首先在听觉上消除他们的障碍,通过影视配音形成的听觉上的亲和力,吸引海外主流消费人群。在影视产品出口海外市场前,要根据发行地区对影视产品进行目的地主要语言配音,消除观众听觉上的障碍。可以根据目标市场,选择几种主要语言进行原汁原味的本土化配音。如北美市场,发行英文版影视产品。欧洲市场,发行法文、德文、西班牙文、英文影视产品。为了降低成本,也可以只进行英文配音,然后在海外市场发行。只有消除了听觉上的语言障碍,中国影视产品海外受众群才能发生质的飞跃,目标消费群体的扩大是中国影视产品取得海外收入新的质的飞跃的前提。

(四) 培养具有国际视野的影视人才和具有国际号召力的明星,降低文化折扣

中国影视产品若想问鼎国际市场,其产品的文化"普世"原则、国际化视野等是关键。比如人性、崇高、反战等人类的普世价值、人类共同的个性情感体验,能够得到境外市场消费者的认同。这就需要编剧的国际化创作,在主题立意上寻找中国民族文化资源与人类共同终极命题的切合点,以现代语言和产业化运作思路创造能够让全世界接受的中国影视产品。导演和演员要能够深刻理解作品,将剧本中的国际化表现出来。营销人员要能完全理解影视作品中的国际化元素,做好影片在海外市场的宣传推广。因此,面对国际市场,我们要培养更多具有国际化视野的编剧、导演、演员、摄影、摄像、营销等人才,将民族文化的丰富资源转化成全球共同的故事、共同关心的主题,减少中国影视文化产品进入国际市场的"文化折扣"。

在培养人才上,可以采取多种形式。可以通过举办编剧(或者导演)国际人才培训班,邀请北美、欧洲、日韩等主要目标市场的优秀编剧人员,让他们就本国影视消费人群的特点,剧本的创作等深入介

绍,并结合具体案例进行剖析。在确定海外目标市场后,由编剧、导演和演员一起交流,让演员的表演中能够有着目标市场的文化元素。可以举办影视产品海外营销人员培训班,邀请细分领域的专家就各个细分市场从消费者特点、文化背景、产业环境、政策法规等方面进行深入的介绍和交流。

(五) 拓宽和选择合适的海外发行渠道

目前影视产品"走出去"的三个主要渠道有一定的效果,但都有其局限性。展销会和电影节在展览季或电影节之后经常性不够。合作拍片的好处是成本低、市场风险小,不足是丰厚的海外发行利润让对方拿走了,生产商实际上只赚了个吆喝。再有,你通过对方去发行,就总是远离市场,永远培养不起来对于市场的敏锐感觉[①]。

我们要在国外建立自己的发行渠道,可以由影视文化企业自己组建专业的海外发行公司,或收购外国人现有的发行公司,政府有关部门在市场调研、资金等方面予以支持。也可以依托其他行业有实力的跨国公司已经建立起来的国际销售网络,进行增值服务。鼓励有条件的影视文化企业加盟海外中介协会。靠单片单打独斗进军海外难成气候,必须通过建立现代企业制度,将海外营销、发行纳入产业链加以重视,中国影视"走出去"才能有所成效。

可以由国内主要影视文化出口企业成立出口联合组织,共同促进影视文化产品出口。目前,中国国产影片的海外销售业务主要依靠中影集团、上影集团、香港银都机构、华谊兄弟、北京新画面、保利博纳这6家实力强劲的国有制片集团和民营公司承担。这6家公司承担了国产影片2008年海外销售总额的97.82%。[②] 可以由这6家公司牵头,联合中国电影海外推广公司,成立中国影视产品出口联合机构,共同负责中国影视产品出口相关工作。

还应该充分利用网络平台,开设各种语言版的"中国影视文化产品网上超市",集产品展示、销售、服务为一体。目前国内很多公司都

---

① 李怀亮:《全球文化贸易与中国文化产业发展的国际线路》,《中国经贸》2007年第5期。
② 刘阳:《还靠武侠片打天下,中国电影怎样更好"走出去"》,人民网,http://culture.people.com.cn/GB/87423/10285420.html。

设有自己的网站,但这些网站存在规模小、功能差等各种不足,商务部等相关部门应对之进行整合,形成规模优势。

(六) 建立影视品牌,促进影视产品持续开发,带动产业链

美国电影《变形金刚》《哈利·波特》《加勒比海盗》等通过建立形象品牌,不断拍摄续集,极大地带动了电影衍生产品的开发和热销。2010年,美国电影海外票房前10位影片中有6部是续集片。对于已经很成功的部分影片,其在国际市场上都已经有了自己的忠实影迷,还未上映就有了一定的票房保证。美国电视剧也是以"季"来拍摄,形成品牌,不断地拍摄下去,如《老友记》《绝望主妇》等。

优秀的影视产品或因为导演、或因为明星演员、或因为剧情,在观众心中留下深刻的形象。由于多部续集作品的连续热映或播放,会在观众的心中形成品牌,自然而然地有了一部分的铁杆影迷或者电视剧迷。为后续续集的拍摄提供了一定的票房保证,促进了影视作品产业链的可持续开发。

中国影视产品的产业链还比较短,不能够带动上下游产业和衍生产品的开发,其主要原因就是产品尚未形成品牌,无法带动相关产品和衍生产品的开发热卖。而通过建立影视产品品牌或者形象品牌,带动图书、漫画、动画片发行,主题公园建设,文化旅游,授权开发玩具、服装饰品等,将带动大影视文化产业链的发展。

中国影视节目"走出去"的本土化营销策略探讨

程春丽

在全球化背景下,国际传播和跨文化传播已成为一个国家软实力的重要体现。将优秀的中国影视节目积极推广到海外市场,是中国文化"走出去"的重要课题。在多年的实践中,我们通过多种营销方法大力拓展中国影视节目的海外市场,取得了一系列可喜的成就。然而,我们不得不正视这样的现实,当今国际传播仍然为西方媒体所主导,中国影视产品在国际市场上所占份额还很小,这就需要我们实事求是地审视当下的中国电视对外传播策略,并积极寻求改进办法。按照海外客户所在国家和地区的需求特点,有针对性地对中国影视节目进行本土化包装,无疑是一条行之有效的途径。

一、本土化——走进海外市场的必然之路

现代社会中,一个科技产品可以在全球同步上市,但是对于文化产品而言,全球同步却没有那么简单。无论是语言、故事内容,还是拍摄方式、节目模式等各方面,不同国家和地区制作出的电视节目各具特色。在某个国家或地区大受欢迎的节目,却未必能在其他国家和地区也获得同样的成功。这种不同文化背景的群体(或个体)之间的跨文化传播中,存在促进和阻碍两大因素。为了达到有效传播的目的,跨文化传播中一方面要尽可能地利用促进因素来吸引异域文化的受众,另一方面,要尽可能抑制阻碍因素起作用。因此,无论是

他国的文化想要传向中国,抑或中国的文化想要传向世界,都必须遵循文化的传播规律——进行本土化的改造。

本土化概念是与国际化、全球化概念紧密相关的,是一个硬币的两个面,它是在经济全球化、一体化,当今时代国际品牌的全球扩张战略下出现的。没有经济全球化、一体化,也就没有本土化。影视传播的本土化是指影视媒体、机构为适应某一区域市场观众的收视特点和需要而进行的经营思路及操作手法的改造,涉及影视内容的生产、营销、人才使用等各个方面。本土化要求企业注重各个不同市场的特色,注重人文环境和消费者需求差异。企业要想融入目标市场,就要努力成为目标市场中的一员,熟悉或了解客户的差异需求,使产品更贴近客户的喜好,适应本地区的文化,唯此,方可充分满足目标市场的需求。

跨国娱乐公司的全球化发展布局中,本土化是重要战略,也是值得我们借鉴的经验。如迪士尼公司在中国推进了多样化的项目,在其中国公司成立的 6 年中,开展了服装及玩具销售、英语学习、中国题材电影《宝葫芦的秘密》等跨领域的中国特色业务。2009 年,中国政府批准了上海迪士尼乐园项目,这将是全球最大的迪斯尼乐园。中国本土特色的综合度假村是中国迪士尼的独有项目。"全球化视野,本土化行动",使作品在文化和情感上与中国消费者产生共鸣,是迪士尼在中国发展的策略核心。

中国影视文化产品在面对不同的海外市场时,要在充分调研的基础上,在内容与形式上力争做到"三贴近",适应当地的经济、文化、政治环境,符合当地政策、风俗,更好地适应海外群体的口味、文化环境和思维习惯。目前已经实施的中国长城平台落地海外计划可以说是本土化传播的代表,该平台自 21 世纪初开始铺设,现在已经遍布东南亚、北美、拉美、欧洲、亚洲,形成多频道、多语种播出。深入本土的营销,使中国电视节目拥有了广泛的观众。而在具体营销中,我们还通过一系列有针对性的生产制作、改编包装等手段,深入调研、大胆实践,取得了不俗的成绩。只有通过本土化策略跨越文化差异障碍,中国影视文化才能实现不仅"走出去",而且真正"走进去",达到对外传播的目的和效果。

二、影视节目海外本土化策略探讨

本土化是现代营销观念的反映，它的核心是：企业一切经营活动应当以顾客为关注焦点，以目标市场消费者为核心，而不是以商家的喜好、习惯为准绳，企业规范必须随地区性变化引起的顾客变化而改变。

本土化是国际化和全球化的产物，本土化是解决跨文化传播的最佳途径。电视对外传播在中国的国际形象塑造及文化传播中担当着重要角色。我们认为，中国影视文化在拓展海外市场的本土化方面，应当从以下几个方面入手。

（一）眼界视野本土化

节目研发是有效传播的基础，却是我国电视海外传播的一个软肋。节目研发的第一步是了解受众需求。需求决定传播的有效性。由于文化差异的存在，不了解受众需求，闭门造车、一厢情愿地做节目的行为，在对外传播中负面影响更大，是对外电视节目无法走进海外观众心里的最主要原因。

中国影视企业要想成为一个纵横驰骋国际市场的大公司，首先必须要有国际化的眼界和胸怀。在对外传播中积极地融合到当地文化中，尊重当地文化，依靠当地文化，才能在当地市场站稳脚跟，进而生根发芽，占领更广阔的海外市场。

（二）节目内容本土化

影视文化要融入一个全新的市场，首先要解决的问题是跨文化传播中受众对内容及形式的接受问题，克服不同的社会经济文化发展水平带来的对影视节目的不同认识，真正做到让受众喜闻乐见，征服市场。

虽然中国已经成为世界第一的电视剧生产大国，但目前我国制作的影视节目大多是面向国内市场的，真正适合海外市场，尤其是国际主流市场的非常少，这也是我国影视文化在国际上影响力不大的一个主要原因。为了不断扩大影视节目"走出去"的成果,我们迫切需要针对国际市场的需求,有意识、有目的地加强外销节目的创作,不断充实和丰富外销的"粮草弹药",由被动推介转变为主动营销。我国有关主管部门应当加强引导外销节目的生产,每年有针对性地组织制作一批适合国际市场需求特点的精品影视节目,包括电视剧、电视电影、纪录片、动画片等,不断提高国际市场对中国影视节目的认可和接受程度,逐步提高中国影视节目的国际影响力和世界话语权。

形式改编也可以促进节目本土化。例如,中国台湾媒体在播出中央电视台提供的《致富经》栏目时,将题目改为《前进人民币》,同时加入了当地主持人串联,使解说更贴近当地观众的收视习惯,受到观众普遍欢迎。

(三) 技术标准本土化

在影视节目的国际营销实践中,目前遇到的一个很大障碍是我国的许多电视节目规格标准达不到海外媒体播出的要求。例如国内制作的一些优秀纪录片,曾一度吸引了欧洲多家客户的购买兴趣,但是由于有些节目没有无字幕版本,右下角还有台标 Logo,不是标准意义上的无字幕版本,所以错过许多销售良机。

欧美国家电视台的黄金时段并不像中国那样不停地连续播放电视剧,这与国产电视剧制作动辄几十集的做法大相径庭。从审美趣味看,国产电视剧拖沓的情节也不符合欧美受众的收视习惯。为此,我们在营销中将 50 集的电视连续剧《李小龙传奇》改编包装成 30 集,同时制作了 120 分钟的电视电影版,充分满足了不同地区客户的要求,顺利进入当地市场。

提高我国影视节目的技术质量,包括时长标准、形态规格、字幕应用、译制要求、附带文本等,使之符合国际市场标准和规范,是中国影视节目"走出去"的前提条件。

(四) 节目语言本土化

语言的差异是文化传播中不可回避的问题,中国的影视节目要"走出去",必须先过语言关。语言本土化,才能获得当地人的认同。

但是,当前我们对海外销售的影视节目适合国际市场需求的不多,即使有的节目题材和内容引人注目,也往往迫于翻译和配音投入的高额成本压力而没有加大外语节目的制作,不能有效地将中国电视节目打进国外主流电视媒体,这一情况在非洲等欠发达地区市场的开拓尤其明显。

在海外营销的具体工作中,影视节目的题目、节目介绍、节目片花、节目精彩集锦等都需要下工夫琢磨,以满足客户的需求。例如,电视剧《大秦直道》是一个很好的名字,但是直译会失去味道,对于不熟悉中国历史的客户来说缺乏亮点。我们根据节目内容,将英文题目翻译为"First Expressway of Qin Empire",直译过来即《秦朝的第一条快速公路》。引入现代的快速公路概念,客户容易理解,作品也更具魅力。电视剧《李小龙传奇》在制作了中文、英语、西语三个语言版本后,也成功地在拉美及欧洲主流媒体顺利播出。

突破了语言障碍,将大大加快中国影视节目"走出去"的步伐。像电视剧《媳妇的美好时代》,进行了斯瓦西里语的翻译和配音后,在非洲坦桑尼亚国家电视台播出,使非洲使用斯瓦西里语的1亿多人口能够欣赏到这部优秀剧作。

近年来韩国政府为了推进韩剧在拉美市场的营销和播出,不惜投入大量资金将《冬季恋歌》《我叫金三顺》等多部韩剧译配成西班牙语,面对拉美各国地面和卫星频道发行,经过不断培育,现在韩剧在拉美的西班牙语市场已经拥有一定的收视群体,占据了一部分市场份额。在刚刚结束的2012美国NATPE电视节上,我们也成功地将西班牙语配音版纪录片《为中国而设计》《北京北京》销售到拉美的巴拿马、厄瓜多尔、秘鲁和委内瑞拉等国主流媒体播出。如果没有配音版,这些优秀节目很难签约进入当地。

(五)营销渠道本土化

企业进行跨国经营最大的困扰是没有自己的营销渠道。在海外市场建立和拓展营销渠道是实现本土化经营的重要基础。这种营销渠道可以借助外力或合作伙伴,当然更具价值和控制力的是自建渠道。只有掌握了营销渠道,才能接地气、贴市场,了解一手的目标市场信息,从而有的放矢地制定营销策略。

我国的影视节目外销在营销渠道拓展上走过了漫长的道路。从20多年前开始,我们就积极地介入国际影视节目交易市场,每年代表中央电视台参加美国、法国、匈牙利、韩国、日本,以及中国香港、中国台北、上海、四川、北京等十几个国际、国内影视节展,用真心广交朋友,用真诚巩固友谊,用真情获取信任,在渠道建设方面迈出了更加坚实的步伐。

利用我方的节目资源优势,在海外开设中国影视节目的专门播出时段或频道,是构建固定播出渠道、增强中国国际传播能力建设的新探索,是节目外销摆脱处处受制于人的有效途径,是我国影视文化"走出去"的创新形式,也是最具潜力的努力方向。近两年我们在这方面取得了一系列实质性进展,先后在德国、匈牙利、美国、中国台湾开设中国电视节目固定播出时段,大大增强了中国视频的话语权和影响力。目前我们正在筹备推进韩国、委内瑞拉和非洲等国家及地区纪录片时段的合作项目。

此外,我们还计划利用中央电视台海外分台和记者站的便利条件,逐步探索在海外建立自有营销网点和渠道,努力开拓海外影视产品市场,主动投入国际传播业的竞争,在国际竞争中求生存,在国际市场上寻求发展空间,提高中国影视文化产业的市场竞争力。

(六) 合作伙伴本土化

作为一个新的市场进入者,寻找合适的、有实力的、在该市场中已经拥有一定知名度的合作伙伴十分重要。通过合作,新进入市场者可以在最短的时间里熟悉当地人文环境,适应其经济运行模式,提升自己的品牌和市场影响力,发展优势,尽快融入当地,被受众接受。

为了打造直面国际市场的"直通高速公路",近年来我们按照"以我为主、把握方向性、掌握主动权、适应国际化"的原则,加强和深化了与国际知名媒体机构的合作,无论是在合作地位还是利益分配上都获得了新的突破。例如:与美国国家地理频道联合制作发行《故宫》国际版,以及正在全力推进的"缤纷中国"纪录片选拔计划;与委内瑞拉 Venevision 公司合作改编纪录片《再说长江》西班牙语版;与日本东京电视台合拍纪录片《华侨列传》;与德国 MAT 和 ZDF 合作《海上丝绸之路》;与英国 Lion Television 合拍《中国七大奇迹》等。这种建立在双赢基础上的国际合作,一方面为中国影视媒体提供了直接的学习借鉴和成长壮大机会,增强了我方的国际权益和应得利益;另一方面也是我们借船出海,借助外方品牌和渠道优势扩大中国电视节目在海外主流媒体播出的捷径。

广播影视"走出去"的战略转向：导向、目标与路径

李 宇

广播影视"走出去"是我国开展广播影视国际交流与合作的重要方式，也是我国国际传播能力建设的重要组成部分。尽管我国开办的国际广播电视频道和外宣网站数量在全球都首屈一指，但对比其他国家，尤其是西方发达国家的电视国际传播，我们会发现，我国电视国际传播的整体发展水平仍处在初级阶段。

在技术变革以及国际竞争格局不断改变的大环境下，我国国际传播正处在一个历史关键阶段，广播影视"走出去"也面临变革与突破的重要机遇。寻求一种可持续、实效性强的发展路径是我国国际传播亟待解决的问题，也是我国广播影视"走出去"亟须思考的课题。

一、"走出去"的三个阶段

判断发展阶段需要一个科学的标准，在广播影视"走出去"这个特定语境中，这个标准就是广播影视频道和节目在海外传播的市场化程度和商业化水平。按照此标准，我国广播影视"走出去"仍处在初级阶段，因为目前我国绝大部分频道都是贴钱在海外播出。相比之下，美国的国际传播就已经处于高级阶段，因为美国大部分在海外播出的新闻频道、影视剧频道、纪录片频道、体育频道等都已经形成品牌，并具有较高的市场价值；其影视剧、娱乐节目以及节目模式更

是国际畅销产品。因此,我国广播影视"走出去"虽然已经取得了较大发展,但仍有较大的发展空间。

(一)初级阶段

在"走出去"的初级阶段,我国电视国际传播需要花钱让境外机构播出我国的频道。当然,这也符合一般品牌的发展规律,在品牌的初创阶段,需要以各种方式开展推广和营销活动,以提升品牌知名度和影响力,达到开拓市场的目的。以我国电视"走出去"为例,1992年我国开播了第一个对外电视频道——中央电视台中文国际频道(CCTV4),此后又陆续开播英语、西班牙语、法语、俄罗斯语和阿拉伯语频道。除中文国际频道之外,外语频道都需要投入大量经费在海外播出,即花钱播出。需要指出的是,花钱搞外宣的传播理念在广播电视"走出去"初级阶段尚可理解和接受,但如果当作一种长期指导理念则不具备可持续性,也不利于传播效果的提升。从可持续性来说,每年这些频道的制作、播出、传输和落地需要投入大量的费用,例如早在1999年中央电视台租卫星传输国际频道信号的费用就达到1430万美元左右,当时折合成人民币约为1.2亿;如果再加上国际频道的节目制作、播出等成本,当时每年需要投入的经费大约是2.5亿元。[①] 可以想象,现在中央电视台一共播出6个语种7个国际频道,其节目制作、播出、运营维护、信号传输、落地等方面的费用是相当庞大的。因此,我国广播影视"走出去"要明晰战略目标和发展步骤,尽早从初级阶段发展到中级阶段。

(二)中级阶段

在"走出去"的中级阶段,我国广播电视频道和节目在海外开始逐渐形成品牌,具有一定的市场知名度和影响力,其中部分频道和节目在海外实现盈利。当然,广播影视频道和节目品牌的形成是一个长期的过程,被市场认可并实现收支平衡也需要时间。美国有线电视新闻网(CNN)是在开播第五年后才开始盈利的,欧洲新闻台

[①] 张长明:《传播中国:二十年电视外宣亲历》,北京:人民出版社,2011年,第160页。

(Euronews)是在第六年后才盈利的。① 在这个过程中,我们需要调整传播理念、运营模式,强化"走出去"的市场导向和产业化、国际化、市场化运作水平。在这方面,我国已经开始了积极探索。2004年,我国组建了中国电视长城平台,开创了以商业方式进行海外落地的模式。它是由国内十多家电视台和境外媒体共同参与、由中国国际电视总公司负责频道集成和海外推广落地的中国卫星电视平台。以长城(美国)平台为例,该平台创建于2004年10月1日,由12个电视台的19个电视频道组成,包括中央电视台中文国际频道、英语国际频道、西法语国际频道、戏曲频道、娱乐频道和中国电影频道、北京电视台、上海东方电视台、广东南方电视台、江苏国际频道、浙江国际频道、厦门卫视、福建海峡卫视、湖南卫视、中国黄河电视台、凤凰卫视美洲台、凤凰卫视资讯台、亚洲电视本港台(美洲)和华夏电视台。此后,长城平台又相继开办了亚洲、欧洲、加拿大、拉美、东南亚、非洲等平台,用户规模和营利都实现稳步增长。需要指出的是,这个平台主要面对华人观众,还没有进入海外主流社会。如何以商业化方式打开海外主流电视市场,这是我国广播电视"走出去"仍需积极思考和探索的问题。

(三) 高级阶段

在"走出去"的高级阶段,我国广播电视频道和节目在海外将成为知名品牌,具有较高的市场竞争力和占有率,盈利状态持续稳定。在这个阶段,我国有望形成具有国际竞争力的传媒集团,积极参与国际传媒市场的内容制作、版权交易、渠道运营和内容分发等各个环节。在这方面,美国为我们提供了有益的借鉴。经过几十年的发展,美国形成了多个具有国际知名度和影响力的传媒集团,并在内容制作、版权输出、渠道运营等各个领域都具有很强的竞争力。以西班牙为例,美国传媒集团在该国具有较大的影响力。2013年5月,西班牙收视份额最高的付费频道是美国福克斯频道(Fox),该频道隶属于新闻集团福克斯国际电视网。在付费电视平台中,好莱坞频道位居

---

① 朱景和:《电视功过论》,北京:中国广播电视出版社,2007年,第61页。

第二,收视份额是 4.6%。AXN 频道和特纳电视网(TNT)分别位居第三和第四,其中 AXN 隶属于美国索尼影业,特纳电视网是时代华纳旗下的频道。① 在渠道运营领域,美国自由媒体环球集团(Liberty Global)已经成为国际电视市场的巨无霸。2013 年 2 月,该集团斥资 233 亿美元收购了英国维珍传媒集团(VIRGIN MEDIA),由此成为全球最大的多系统运营商。目前,该集团的业务遍及美国、欧洲、南美等地,涉及有线电视和直播卫星电视服务、电视节目制作与销售、通讯和互联网服务等领域。我国广播影视"走出去"的最高境界就是组建多个国际传媒集团,这些集团在广播影视内容创意与制作、节目集成和版权交易、渠道运营和内容分发、技术开发和服务等各个领域具有较高的品牌知名度,并形成较好的市场占有能力和营利能力。

二、"走出去"的战略转向

我国广播影视"走出去"要实现从初级阶段向中级阶段的转变,就需要积极转变战略,尤其要转变战略的导向、目标和实施路径。

(一)导向——从宣传导向转向市场导向

长期以来,我国广播影视"走出去"战略导向以宣传为主,受此影响,广播影视的指导政策、节目制作、海外落地等都立足于宣传。我们需要认识到,宣传思维并不利于传播效果的提升。在宣传导向下,广播影视节目会呈现出较为明显的意识形态特征,在跨国传播过程中自然会受到政治制度差异等因素的影响,传播效果产生较为强烈的"制度折扣"。要化解这一难题,市场导向无疑是不二选择。在市场导向下,广播影视频道和节目在选题、策划、制作、播出、推广、分发等各个环节都会围绕"受者"而不是"传者"展开,更为注重前期的市场调研、中期的市场营销以及后期的市场服务。而且,在市场导向下,我国广播影视在"走出去"过程中会有更强的成本意识,不会盲目追求落地覆盖人数而不顾资金投入,这也将大大强化我国广播影视

---

① Fox regains top spot among Spanish pay-TV channels, http://www.rapidtvnews.com,20130603.

"走出去"的可持续性。

(二) 目标——从落地广度到销售额度

经过多年的花钱落地,我国广播电视机构已经构建了一个覆盖全球的信号传输和节目覆盖网络。在此基础上,我国广播影视"走出去"要将战略目标从落地广度向销售额度进行转移,换而言之,战略目标要从传播广度向深度转变。当前国际传播领域的竞争异常激烈,以欧洲为例,欧洲的新闻频道总数在2013年底达到了300个,其中214个是由欧洲国家开办的,另外80个主要来自美国、亚洲和非洲等国家,例如美国有线电视新闻网国际频道(CNN International)、半岛电视台英语频道(Al Jazeera English)等。① 我国广播影视频道如果竞争力不强,缺乏品牌知名度和影响力,即使进入了海外播出平台也会处于无人问津的状态。我们"走出去"的最高目标是目标观众/听众愿意付费收看或收听我国节目,这也就意味我国广播影视"走出去"的目标管理方式要逐渐从考核频道或节目的覆盖用户人数/户数,转向频道或节目的付费收看人数/户数以及销售额。当然,这并不是说要忽略落地的范围,毕竟广播电视频道传播效果与两个因素密切相关:获取节目的便捷性和节目内容的回报率(或者满意度)。但从战略目标来说,基于市场导向的频道/节目销售额更具重要性。

(三) 路径——从播出节目到输出产品

当"走出去"以宣传为导向和追求覆盖面时,节目很难成为一种"产品",广播电视节目的制作和播出也就难以形成产业化。产业化的欠缺将直接影响广播影视"外向型"产业链的形成,也制约了"国际营销"体系的建立。我国广播电视"走出去"需要增强节目的"产品"和"市场"概念,并为此组建国际传媒集团开展国际化的节目创意、制作、推广和销售等。长期以来,我国广播影视产品出口一直落后于广播电视频道海外落地的步伐。2013年,我国电视节目出口约16 818

---

① Almost 300 News Channels in Europe, www.broadbandtvnews.com,20131113.

小时,出口额为 6 066 万美元。相比之下,这还不及韩国一个电视台的出口量,韩国广播公司(KBS)早在 2009 年的电视节目出口额就达到了 6 496 万美元。若与美国、英国等电视节目出口大国相比,我国广播电视产品输出仍有很大差距。正因为如此,我国广播影视"走出去"要根据国际传媒市场特点提高产业化、市场化和国际化水平,通过强化产品销售竞争力来倒逼节目的质量,并以此提升传播效果。

在国际传媒竞争日益激烈的大背景下,我国广播电视"走出去"面临更多挑战。虽然目前我国对外广播电视频道在海外覆盖范围甚广,但市场占有率相对有限;海外受众甚多,但主动付款购买我国对外电视频道的海外受众相对较少。究其原因,我国广播电视"走出去"还没有注重海外传播环境的市场属性,没有通过有效的市场运作(品牌推广、市场营销等)来提升传播效果。因此,需要积极调整战略,尤其要改变战略的导向、目标和路径,在提高节目质量的同时,注重建立国际品牌,提升在海外市场的影响力和占有率。基于这种战略思考,我国对外电视机构宜建立国际传媒集团,推进节目制作的产业化和市场化,从而提升其在海外市场的竞争力,进而实现提升对外传播效果的目的。当然,市场只是手段,"走出去"的市场导向、目标和路径都是为了提升我国国际传播能力和国际话语权。

第三编

中国动漫、游戏、设计、广告产业"走出去"评论

近几年来,以动漫、游戏、广告和设计为代表的新兴业态逐步替代了出版、电影电视等传统产业形态,成为中国对外文化出口的第一军团。其中,游戏产业发展最快,2014年出口额达30多亿美元,比上年增长300%多,其次动漫稳步发展,2012年出口额8.3亿美元,另外,广告与设计业发展也很快,在国际市场上不断扩大了市场份额。学术界对动漫产业研究较多,从内容、传播途径、体制政策到国际化战略,而对于游戏、设计、广告的研究文章相对较少,本书选择了几篇有代表性的文章。

中国动漫如何"走出去"?
——论中国动漫对外传播的现状、问题与策略

盘 剑

对外传播是中国动漫产业发展的题中之意。这是因为动漫产品的国际市场开拓同时关乎着国家"软""硬"实力的积蓄。美国、日本、韩国的影视动漫正是基于对国际市场的占领,不仅成为了其国家的支柱产业,而且在全球范围内广泛地传播其民族文化,深刻地影响着其产品的消费者。显然,中国动漫如果不能"走出去",就既不能实现其产值的最大化从而承担起作为政府重点发展的文化产业的核心门类推动国家经济结构转型的历史使命;也无法以中华民族独特的世界观、价值观、审美观的广泛而有效的传播在"全球化"语境中保持民族文化的自立、自强与自尊。不仅如此,由于对外传播具有一种"反流性",即对外传播的效果会反过来影响对内传播,因此,如果我们"在外"不强,"对内"也将失去市场和影响力;那样的话,我们不仅不能自立、自强和自尊,最后甚至连自保都不可能。此绝非危言耸听,只要去了解一下当前国产动漫产品与美、日、韩动漫产品在国内青少年消费者心中的地位和影响便知端的。

当国产动画片年产量已经达到 22 万分钟——中国已经成为动画片生产第一大国,而中国动漫产品不仅没有占据国际市场,而且在国内都还没有市场时,加强中国动漫的对外传播就不仅具有重要意义,而且迫在眉睫了。

一

　　毫无疑问，迄今为止中国动漫并不是完全没有"走出去"，事实上，不论政府还是企业，对于动漫产品的向外输出一直是相当重视的。

　　翻阅2004年以来从国务院到中央各部委发布的有关推动和扶持动漫产业发展的文件，可以发现几乎没有不提到对外交流与传播的，并有相关的奖励政策和措施。2004年4月20日《广电总局关于发展我国动画产业若干意见》其中的第12条规定："对从事国产动画片制作发行机构取得的制作收入、发行收入、出口收入、特许权使用费收入免征营业税。"2006年4月25日《国务院办公厅转发财政部等部门关于推动我国动漫产业发展的若干意见的通知》也明确提出"支持动漫产品'走出去'，拓展动漫产业发展空间"，并制定了具体措施："建立健全动漫产业海外服务支撑体系。支持我国动漫企业开拓海外市场，适当补助动漫产品出口译制经费。通过'中小企业国际市场开拓资金'渠道，积极鼓励和支持优秀国产动漫作品和产品到海外参展。中国进出口银行可以为动漫企业出口动漫产品提供出口信贷支持。积极利用国家出口信用保险促进动漫产品海外市场营销等。"2007年4月27日商务部等六部委发布的《文化产品服务出口指导目录》则要求被认定的"动漫产品重点企业"必须达到两条标准："1.年出口额30万美元以上，有相对固定的出口渠道；2.产品拥有自主知识产权，体现中华文化特色，具有国际市场开发潜力。"除了动漫专项政策，还有一系列文化产业扶持政策。2009年9月26日国务院发布的《文化产业振兴规划》也提出要"重点扶持具有民族特色的文化艺术、展览、电影、电视剧、动画片、网络游戏、出版物、民族音乐舞蹈和杂技等产品和服务的出口，抓好国际营销网络建设。支持动漫、网络游戏、电子出版物等文化产品进入国际市场。"2010年2月1日出台的《商务部等十部门关于进一步推进国家文化出口重点企业和项目目录相关工作的指导意见》更是确定"建立由商务部、中宣部、财政部、文化部、人民银行、海关总署、税务总局、广电总局、新闻出版总署、外汇局组成的文化出口重点企业和项目相关工作部际联系机制，制定规划，研究政策。各地相关部门按照统一部署，切实加强沟通和协调,创造条件,共同支持我国文化出口。"并制定了"加大资金支持力度""实行税收优惠政策""提供金融支持""提高出口便利化水平""加强国际营销网络建设""建立并完善文化贸易中介组织""支持企业赴境外投资""加强信息平台建设"等具体措施。

紧跟中央政府,一些动漫产业发展走在前面的省市也纷纷出台政策,鼓励和推动地方动漫企业和产品"走出去"。2006年11月6日江苏省文化厅、省财政厅、省教育厅、省科技厅、省信息产业厅、省经贸委、省国税局、省地税局、省工商局、省广电局、省新闻出版局共同发布的《江苏省关于加快动漫产业发展的若干意见》提出"鼓励支持我省优秀动漫原创作品和产品到海外参展,适当补助动漫产品出口译制经费。中国进出口银行驻江苏机构可以为动漫企业出口动漫产品提供出口信贷支持。积极利用国家出口信用保险促进动漫产品海外市场营销";"企业出口动漫产品享受国家统一规定的出口退(免)税政策。企业出口动漫版权可以适当予以奖励。对动漫企业在境外提供劳务获得的境外收入不征营业税,境外已缴纳的所得税可按规定予以抵扣"。湖南、山东、上海、杭州、哈尔滨等省市也随之出台了类似的政策和措施,《北京市关于支持影视动画产业发展的实施办法》则提出"鼓励北京原创影视动画片出口海外市场,影视动画片海外播出版权收入超过300万美元的,给予一次性奖励人民币50万至100万元"。

政府重视动漫的对外传播当然不只是出台了相关的奖励政策和措施,还积极组织或支持动漫企业走出国门去参加一些重要的国际动漫节展。"2008年以来,文化部积极支持国内优秀动漫游戏企业参加海外知名展会,将代表我国当前创作水平与发展最高水平的原创动漫游戏产品和企业有计划、成系列集中向海外市场推广。先后支持企业参加了法国昂古莱姆漫画节、加拿大渥太华动画节、日本东京国际动漫展、韩国富川国际漫画节、法国安纳西国际动画电影节、俄罗斯'中国文化节'动漫游戏展、瑞士'时代之像——中国动漫艺术展'等国际知名动漫游戏产业展会"[①],在这些节展上宣传、展示自己

---

① 文化部产业司:《深圳文博会助推"中国原创动漫游戏海外推广计划"》,中华人民共和国文化部官方网站,http://www.ccnt.gov.cn。

的原创动漫作品,并达成一些国际交流、合作和交易。2010年,文化部又投入1 400万元资金对通过专家评审的34家动漫企业、16家游戏企业的"走出去"项目进行扶持,直接以资金的形式支持企业参加海外知名展会、产品译制与海外推广等。除了中央部委,一些省、市政府的相关主管部门也几乎每年都组织当地的动漫企业"走出去"。在政府的倡导、支持和鼓励下,不少动漫企业、制作机构和个人对出国参展、参赛和作品输出也充满热情。以下是根据国内外各大报纸杂志及网站提供的信息对2004年以来中国动漫参加国际节展、赛事及交易情况的不完全统计:①

年份	企业/个人名称	参加节展名称	参加作品名称	备注
2004	中国美术学院	日本"RETAS"国际动画大赛		东映动画大奖
		法国昂西国际动画电影节	《潘天寿》	入围
		克罗迪亚的萨格勒布国际动画电影节		入围
2005	莲华(个人)	渥太华国际动画节	《温柔杀手》	入围短片竞赛单元
	杭州盛世龙吟	法国米普康(mipcom)交易会	《济公》等作品	在当时的点播平台上,点播率排名第六
2006	杭州盛世龙吟	意大利海湾动画节	《济公》	获7－12岁儿童优秀动画电视连续剧奖
2007	深圳点石	REALFLOW全球大赛	《海岸城西座》	金奖
2008	中国代表团	法国昂古莱姆国际漫画节		文化部组织;期间设立中国馆

---

① 以下表格由本人所指导的博士生符亦文搜集资料制作。

续表

年份	企业/个人名称	参加节展名称	参加作品名称	备注
2009	雷磊(个人)	渥太华国际动画节	《彩色魔方与乒乓球》	获渥太华最佳动画作品奖
			《宇宙棉花糖》	入选学生竞赛单元
			《鸭梨还是外星人》	入选学生竞赛单元
	深圳点石	法国摩纳哥IMAGINA AWARDS	《金地·芙蓉世家》	获最佳三维模拟金奖
		美国 SIGGRAPH 大赛	《鸿隆世纪》	入选影展
		国际建筑三维动画大赛		获四个奖项提名
2010	天津神界漫画	韩国富川国际漫画节	《三国演义》等	最近四、五年都和韩国有合作
	杭州夏天岛		《子不语》	连载于日本顶级漫画杂志 Ultra Jump
	中央电视台、浙江中南卡通		《魔幻仙踪》	被美国尼克儿童频道购买
	北京"青青树"	法国戛纳电影节	《魁拔》	
	莲华(个人)	第13届广岛动画节	《冬至》	获第13届广岛动画节国际评委会特别奖
	雷磊(个人)	荷兰国际动画电影节	《弗洛伊德,鱼和蝴蝶》	获短片奖
		渥太华国际动画节	《这个念头是爱》	获最佳叙事短片奖
	深圳点石	德国斯图加特国际动漫节	《鸿隆世纪》	入选
		欧洲数字内容创意艺术节比赛		提名"最佳交流金奖"

续表

年份	企业/个人名称	参加节展名称	参加作品名称	备注
2011	雷磊(个人)	捷克 Ani Fest 国际动画节	《这个念头是爱》《鸭梨还是外星人》《弗洛伊德，鱼和蝴蝶》	入选
	中国电影股份有限公司、日本马多浩斯动画公司、慈文紫光数字影视有限公司(联合制作)	法国昂西国际动画电影节	《藏獒多吉》	入选长片竞赛单元
	中国传媒大学	法国昂西国际动画电影节	《梅花剑》	入围毕业作品单元
	中国香港、印度(合拍)	法国昂西国际动画电影节	《英勇强尼》	入围电视系列片单元
	北京电影学院	法国昂西国际动画电影节	《巴特拉尔传说》	入围非竞赛单元
	中国台湾	法国昂西国际动画电影节	《白蛇》	入围非竞赛单元
	杭州盛世龙图	奥斯卡	《梦回金沙城》	列入最佳动画片入围候选名单
	北影动画学院、天津北方电影集团	柏林国际影展	《兔侠传奇》	《银幕国际》刊登整版报道和海报目前已发行到60多个国家
	中国优秀动漫、游戏企业	美国电子娱乐展览会；美国国际品牌授权博览会	一批动漫、游戏作品	文化部组织

从上面的表格可以看出：第一，2004年以来，中国动漫对外传播的规模总体上在逐年扩大，具体体现为几种数据的上升：一是"走出去"的动漫企业（或个人）逐年增多，其中2004到2009年增速较慢，2010年开始加速，此后数量大幅度增加。二是"走出去"的动漫作品不断增加，由原来每年一两部作品到后来每年七八部甚至十几部、几十部。三是参加的国际节展数量和类型增加，由开始只参加几大著名影视动画节展，到后来也参加各种专业性较强、影响相对较小，却能让自己得到充分展示的其他国际动漫节展。第二，参加国际动漫节展的方式、目的从单一的参赛、获奖逐渐向包括交流、交易等多种方式和多重目的发展，并在交流、交易方面取得了一定成效。第三，中国动漫对外传播的三种基本模式初步形成，这三种模式分别是："抱团出海""借船出海"和"单舟出海"。所谓"抱团出海"是指多家企业联合起来共同前往参加海外的动漫节展。当然不是简单的"结伴旅行"，而是在海外节展上组建"中国军团"，"集体亮相"，以此产生特定的团队效应。这一模式又分两种"体制"：一是"公有制"，由政府出面组团，如国家文化部和一些地方政府的动漫主管部门近年来都纷纷组团出海；二是"私有制"，即由有实力的大型动漫企业领衔，组织有需求的动漫企业共赴海外，例如天津神界漫画公司2010年便策划、组织"中国军团"参加了韩国富川动漫节，当时邀请了村人漫画公司、三剑客漫画公司、安徽出版集团、时代出版集团、安徽美术出版社、中南出版集团天文动漫出版公司等企业以及著名漫画家姚非拉、夏达、张小盒等共同参加。此行还将国家2008、2009年扶持的原创优秀动漫作品、作者推荐到动漫节上，将企业"走出去"的个体行为变成了中国漫画的整体向外推介。所谓"借船出海"主要是指通过与国外公司合作拍片，找国外的发行公司，采用国外的渠道（如电视台、多媒体公司）发行而实现作品在海外顺利传播的对外传播模式，《藏獒多吉》是用这一模式运作的典型案例。所谓"单舟出海"自然就是指不依附于任何组织而以一己之力在海外推销作品的独立传播模式，这一模式的运用者往往都是动漫独立制作人，如上表中多次出现的莲华和雷磊；当然，凡是独自前往海外各大动漫节展的行为都应该算是"单舟出海"，不论是独立制作人还是动漫公司或相关院校。

由于各级政府的大力推动和动漫企业、个人的积极参与,中国动漫的对外传播自然也取得了一定的成效。据有关方面统计,2008年中国动画电视出口总额为2947.79万元人民币,2009年达到了4456万元人民币,一年内上升了将近51%①。而全国动漫出口总收入2009年为3.19亿元人民币,2010年达到了5.1亿元人民币,年增长60%②。

二

如果仅仅是做纵向比,即以现在跟从前比,那么上面的数据已经够大,因为以前的国产动画出口收入几乎可以忽略不计。但如果看看日本——根据日本贸易振兴会公布的数据,早在2002年,日本推销到美国的动画片以及相关的产品总收入就已达到43.5911亿美元,这个数字是日本出口到美国的钢铁总收入的4倍。这还仅仅只是日本推销到美国一个国家的动画片出口年收入,事实上,目前全球播放的动画节目约有60%是日本制作的,世界上有68个国家播放日本电视动画、40个国家上映其动画电影③——与日本比较,我们的几千万、几亿人民币的动漫出口总额就几乎不值一提。即使不跟日本、美国、韩国这些世界动漫强国相比,几千万、几亿人民币的动漫出口总收入与我们22万分钟已位居世界第一的动画片年产量显然也极不相称,这也正是我国动漫产业已经够"大"却还不"强"的重要表现。

无疑,动漫的对外传播绝不仅仅是产值多少的问题,对于国家和民族来说,更重要的是动漫作品影响力的大小。当然,产值和影响力实际上是成正比的:产值越高,意味着动漫作品的接受面越广,其影响力自然也就越大;否则,相反。经过全面搜索和查阅,我们发现,这么多年来,海外主流媒体只对个别中国动漫作品进行过较为详细的报道,如在2010年的柏林影展期间,排名世界电影刊物前三名的英

---

① 数据来自中国国家统计局网站 http://www.stats.gov.cn。
② 数据来自文化部产业司《深圳文博会助推"中国原创动漫游戏海外推广计划"》一文,中华人民共和国文化部官方网站,http://www.ccnt.gov.cn。
③ 查国伟:《强敌环伺四周,国产动漫如何突破重围?》,《传媒》2005年第1期。

国著名电影专业杂志《银幕国际》(Screen International)刊登了关于中国国产3D动画片《兔侠传奇》的整版报道和海报,还在头版发表了消息;著名的美国《动画杂志》(Animation Magazine)也对我国列入奥斯卡入围候选名单的动画片《梦回金沙城》进行了几期报道。除此之外,我们就没再看到其他中国动漫作品在这些为世界影视动漫行业所重点关注的专业顶级刊物上华丽亮相。事实上,不只是上述对西方乃至全世界具有重要影响的专业期刊,整个海外主流媒体对大部分中国动漫作品都很少予以特别关注,最多只有一些零星的无关痛痒的一般性介绍。而且,还不只是海外主流媒体不予关注,海外主流电视频道和电影院线对于中国动漫作品的播映也很少,这直接导致了迄今虽然我们已有超过20万分钟的动画片年产量或数以千计的动漫作品,但海外观众对中国的动漫形象除了"Monkey King"(即猴王孙悟空)之外却不再知道别的残酷现实。显然,不是我们没有作品,也不是我们不想"走出去",更不是我们没有为占领海外市场做出大的努力——前文关于政府和企业的相关作为已有充分论述,但现实仍是如此残酷。这是比没有作为更为严重的问题。分析起来,造成这种情况的原因是多方面的。一方面,由于历史和意识形态等因素的影响,西方媒体对中国本抱有一定的敌视情绪,因此也就多倾向于"找碴"式地寻找并夸大中国动漫现阶段所存在的各种弊端,并将大部分中国动漫作品当作"病原体",而只做"诊断",不思靠近。同样,西方观众对中国动漫也存有一定的成见。《纽约时报》曾有一篇文章表达了美国乃至西方观众的普遍想法,他们认为"中国就是缺乏取悦国际观众的经验"(China simply has too little experience catering to international audiences.);他们认定在"政治敏感"(politically sensitive)的审查制度下"幸存"的中国动漫必定会丧失些许灵性。此外,他们对中国现阶段"经济大跃进"式的大环境也心存芥蒂,质疑在如此逐利的氛围中是否真能产生动漫精品。"通常,在这里教人如何赚钱被认为是再正常不过的了"(Teaching the principles of making money is generally regarded as a healthy thing here)。由于有这样的媒体态度和观众成见,中国动漫在海外的遭遇就不难理解了。然而,这只是问题的一个方面。另一方面,我们也不得不承认,当前的许多国产动漫产品乃至整个中国动漫产业确实存在着很多问题,这些问题既阻碍着中国动漫产业的进一步发展,当然也会严重影响中国动漫的海外传播。

首先,是作品质量低劣。2004年以来,中国动漫产业"突飞猛进",但却只有产量的连年翻番,而完全没有质量的跟进,大多数作品粗制滥造,品位低下。从表面上看,这是企业和创作者的问题;但实际上,问题的根源与政府有关:例如国家广电总局每年发布的全国十大动漫基地、动漫十大城市"排行榜"都只有"量"的评价指标,即比的仅仅是分钟数,这势必会引导地方政府"以量争先",而罔顾品质。同样,全国许多省、市都在实施的"动画片播出奖励政策"奖励的也只是"分钟数",即分钟数越多获得的奖励金额就越高,既然如此,动漫企业也就只求"高产"而不求"高质"了。由此可见,从中央部委到地方政府,其出台的一些动漫扶持政策实际上是在引导和鼓励动漫企业粗制滥造,其结果就是每年有几十万分钟的动画片被生产出来,而能受观众欢迎、被观众认可的作品却极其罕见——连国内观众都不认可,又怎么能走出国门、为海外观众所喜爱。

其次,创作观念陈旧,观众定位年龄偏低,说教味过重,缺乏动漫应有的想象力和真正的娱乐精神。其实,即使没有上述政策、措施的误导,根据中国动漫界目前的情况,要想创作出真正能够"走出去"、在海外产生重要影响的动漫作品也还比较难。从现有的作品我们不难看出,国产动画片的创作观念非常陈旧,在国外动漫早已"全民化"了的今天,我们的许多创作者却仍然把动画当作"小孩子的玩意",即使也知道并口头上赞同"0岁到80岁"的日、美动画定位,但一具体落实到自己的创作中,就又"心里只想着小孩子"——想着小孩子当然没有错,如果能够了解小孩子,知道他们需要什么、喜欢什么;问题在于,我们的创作者只是从成人的角度想着如何教育小孩。"寓教于乐"这一由古罗马贺拉斯提出的创作原则在中国的文艺实践中总是与"文以载道"保持着一种互文关系,甚至成了"文以载道"的代名词。正如"文以载道"只见"道"不见"文"一样,"寓教于乐"也往往只有"教"而没有"乐"。这正是动画片的大忌,因为不仅孩子不喜欢没有乐趣的作品,成人更不喜欢。更糟糕的是,由于中国动漫的发展承担着"加强未成年人思想道德建设"的使命,而许多政府官员和动漫创作者对这一使命的理解就是如何教育未成年人,再加上他们自己原来就是这样成长起来的,所以这样的观念短时间里很难改变。没有想象力(不追求娱乐就不需要想象力,没有娱乐精神也很难激发想象力),没有趣味,只有居高临下的说教,这是目前许多国产动画片的通病。有着这样的问题,作品即使不是粗制滥造的,也很难为已经看惯充满趣味和想象的日、美动画的观众所选择——国内观众不会选择,国外的观众更会不屑一顾——如此恐怕连国内市场都难以保住,还如何去抢占海外市场、如何在国际上产生重要影响。

第三,盲目崇外,跟风模仿,完全不知道海外观众需要怎样的中国动漫。在中国,不论是学术界还是产业界,有一个问题始终没有明确的答案,就是:要赢得国际观众,我们的作品是必须保持自己的民族风格呢,还是需要西方化或国际化?这个问题之所以让我们想不明白,是因为不论西方化(美国化)的《阿凡达》抑或东方化(中国化)的《功夫熊猫》都在中国乃至全世界取得了巨大的成功。同样,日本动画片在全球占有那么大的市场份额,我们也很难判断它们靠的是日本风格还是国际或世界风格。既如此,我们的许多动漫企业或动画创作者便"唯成功者马首是瞻"——谁成功了就模仿谁。于是,在《功夫熊猫》之后就出现了一大堆"熊猫片"和"功夫片",有的即使不是熊猫,而是其他兔呀,羊呀,牛呀什么的,其性格塑造和主题表现也如出一辙。更有甚者如《魁拔》,从头到尾都使人觉得是在看一部日本动画片;而《高铁侠》更是连镜头场景都少有改变的直接抄袭或曰盗窃;还有个别动漫企业,为了拿到政府的播出奖励资金,在利益驱动下竟购买别国作品来"贴牌",这就是公然的冒充了。或许我们真的"缺乏取悦国际观众的经验",正如《纽约时报》的文章所说,但即便如此也不能模仿、盗窃和冒充,尤其是在对外传播方面,这样的模仿、盗窃和冒充之作,不仅无益,而且非常有害:被人嗤之以鼻还是小事,更严重的是以中国动漫的名义,向海外传播的却根本不是中国的艺术和文化;不仅如此,由此还有可能造成世人对中国艺术和文化的误解,那就更加得不偿失了。

三

由上可知,中国动漫的对外传播,目前最要紧的不是如何传播,而是传播什么。讨论"中国动漫如何'走出去'",还需回到创作——作品本身。只有有了真正值得、而且可以推向海外、走向世界的动漫作品,所有的对外传播渠道、模式和政府的扶持、推动才有意义。

首先是作品的质量。就目前的情况来看,中国动漫的质量涉及创作机制和管理体制两个方面的问题。中国动漫的创作机制问题主要有如下表现:一是重制作而轻策划、创意和编剧。大部分动画项目都将投资主要放在制作环节,用于策划、创意和编剧的经费非常少,编剧稿酬低,无法请到高水平的策划、创意和剧本创作人员,只能廉价叫人将就为之,以致作为"一剧之本"的剧本质量首先得不到保证,而剧本不好,后面的制作再精良也就失去了意义。二是迄今为止我们的许多动漫创作、制作人员对动漫的本质特征没有清晰的概念,对动漫独有的语言体系没有熟练地掌握、不能自如地运用,以为只要让画动起来就是"动画"了,最多能认识到"动画属于电影、电视"的层面,只懂得一些基本的视听语言,以致不能创作出能够充分表现动漫特征、具有真正动漫魅力的作品。三是我们的创作人员普遍缺乏想象力,而动漫作品最需要的或最吸引人的又恰恰是天马行空的想象。创作人员的想象力缺乏无疑跟我们长期以来的应试教育有关,这又涉及更复杂的问题。

从管理体制方面来看,目前导致我国动漫产品粗制滥造的一个重要推力是许多省、市普遍实施的"播出奖励政策"。这个政策存在严重弊端,要想叫停却绝非易事,因为一旦此地叫停该政策,一部分动漫企业便会马上迁移到彼地,这会直接影响地方主管部门的业绩;除非全国统一叫停,那又会导致一大批动漫企业生存困难甚至倒闭,中国动漫产业规模将会因此而"缩水"。这是在条块分割、"政绩第一"的管理体制下各级政府官员都不希望发生的事情。

由此可见,不论是创作机制存在的问题,还是管理体制带来的问题,都不是容易解决的问题。然而,如果要真正提高国产动漫作品的质量,这些又是非解决不可的问题。其实,如果真要下定决心改变中国动漫创作的现状,这些问题并不是完全不能解决。解决之道归纳起来就是"无为""有方"。

"无为"者,是指政府对动漫之事除了必要的审查、审批之外不要介入太深,因为不论是创作还是产业都不适合于政府的过多参与或干预——在政府过多的参与或干预下,创作和产业不是被管死就是被宠坏。从目前中国动漫产业的情况来看,政府似乎是参与得太多、介入得太深了:领导高度重视,大量(扶持、奖励)资金投入,给人的感觉好像是政府在做产业。这就使得动漫企业、动漫创作者只知跟着政府转,揣摩政府的意图,迎合政府的喜好,甚至以政府为消费对象、以政府为市场,而不去寻找和开拓真正的市场。在这种情况下,即使由于政府的大力倡导而出现一些"精品",也只能是符合某些领导要求的作品,而不可能是经得起真正市场检验、能够"走出去"参与国际竞争的真正的优质、优秀作品。"无为"还要求政府不要把动漫作品产量、动漫企业数量以及动漫产业规模与主管官员的政绩挂钩——当然这很难做到,但如果做不到,中国动漫就永远只有量而没有质。与此相关,"无为"也需要政府"狠下心来",不要管那些完全依靠扶持、奖励生存的小型动漫公司的"死活",给它们"断奶"——因为事实证明,在动漫这个高风险、高投入的行业里,这些势单力薄、资金严重缺乏、一旦政府"断奶"就可能马上夭折的小型公司是不可能有所作为的,充其量也只能为大型龙头公司做一些力所能及的代加工而已,"养"着它们做原创只能聊以充数,还不如舍卒保车,集中力量支持大型龙头企业创作标志性作品。未来中国动漫,必须培育几家大型乃至像迪士尼那样的巨型龙头企业以创作生产具有世界影响的动漫作品,才能在国际上与美、日动漫同台竞技。因此,"无为"者,又无不为。"有方"则是指对由艺术本体和接受主体所共同建构的动漫创作、传播规律的尊重与遵循。针对中国动漫创作目前存在的主要问题需要采取如下措施:第一,加强动漫理论研究,系统探讨动漫作为一门独立艺术的本质特征及其独具的艺术魅力,使动漫从业者以及政府相关部门的管理人员对之有比较清楚的了解,以纠正当下的认识误区,这是尊重和遵循动漫艺术规律的基本前提。一般来说,当一个产业或一门艺术诞生之后,相关的理论研究必须跟上,否则其前景堪忧。而动漫既是艺术又是产业,但其在中国发展至今,理论研究严重滞后,许多基本的理论问题都没有解决,以致误区重重,严重影响了动漫的创作、传播乃至产业运作,理论研究也因此迫在眉睫。在这方面,政府应该有所作为,可以设立专项研究基金,搭建相关研究平台和交流平台,推动理论研究成果的创作或产业转换。第二,注重受众调查,建立专业、高效的动漫消费信息反馈机构,充分把握动漫观众的兴趣爱好、审美心理和消费需求及其发展变化规律,形成准确的研究报告,指导动漫创作、生产、传播在受众年龄定位以及各环节投资比例等方面与国际接轨。第三,开展具有创新意识和创意能力的动漫人才培养。针对当前应试教育的弊端,应强化创新、创意教育,可建立动漫特色小学(一些城市已经有了),开设相关创作课程,以改变目前学生想象力普遍缺乏的状况;与此同时,调整和完善现有高校(包括高职院校)动漫及其相关专业的课程设置,加强学生的策划、创意能力的培养。

提高我国动漫作品的质量,这是动漫对外传播的基础。当然,用于对外传播的动漫作品,仅有质量显然还不够,还必须能够赢得海外观众的喜爱。这又回到了前面曾经提及的问题:要赢得海外或国际观众,我们的作品是必须保持自己的民族风格呢,还是需要西方化或国际化?其实,这里不是简单的"东方化""西方化"或者"全球化"的问题,而是涉及一些融入创作的文化策略。美国的影视动漫之所以能够席卷全球票房、影响遍及世界,正是得力于这些文化策略的效用。

美国电影(包括真人电影和动画电影)的创作主要采用了三种文化策略来实现其影片的有效传播:本土文化策略、跨文化策略和全球文化策略。其中"本土文化策略"主要用于占领国内市场,而"跨文化策略"和"全球文化策略"则用于开拓海外或国际市场。所谓"跨文化策略",即以外民族文化为表现对象——如《功夫熊猫》中的中国传统文化元素——实际上是用外民族文化作"外衣";而"全球文化策略"则以世界共同关注的热门话题为"诱饵",如《阿凡达》中"地球能源枯竭,地球人如何继续生存"的问题(当然,该片还表现了"潘多拉"星球上的类人生命和被地球人控制的"阿凡达"如何抗击地球人类的侵略、摆脱地球人类控制,最后将地球人赶出了"潘多拉"的故事,这又折射了世界上许多弱小民族抵御强敌保家卫国的历史与现实)。如此,所以前者能深得外民族观众(不仅是被直接表现者,也包括与之相似、相近及相互友好者)的好感,而后者则有可能在世界范围内产生广泛的共鸣。但不论前者抑或后者,即不论是采取"跨文化策略"还是运用"全球文化策略",美国电影的"中心内核"表达的都是美国主流意识形态或主流价值观,这使得它们既能取得经济效益的最大化,也能获得文化传播甚至政治宣传效应的最大化。当然,为了避免引起观众在触及到"中心内核"后产生反感,创作者又煞费苦心地用"普世性""现代性"乃至"时尚性"对所表达的美国主流意识形态或主流价值观进行"包装",如《功夫熊猫》中的"平民英雄"——"草根精神",《木兰》中的"女性意识"——"女权主义",还有《阿凡达》中阿凡达摆脱控制、成功"移民'潘多拉'"的"独立宣言"——"民族解放"等,这就不仅能让全世界的观众都毫无抵触地接受,而且悄悄地将美国的主流意识形态和主流价值观变成了全世界的主流意识形态和主流价值观,由此也成功地将文化的"全球化"变成了"美国化"。

参照"美国经验",我们的动漫作品如果要"走出去",实现有效的对外传播,显然不是模仿、抄袭甚至冒充别人,而是如何巧妙而灵活地运用"跨文化策略"和"全球文化策略";当然,毫无疑问,我们并不需要将"全球化"变成"中国化"。

我国动漫产业走向国际化的发展路径研究

王晓东

一、引言

动漫,以前最传统的定义是指动画和漫画的合称与缩写。现代随着动漫的成熟和快速发展,逐渐演变成了漫画的动画版和游戏小说改编的动画合称。日本和美国是动漫发展比较成熟的国家,在日本,まんが(manga)就是指动漫;美国常用英文词 cartoon 来表示漫画与动画的合称,现在特指美国动漫。在我国,动漫产业是一项新兴的、具有宏大发展前景的产业。John Sedgwick(2002)指出,动漫是文化产业中一个重要的组成部分,对于加快发展文化产业具有重要的作用;[①]Gowrisankaran(2005)对本国 1991—2000 年间经济增长的统计研究发现,动漫对促进经济增长的贡献相当大,对本国的外汇创收起到了支撑性的作用;[②]国内学者魏婷(2010)在比较了日本、韩国动漫贸易政策的基础上,提出发展我国动漫,要采取战略性的动漫产品国际贸易政策,引导鼓励多方合作来大力发展我国的动漫产业。[③]

---

① John Sedgwick, Product Differentiation at the Movies: Hollywood, *The Journal of Economy History*, 2002(9):676-705.
② Gautam Gowrisankaran, Mergers and the Evolution of Industry Concentration: Results from the Dominant—Firm Model, *The Rand Journal of Economics*, 2004(35):58-63.
③ 魏婷:《日韩动漫贸易政策及其借鉴动漫》,《商业研究》2010 年第 6 期,第 130-134 页。

面对经济全球化的浪潮,我国的动漫产业也遇到了来自西方世界强有力的挑战,很多来自欧美、日本等发达国家的动漫产品纷纷进入中国,抢占中国市场,而我们的动漫作品却难以吸引国人的眼球,更不用说走出国门,抢占海外市场了。①

二、前景基础条件

(一)我国拥有扎实的文化基础,为动漫产业走向世界提供了广阔的源泉

首先,作为四大文明古国之一,我们拥有许多优秀灿烂的传统文化,中国的思维方式和价值观主要以是儒家思想为主导,天人合一的和谐生存理念为导向,在这样的引导下,我国涌现出了以四大古典名著为代表的文学作品;以及在长期的生活中,中国劳动人民利用对生活的观察和体会,发明了戏曲、中国象棋、武术等的艺术表现形式;另外中国有很多民间故事、神话传说,在动漫产品的创作上有很大的开发利用价值,比如花木兰替父从军、宝莲灯等民间故事。

(二)西方世界对中国传统文化非常感兴趣

西方世界对神秘的中国传统文化非常感兴趣,这就为我国开展动漫产业提供了相当好的机会。我们可以以动漫为契机,通过制作动漫产品,大力发展动漫产业,将这些产品推广到西方世界,不仅可以成功地推动中国传统文化的宣传,而且可以为动漫产品走向世界提供良好的基础。② 在这一点上,两部《功夫熊猫》已经在国内外市场上大获成功,而利用的元素却恰恰是中国的传统文化。

(三)海外市场巨大,购买力巨大

目前虽然全球经济有些不景气,但对于动漫产品的需求,特别是

---

① 谢闻地:《网游商业巨头们的文化潜力》,《互联网刊》2004年第9期,第48、49页。
② 孔令刚等:《给予产业融合视角的文化创意产业发展战略》,《华东经济管理》2007年第6期,第49—52页。

反映中国传统文化的动漫产品的需求依旧非常大,这对于我国大力发展动漫产业,将优秀的动漫产品推向世界是一个非常好的时机。①

(四)政策扶持力度不断加大

为了更好地推进我国动漫产业的发展,政府正在加大制定相关动漫产业政策的力度,从 2008 年以来,国家已作出了积极的行动。

三、动漫强国的成功经验

(一)动漫产业发展模式成熟完备

美国在进行动漫创作的同时,拥有一整套成熟的产业链。动漫作品本身就需要有一定的衍生能力,书本杂志是一个本身足够强大的传播方式,能够积聚人气,图书出版有强大的单行发行能力,可以像塑造明星一样塑造动漫形象,电视制作中心拥有良好的运营能力,保证动漫影片在播放时获得巨大的利润,衍生产品的经销商则更加强大,他们可以利用手上的资源,找到适合的消费对象并出售商品,这样,动漫产业在美国大获成功,就是有这样一条强大而成熟的产业链在背后支撑着。②

(二)技术优势

美国动漫之所以可以大获成功,一个很重要的原因就是拥有强大的技术优势,美国在创作动漫作品时一直坚持利用计算机与动漫特技结合起来,形成逼真和震撼的视觉效果。③ 以 2003 年美国推出的《海底总动员》为例,其负责技术支撑的制作公司——Pixar Animation Studios 将电脑特技动漫使用到绚丽多彩的海底世界中

---

① 陈倩倩、王缉慈:《论创意产业及其集群的发展环境——以音乐产业为例》,《地域研究与开发》2005年第10期,第43—47页。
② 张慧:《美国动漫产业发展状况》,《科技经济透视》2005年第8期,第12—15页。
③ 康小明、向勇:《产业集群与文化产业竞争力的提升》,《北京大学学报》(哲学社会科学版)2005年第2期,第12—15页。

去,将海水、海洋生物等形象逼真地展现在广大观众面前,让观众在观看的过程中,犹如亲身经历一般来到了海底世界,进行了一次真实的海底旅行。

(三) 主题突出,情节吸引观众,内容健康向上

美国、日本的很多优秀动漫作品主题突出,情节吸引观众,内容健康向上。一般来讲,主要是以遵循社会公认的准则和道德规范作为动漫主题,不会出现婚外恋、三角恋以及种族歧视等消极的主题因素。宣扬的主题都是以邪恶不能压倒正义,反映亲情和友情的主题,情节方面也是特别能吸引各个年龄层次的观众,内容乐于接受。[①]例如,2009 年美国 Hollywood 的鼎力 3D 作品《飞屋环游记》影片讲述的就是 78 岁的 Carl 老先生,为了信守对爱妻的承诺,决心带着他与妻子 Ally 共同打造的房屋一飞冲天的动人故事。

(四) 与优美音乐相结合,给观众带来强烈的听觉冲击

美国、日本动漫之所以能够深入人心,大获成功,这跟动漫作品中所搭配使用的音乐有很大关系,美国动漫作品中大都以本土百老汇为主的音乐,大方,富有感染力和震撼力,对欣赏动漫作品的观众来讲,可以产生很强的共鸣。直到现在,美国动漫影片中仍然有着很强的音乐情结,曲风贴近剧情,突出人物,渲染感情,提升内涵。所以,一段优美的旋律起到的效果往往要比言语和动作来得更快,更能打动人。

四、发展路径研究

(一) 大力培养国际化的动漫人才

中国动漫产业的快速发展,需要有众多开拓进取的动漫创作家。这中间专业人才的细分就很重要,一般来讲,国际上公认的是由动漫制作人、动漫助理、动漫画家、动漫企划、动漫原画师、动漫动作师和

[①] 蔡欣欣:《探寻中国动漫产业发展之路》,《云梦学刊》2006 年第 1 期,第 96—98 页。

动漫导演等各种专业人才组成。这样的人才不但具有良好的动漫专业知识和文化与艺术修养,而且还具备经济头脑与市场意识。可以通过在职业类学校,开设有关的动漫制作的选修课,供学生加以选择,培养中国的动漫人才。

(二)通过新媒体带动中国动漫走向世界

目前,我国不但拥有手机人数是全球最多的国家,而且我国的手机上网普及率也是全球最高。未来中国的手机上网用户将极有可能超越 PC 机上网用户。这样如此庞大的上网人群也给我国动漫产业发展带来了新的机遇。可以通过动漫与手机相结合,未来实现在国内外创造出一个集观看、制作、转发等产业链在内的大约年收益1 000亿元的手机动漫大市场。

(三)加快动漫品牌建设

中国的动漫产业想要在国际社会上占有一席之地,品牌建设刻不容缓。以美国、日本为例,他们的动漫产品能够在世界范围内享有很好的知名度和广泛的市场,其中很大部分的原因是在于他们各自的动漫品牌做得很成功。对此,中国应大力加以借鉴和利用,利用中国文化资源丰富的优势,以中国的古圣人孔子为例,我们完全可以把孔子作为中国动漫推向世界的一个强有力的品牌。

(四)积极开展国际间的合作与交流

随着经济全球化的快速发展,科技进步日新月异,生产要素流动和人才的转移加快,国际竞争越来越激烈,我国与世界经济的相互影响联系也日益加深,为了使我国的动漫产业更快地走向世界,在保留产品民族特点的同时,我们也要考虑国际市场的需求与特点,兼顾国内外市场,积极开展国际间的合作与交流,中国动漫才不至于被其他国家吞噬,才有可能在不断发展壮大的过程中扩大中国动漫在国际市场上占有的份额。

(五)通过和其他行业的配合,大力开发动漫衍生产品

动漫产业要想快速发展,进入世界市场,就离不开其他行业的支

持与配合。例如,中国的动漫产业可以与游戏产业相结合,大力开发与游戏有关的动漫作品,以游戏的形式进入国际市场。在这一点上,我们可以好好学习日本的先进经验。日本在动漫与游戏方面已经形成一个成熟的产业链,动漫已经从单单的平面媒体和电视媒体扩展到游戏机、网络、玩具等众多领域。许多动漫游戏应运而生。当然,我国的动漫产业除了和游戏相结合以外,还可以和玩具业、建筑业和服装业等其他行业相合作,大力开发动漫衍生产品。

(六) 大力开发动漫原创作品

中国的动漫作品其实不是数量不多,只是属于自己原创的太少。很多本来就是中国自己的素材却被国外抓住机会利用过去了;而我们只能充当替国外知名动漫公司辅助加工的角色,这不能不说是一种可悲。例如,2008年由美国梦工厂制作,派拉蒙影业公司发行的《功夫熊猫》,很快就赢得了市场和观众的口碑。可仔细想想,《功夫熊猫》的题材完全来自于中国,却变成了美国人的原创作品。所以今后,在大力发展我国动漫产业的过程中,应特别注意原创作品的开发。

(七) 发挥全球华人的推广力

世界上任何一个国家,华人都占有一席之地,中国的动漫产业要想走向世界,华人的推广作用不容小看。中国新闻社2010年发布的《2009年世界华商发展报告》对中国改革开放30年来新华侨华人状况进行了整体研究。报告称,在2000年时,海外华侨华人约为400万人。2009年约为4 400万人,最新统计可能已达4 800万人,增速惊人。这些华人如今在各地的职业技术类及服务类职业比例逐年上升,从事实业和商务贸易活动的人数也显著增加,拓展了所在国服务行业的广度和深度。另外,以全球唐人街为例,目前来看,全世界总共有1 000多个,遍布在全球五大洲。中国大力发展动漫产业,要想在世界市场占据一定的地位,华人的推广作用值得加以好好发挥。

中国动漫国际传播的现状与路径探寻

侯 洪 徐 盟

中国动漫产业的快速发展,必然要拓宽国际市场,扩大国产动漫作品传播空间,向国外观众展现中华文化的内涵与魅力,为构建文化中国的国家形象发挥积极作用。自 2006 年以来,中国政府对国产动漫的发展提供了政策和资金支持。特别是《国家"十二五"时期文化改革发展规划纲要》又提出加快发展动漫游戏等新兴文化产业,实施"国产动漫振兴工程",支持动漫企业"走出去",这为国产动漫的国际传播提供了有效保障。面对当前的良好发展态势,我们应加强对国产动漫的研究和开发,全面审视其国际传播领域的状况,提升国产动漫的国际竞争力和影响力。

一、中国动漫的国际传播现状

中国动漫产业起步较晚,但发展很快。2011 年全国动漫行业产值已达 600 亿元,各影视机构共出口动画片 146 部 20 万分钟,而 2010 年出口时长为 17 万分钟,2006 年只有 4.6 万分钟。[①] 近几年,越来越多的中国动画作品亮相欧美主流媒体。《中华小子》获得法国

[①] 《2011 年中国动漫产值 600 亿元》,中国动漫产业观察动漫壹周网,http://zt.com.icyu.com/html/1478/2012/46709.html。

收视冠军,已经出口 70 多个国家及地区;《梦回金沙城》获得美国奥斯卡奖提名;浙江中南卡通的《天眼》系列产品实现 200 多万美元的海外收入。动漫衍生产品也开始"走出去",动画片《火力少年王》海内外热播时,其衍生品悠悠球也随之畅销。中国动漫已经打破以往默默无闻的局面,积极主动地进入国外观众的视线。从中国原创动漫"走出去"数据图(表 1)可以看出,近年来中国原创动漫在出口总额、动画出口分钟数、衍生品的出口数量等方面都有良好的表现。

表 1　中国原创动漫"走出去"数剧图

类别	2006 年	2010 年
中国原创动漫出口总额	2 699 万美元	13 860 万美元
中国原创漫画出口种类	51 种	274 种
中国原创动画出口部数	27 部	131 部
中国原创动画出口分钟数	46 140 分钟	171 780 分钟
中国动漫衍生品出口数量	257 万件	1 480.4 万件

综观世界动漫市场,中国动漫市场拓展主要面临来自于三方的压力。首先是美国,美国动漫产业依托雄厚的经济实力、完备的市场化组织力量,始终处于世界领先地位,其动漫产品的出口仅次于计算机产品,年产值达 2 000 多亿美元。其次是日本,日本动漫产品占到世界市场的 65%,广义的动漫产业实际上已超过汽车产业。再次是韩国,韩国动漫占据国际市场近 10% 的份额,成为第三动漫产业大国。中国原创动漫的产量居世界第一,但国际市场占有率很低,其国际传播范围仍很狭小。

我们以湖南山猫卡通有限公司的"山猫吉咪"等国产原创品牌动漫为样本,来探讨中国动漫的国际传播。山猫吉咪动画系列入选文化部、国家广电总局和新闻出版总署共同举办的 2011 年动漫精品工程动漫创意奖,并多次列入国家文化产品出口重点目录。《山猫吉咪之世界历险记》与《山猫和吉咪之嘉年华》,在 2009 年与 2010 年分别夺得纽约独立电影电视节最佳动画影片奖和美国首届国际电影节优秀动画片奖。其动画节目及衍生产品已出口至 60 多个国家和地区,累计出口创汇超过 3 500 万美元。① 笔者观察到,中国动漫的主要传播区域集中在东南亚、非洲的发展中国家,而在发达国家的影响力则很有限。

在传播渠道方面,中国动漫的国际传播主要通过电视播放和动漫衍生品销售来实现,而对新媒体传播的拓展和开发还很不够。笔者在美国社交网站 twitter 和 facebook 上以中国动漫、中国卡通以及一些具体动画作品名称为关键词进行搜索发现,中国动漫条目非常少,但可以看到很多日本动漫作品。

《山猫吉咪历险记》已在美国纽约大剧院公映,并在美国新泽西州电视台播映。美国 ICN 电视联播网已购买并播出《山猫和吉咪》365 集。其衍生产品有图书音像、鞋帽服装、毛绒玩具、婴童用品等六大类上千余种。2011 年,"山猫吉咪"书包类产品已在阿联酋、科威特、沙特阿拉伯、卡塔尔、也门、黎巴嫩 6 国 48 个家乐福门店同步销售。但无可否认的是,中国动漫的产业链还未成熟和完善,使得中国动漫国际传播及其衍生品销售没有取得相互促进的效果,并且单一的媒体传播渠道也制约着其国际传播的力度。

二、中国动漫国际传播的路径及思考

随着近年来中国动漫产业的逐渐发展壮大,中国动漫的产量和技术都有很大提升,开始改变以往先国内后国外的传播模式,同时进行国内国外传播,有的甚至优先考虑国外传播。中国政府给予动漫出口的优惠政策,也使得中国动漫能够更多地开拓国外市场,通过多种渠道进行国际传播。

(一)国际版权输出

动漫及衍生品的版权是其价值的重要部分,也是动漫产业发展最具活力的部分。动漫版权输出是拓展国际市场的第一步,也是进

---

① 《中国原创动画的国际化发展》,中国文化产业网,http://www.cnci.gov.cn/content/201239/news_71056.shtml。

行国际合作与传播的重要途径之一。中国动漫产业近几年的蓬勃兴起,助推了国产动漫版权的出口,使大量国产动漫走出国门,走向世界。2005 年杭州国家级动画产业基地揭牌后的第一部大型动画片《天眼》出口南非地区;2007 年由国家广电总局、中央电视台和各省市广播影视局极力推荐的优秀动画片《劲爆战士》出口欧洲;同年获得第二届中国国际动漫节"美猴奖"系列动画片特别奖的《魔幻仙踪》出口日本;2009 年针对 0—5 岁儿童的动画片《乐比悠悠》出口澳大利亚;2010 年,创意、策划、制作历时三年完成的动画片《健康特攻队》出口中东地区;同年《火力少年王》出口北美地区;2011 年《铠甲勇士》出口南美地区。中国动漫出口已经基本覆盖到全球的重点地区,其国际传播力和影响力正在增强。

中国动漫的分支漫画也得到长足发展。2009 年夏天岛工作室创作的漫画《子不语》登陆日本,连载于日本顶级漫画杂志《Ultra Jump》,同年底,其漫画集单行本第一卷在中日两国同步发行,销售超过 60 万套、200 万册,并出版了中国台湾版、中国香港版、马来西亚版、越南版等多种版本,泰国版和欧洲版也在授权中。

由于当前中国动漫版权保护体系还不完善,当一部动漫畅销之后,盗用卡通标志和山寨衍生品随处可见,动漫公司没有获得预期的收入。根据国际动漫产业发展的一般规律,产业利润的 70% 来自于衍生产品。漫画是动漫产业链条的前端,中间是影视产品,末端就是衍生产品开发。衍生产品不仅可以为动漫企业带来丰厚利润,还可以带动就业,促进相关产业发展。

中国大多数动漫企业都希望遵循这样的发展路径:先投入巨资进行动漫内容的研发制作,在电视台播出产生影响之后,再开发衍生品并进行形象授权,以销售版权和形象授权费用收回成本。但现实状况并不乐观,后期衍生品版权授权能否成功,往往取决于动漫形象知名度和影响力的大小,所以多数授权并不顺利,回收成本之路漫长,一些动漫企业随时都可能陷入资金链断裂的危局。由于中国动漫在国内不能完全收回成本,因此就寄希望于国际版权输出。从日本动漫的发展历程来看,在其国际市场拓展初期,动漫产品售价低廉,有时甚至免费赠送给目标传播国媒体播出,以增强国际市场的竞争力。

（二）构建中国动漫海外播出平台

根据美国学者拉斯维尔提出的 5W 模式,传播媒介是传播过程的基本组成部分,是传播行为得以实现的物质手段。提升动漫的国际传播,拓展海外播出渠道至关重要。随着中国动漫制作水平逐步提高,中国动漫开始借助国际媒体实现国际传播,打造具有中国特色的动漫品牌。

2009 年,美国维亚康姆公司旗下的尼克儿童亚洲频道专门设置《中国卡通》栏目,这是国际电视传媒首次为中国原创动画设立的专门栏目。每期节目时长为一小时,首批播出《喜羊羊与灰太狼》与《魔幻仙踪》两部中国动画片,覆盖范围包括亚洲的 13 个国家和地区。该栏目成为中国动画对外展示的平台,为中国动画片走向海外市场搭建桥梁。

中国动漫企业也积极探索合作新模式,提升中国动漫的影响力。海外首个中国动画剧场——"艺洲人动画剧场"落户马来西亚家娱频道,自 2011 年 9 月正式开播以来,收视率屡创新高。该剧场是广州艺洲人文化传播有限公司拓展的新领地,作为一个由中国动漫公司主导节目内容的播出平台,它主要向海外观众播放中国优秀的动漫作品。

中国动漫国际传播的专属平台也在积极搭建。2009 年,俏佳人传媒股份有限公司成功并购美国国际卫视,成立了 ICN 电视联播网,把中国优秀动漫卡通节目推广到美国,每天有半小时中英文两套动漫节目时长。截至 2012 年 1 月,已经在 ICN 动漫剧场累计播出中国动漫卡通片 600 余集,累计播出时间达 300 多小时,并且全部配上中英文字幕,成为美国观众了解中国和当代中国文化的窗口。然而,中国动漫国际传播平台的构建,仅限于中国动漫企业单方的努力,没有形成多方联动、专业化的国际传播模式。

（三）积极参加国际交流活动

早在 2006 年,中国就成立了由文化部牵头、相关政府部门组成的扶持动漫产业发展部际联席会议,并由中央财政设立扶持动漫产业发展专项资金。此后,文化部提出实施"国产动漫振兴工程",支持中国动漫企业走向国际市场。

中国国际动漫节的创设,为中外动漫企业开展合作交流创造了条件。中国国际动漫节金猴奖系列赛事,自2006年首次启动以来,每年举办一次,评选和推荐了一大批优秀的海内外动漫作品,提高了中国国际动漫节的海外声誉。作为中国国际动漫节人气最旺的品牌赛事,2012年中国COSPLAY超级盛典在以往国内分赛区基础上,首次设立日本、韩国、泰国等海外分赛场,让国际选手有机会与中国COSPLAY选手同场竞技和交流。此外,中国区域性的动漫节,如重庆举办的西部动漫节、郑州举办的中原动漫节、广西桂林国际动漫节、厦门国际动漫节等,也对扩大中国动漫的国际影响、加强对外交流合作和提升中国动漫国际传播水平起到促进作用。

中国动漫企业也积极参加国际文化交流活动,打造中国动漫品牌。中国动漫企业开始走出国门,相继参加法国、日本、韩国、美国等国家举办的动漫节展。2010年6月,中国动漫集团有限公司组织14家动漫企业参加法国安纳西国际动画电影节,达成8个中外合作项目,协议总金额达4.35亿元,创历史最高纪录。

中国动漫的国际交流,主要是依靠参加国际性动漫展、电影节和文化节,在打造动漫文化方面做的还不到位。作为一种具有代表性的文化消费品,动漫文化能够使动漫产品具有一种排他性的竞争力。中国动漫要想在国际上拥有自己的领地,就一定要打造出自己的特色。

(四) 产品"走出去"

在全球化的市场环境中,一些优秀的动漫文化产品已成为全人类共享的财富。中国动漫国际传播的一个渠道,就是让动漫作品"走出去",将优秀的民族文化融入到动漫产业中,打造属于自己的原创动漫品牌,吸引国际动漫企业来华合作,让更多的海外观众欣赏到中国动漫的独特魅力。以国内热播动画《喜羊羊与灰太狼》为例,其创作与制作单位广东原创动力,与博伟国际公司签订电视播映授权合约,将最新的100集《喜羊羊与灰太狼之羊羊快乐的一年》动画片,通过迪士尼拥有的播放渠道,计划在亚太区 52 个国家和地区播映。迪士尼播放渠道的国际覆盖面,大大缩短了其进入国际市场的时间。《喜羊羊与灰太狼》作为中国动漫品牌首次在亚太区享有如此广大的电视播映覆盖面积,是中国动漫产业发展中一个重要里程碑。

此外,中国动漫企业与翻译公司合作,让国外观众更好地理解中国动漫的文化内涵,使得国际传播的效果更加突出。如 2009 年湖南蓝猫动漫传媒有限公司全三维电视动画作品《蓝猫龙骑团系列》,由两次获得奥斯卡奖的美国影视工作室承担影片英译工作,进入欧美主流频道播出。在美国、西班牙、英国、巴西、印尼等 12 个国家和地区上映,该片节目时长 1 800 分钟,在海外播出时量达 25 000 分钟以上。

不同文化之间的差异,阻碍着观众对动画作品的感知和接受。中国动画的出口并没有细化,而是采取一刀切的方式。如历时 5 年、耗资 1.3 亿元、集合 6 位国际动漫精英的制作班底,被称为"中国动漫史诗"的 3D 动画电影《魔比斯环》,就是由于东西方文化的特征没有得到体现,出现两边不讨好的局面。再加上受众定位摇摆于成人与少儿之间,导致该片叙事在人文内涵追求层面的缺失[1],使得这部投资巨大的动画电影惨遭滑铁卢。

而日本则采取差异化出口、锁定目标人群输出动画产品的方式来解决这一问题。目前,世界上有 68 个国家播放日本电视动画,40 个国家上映过日本动画电影。虽然日本动漫已经尽量做到普世化和模糊化,但在出口时仍很注意选择市场,并针对目标市场的特殊情况对动漫作品进行修改[2]。

(五)"走出去"的方式

加强与国外动漫企业的合作,能够提升中国动漫的国际化程度,也能借助国际动漫企业在其本土的传播渠道,顺应当地受众的欣赏定位,增强中国动漫的国际传播效果。为此,我们可以采取三种方式。

海外预售式——2004 年戛纳电视节,上海今日公司的《中华小

---

[1] 郑建丽:《〈魔比斯环〉的模糊定位》,《瞭望新闻周刊》2006 年 9 月。
[2] 王博:《日本的动漫外交:经验与启示》,《公共外交季刊》2011 年秋季号总第 7 期。

子》用两分半钟的样片获得数千万元预售合同,为中国原创动画的国际运作开了先河。预售模式是国外动漫企业降低投资风险的一种常用手段,就是在动画片还未全部制作完成的时候,先期进行销售,减少资金占压。

项目合作式——2009年由北京辉煌动画公司创意、策划、制作,并与株式会社多美、央视动画有限公司共同投资拍摄的首部大型高清动画电视连续剧《三国演义》播出后产生巨大影响。同年在东京国际动漫展上,中日两国10家动漫企业就8个项目签订合同,签约金额与合作意向近1亿元人民币。关注度很高的《武林外传》《秦汉英雄传》等多部中国动漫作品与日本ADK公司等知名动漫企业签订了国际发行、游戏授权、海外播映等相关合同。

企业投资式——2012年,华人文化产业投资基金、上海东方传媒集团有限公司、上海联合投资有限公司与美国"梦工厂"签署协议,合作建设"东方梦工厂"。作为中美文化产业领域的大型合资项目,该项目由中方控股55%,美方持股45%,首轮投资达3.3亿美元,涉及动画技术研发、动画影视制作、版权发行、衍生产品、演艺娱乐、数码游戏、主题乐园等多个领域。中国动漫企业与国外企业进行合作,不仅能够获得充足的资金,还能通过多种渠道在目标国传播,产生立体式的传播效应。

三、结语

动漫作为中国文化精品库建设必不可少的媒介艺术样态,作为我国文化创意产业的重点工程之一,对国家文化建设与发展,对国家形象塑造和国际传播都有着不可替代的作用。

在中国动漫的国际传播中,政府相关部门积极推动,不仅促进了文化创意产业的发展,也让中国动漫品牌在全球传播中得以生成。与此同时,技术的进步强化了动漫作品的视觉冲击力,通过新媒体的传递,动漫的传播效果更强,加之动漫市场的培育和发展,将作品与游戏、网络、手机、图书、玩具等衍生品结合起来,更有助于动漫在全球范围内塑造文化中国的形象。

综观美日韩动漫强国的发展经验,建立庞大的动漫文化产业集群,形成具有自身特色的动漫文化品牌,是中国从动漫大国走向动漫强国的必由之路。良好的动漫国际传播必然是政府和民间合力的结果。建立起政府与企业良性互动,技术的进步和媒介融合的完善,打造良好的动漫国际传播生态环境,是中国动漫走向世界的前提条件。此外,动漫作为一种全球化的文化消费产品,内容和题材对其国际传播至关重要。中国政府应将动漫外交和传统公共外交手段结合起来,将中国动漫在国际上的影响力转换成中国的软实力,从而促进世界各国人民对当代中国的了解和认同。

从"政策红利"到"管理红利"
——兼谈中国动画产业国际化经营的战略思考

苏 锋

2004年以来,我国政府将发展动画产业提升到国家战略的高度,相继推出了多项政策,实施了以国内市场为导向的动画产业发展战略,全力推进了动画产业的快速发展。10年过去了,经过打磨和历练后的中国动画产业,并没有实现产业发展的预期,相反还出现了诸多状况。是什么原因造成了这样的结果?未来10年中国动画产业应如何发展就成为当下必须思考的问题之一。

一、表象:当前我国动画产业的虚假繁荣

2004年对于中国动画产业是一个里程碑式的时间节点,政府与产业界共同促进动画产业发展改变了以往动画产业在经济结构和社会生活中的边缘化地位。然而,表面上的轰轰烈烈却在企业、产业和政策三个层面产生了严重的内伤,从整体上表现出了强烈的虚假繁荣。

(一)企业层面:动画企业遭遇企业外部和内部的挑战

从企业外部的角度看,主要存在以下两方面问题:首先,我国电视台的播出费过低是我国动画企业的第一大杀手。电视台的动画片

播出费只有每分钟 100—300 元人民币,相对于电视动画片每分钟 6 000 元人民币的制作成本①几乎达到可以忽略不计的地步,期望通过版权出售回收投资成本完全没有可能性,直接影响到动画制作公司的资金收益和利润水平。其次,盗版问题成为动画企业的第二大杀手。在播出费无法收回动画片投资成本的境况下,很多动画企业将目光聚焦于动画形象的授权和衍生产品的开发上,期望成为动画企业成本收回的主要路径。但是,动画公司的衍生产品遭到了广泛的盗版,不仅市场上出售的衍生产品中 80% 为盗版产品,②而且遭到了侵权零售商的抱团激烈对抗,③这对正版衍生产品形成了巨大的冲击。而我国现行的立法和执法体系存在着体制性缺陷,不能对侵权者起到应有的威慑作用。

从企业内部的角度看,主要存在两方面问题:第一,管理水平稚嫩是动画企业的第三大杀手。现阶段我国动画企业大多发起于艺术家个人或工作室,企业的决策者有着强烈的艺术家情结。在严峻的国内市场环境下,绝大多数动画企业缺乏经营灵活性,经营策略有着强烈的非理性。明知国内市场盗版猖獗,却仍以衍生产品开发为主要利润来源;明知国内市场的价值链断裂,却将 90% 以上的动画片以国内市场为目标市场;明知一些动画企业已有开发国际市场的成功经验,却对国际市场熟视无睹。实际上,现阶段动画企业的管理水平大体相当于一般产业 90 年代中期以前的水平,与动画产业的经营复杂性远远不相适应。第二,投机心理浓厚是动画企业的第四大杀手。很多动画公司不顾动画片的质量低劣,拼命拉长动画片长度,只为获得地方政府的播出奖励,同时迎合地方政府的政绩需求。更有甚者,一些公司出手巨资,兴建各种名义的主题公园、动漫城和产业基地,以动画之名,行房地产之实,造成很坏的社会影响。就开发各类主题公园而言,自 20 世纪 90 年代以来,我国现有各类主题公园 2 500 个,沉淀资本 3 000 亿元。2010 年全国新增动漫主题公园 8 个,总投资额超过 900 亿元人民币,投资额增长之猛令人咋舌。

---

① 杨晓轩:《寻找本土动漫产业盈利模式》,《中国艺术报》2013 年 3 月 15 日。
② 刘世锦等:《中国动漫产业发展良策》,《新经济导刊》2010 年第 6 期。
③ 陈泽锋:《动漫维权路漫漫,敢问路在何方?》,《玩具世界》2013 年第 1 期。

(二) 产业层面:产量虚高无异于自杀

在产业层面,之所以称之为虚假繁荣,可以从两个方面考量。

一方面,产量虚高质量低下。自 2004 年以来,我国电视动画片的产量从 21 819 分钟迅速增长到 2011 年的 26 万分钟和 2012 年的 22 万分钟。其增长速度之快和产量之高,超过世界上任何国家。但产量的提高并没有带动质量的提升,在国内电视动画片播出市场不断增长以及对进口动画片"黄金时段"禁播的背景下,通过对 2011 年全国 36 个主要城市电视台播放动画片的收视率及市场份额前 10 位的统计,共有 200 部电视动画片榜上有名,其中 105 部为进口动画片和 15 部为国产经典动画片,80 部为近年生产创作的动画片。而这 80 部电视动画片只占到 2004 年至 2011 年 8 年间动画片总生产数量 1813 部的 4.4%,① 95%以上的动画片不受市场欢迎。

从 2010 年起,我国兴起投资电影动画片的热潮。2010 年至 2012 年的 3 年间,公映国产电影动画片 39 部,截止到 2013 年 4 月,处于赢利状态的只有 3 部,处于保本状态的只有 5 部,两项共占公映电影动画片的 20%,80%的电影动画片处于亏损状态,总票房收益根本不能冲抵总投资金额。2011 年上映 14 部,国产动画电影票房 3.1 亿元,不及《熊猫总动员》一部影片的投资额(3.5 亿元)。

另一方面,衍生产品喧宾夺主。2000 年以后,"蓝猫"形象授权产品涉及 16 个行业 6 600 个产品品种。2008 年以后,"喜羊羊"形象开始授权,授权合作商达到 250 家,产品门类达到 1 000 余种。但是,2006 年以后,每年有超过 100 部动画片,2009 年以后,每年有超过 300 部动画片,如此众多的动画片及动画形象早已使观众眼花缭乱,降低了观众对单部动画片和动画形象的关注度,直接影响了其对衍生产品的购买欲望。因此,产量虚高与衍生产品的层出不穷对于动画企业来说,实际上是一种自杀性经营行为。

---

① 卢虹、庞亚美:《2011 年中国电视动画片发展报告》,卢斌、郑玉明、牛兴侦主编:《中国动漫产业发展报告(2012)》,北京:社会科学文献出版社,2012 年。

(三)国家政策层面:扶持政策存在严重偏差

近年来,政府部门出台政策之频、涉及部委之多、政策层次之高前所未有。但是,缺点与不足也同样明显,主要体现在:(1)支持对象失衡,重要素轻管理。对于技术、创意、资金和人才培养等动画企业经营要素给予特别关注,但是对于动画企业的管理水平的提高几乎没有涉猎。① (2)支持方式呆板,重显性措施轻隐性服务。现有产业支持措施偏重"显性"方面,如动画产业园区"免房租"和动画片的播出奖励等。对于为动画企业提供信息收集、咨询服务、培训服务和中介服务等"隐形"服务没有关注。(3)目标市场失衡,重国内轻国际。在中央政府的产业扶持政策中,对涉及"走出去"的支持主要集中在出口译制经费补助、支持海外参展和出口版权奖励方面。在地方政府的产业扶持政策中,对外向型企业的支持主要体现在国产动画片的海外播出奖励上。② 因此,现有的产业政策不能起到引导和激励动画企业"走出去"的作用。从整体来看,政府在产业支持的对象、方式和目标市场上存在严重偏差,直接影响到信息、人才、资金与技术的流动和产业政策的实施效果,影响到产业的健康发展。

二、原因:体制和市场因素导致"双重怪圈"

自 1995 年市场化以来的中国动画产业,如同一个 18 岁的懵懂青年,青涩而躁动。就我国动画产业来说,还没有完全挣脱原有体制的羁绊,还没有完全找到市场经济条件下的经营感觉。无论是企业内部各种经营要素的整合还是宏观层面各种社会资源围绕动画产业的配置,远没有达到娴熟而有效的程度。

(一)体制与市场强烈影响动画产业

当前,在影响动画产业发展的诸多因素中,有两种力量在产生着

---

① 苏锋、王英:《我国动画产业政策的错位与调整》,《学术交流》2011 年第 2 期。
② 苏锋、王英:《市场开拓重国内轻国际:我国动画产业发展的战略失误》,《学术交流》2010 年第 12 期。

重要影响。一种是来自政府的力量。政府的政策是中国动画产业发展的第一推动力,通过财政和税收等政策杠杆,自上而下起到产业启蒙的作用,但同时也残留着原有体制的缺陷。例如,自2004年以来,业界多次呼吁提高电视动画片的播出费,但收效甚微。其背后的原因在于,以民营资本和中小企业为主的现阶段中国动画产业,在与国有和处于垄断地位的国内电视系统的博弈中,完全处于弱势,对于电视动画片的播出费没有话语权。而盗版问题的背后同样作用着体制的因素。另一种力量是自下而上来自于市场的推力,通过"看不见的手"影响着各种社会资源的配置。但同时,动画产业作为后发产业,在与其他先发产业的竞争与合作中不占优势。例如,电影动画片的播出环节在于电影院线,国产电影动画片要与国产真人电影片和进口大片同台竞争下游电影院线的放映档期和放映场次,但主创人员的市场知名度和营销手段等方面均处于下风。而具有垄断优势的电影院线出于自身票房收益和利润的需要,往往忽视国产电影动画片的放映,将电影放映的低迷时段留给国产电影动画片,影响了观众的上座率和整体票房的收入,直接影响了动画公司的分账收益。

面对具有体制优势(电视系统)和行业垄断优势(电影院线)的下游播出平台,动画制作公司没有播出定价的话语权,无力维护自己的利益。在播出环节无法收回投资成本的情况下,动画制作公司将获利和生存的希望寄托在衍生产品开发环节,但知识产权保护不力使这一希望再度破灭。

(二)动画产业的"双重怪圈"

动画制作公司的低收益状况无法吸引高水准的人才(艺术、技术和管理人才)加盟,公司的管理水平低下,社会资金不敢贸然进入。动画公司为了降低成本,动画片的质量一再降低,使国产动画片的社会声誉愈加下降。下游播出机构为了自身的利益,更没有意愿为国产动画片提供播出资源(资金、时间和空间),使动画制作公司的经营环境和经营状况进一步恶化,更无法吸引人才和资金等社会资源的介入,由此动画公司进入了一个恶性循环的"经济怪圈"。

与此同时,国产动画片的质量下降,其内容和表现形式无法吸引国内观众,为国外动画片进入我国市场提供了缝隙和机会。国外优秀动画片的内容和形式更加方便和深刻地影响着国内的观众,使之成为丈量我国动画片的评判标准,由此对国产动画片更加排斥,对国外动画片更加喜爱、更加依赖,形成了中国动画观众心理需求的"文化怪圈"。"经济怪圈"和"文化怪圈"相互影响,"经济怪圈"是"文化怪圈"的基础和前提,"文化怪圈"是"经济怪圈"的结果和高级阶段,反过来促进"经济怪圈"的进一步强化。二者相互依存,相互促进,严重摧残着中国动画产业的健康发展,出现了新时期动画产业的"双重怪圈"。

三、对策:国际化经营是最集约的选择

无论是体制问题还是市场问题,都难以在短期内得到根本解决,这也就意味着国内市场的"双重怪圈"仍将持续相当长一段时间。在这样的背景下,中国动画产业必须将全球市场作为自己的经营舞台,有效规避国内市场的不利环境。

(一)动画产业发展的整体思路

以动画企业为主体,以产业扶持政策为辅助。从依靠"政策红利"外延式发展转向依靠"管理红利"内涵式发展。从以国内市场为导向的进口替代战略,转向两个市场互动的国际化经营。以服务外包为突破口,以整片原创为主要形式,以动画产品出口带动衍生产品开发。以此提升动画产业的管理水平和国际竞争力,实现经济效益和文化效益的统一。

(二)动画企业国际化经营的指导思想

实施两个步骤:第一,"走出去",国际市场求效益。通过在国际市场(特别是发达国家的多个市场)的发行和播出,收回投资成本,降低动画企业的经营风险。因为这些国家的动画市场存在着"两高"的特点,即制作成本高、播出费用高。制作成本高意味着我国动画企业具有制作成本的优势,而播出费用高则意味着我国动画产品可以通

过发达国家的不同发行渠道收回投资。第二,"返回来",国内市场谋发展。在收回成本的基础上,返回国内播出市场。此时的动画企业,完全可以用平和的心态应对国内市场的各种冲击。抓住机遇开发衍生产品,扩大动画企业和动画形象的市场影响,以此进一步吸纳新鲜能量(资金、人才和技术),壮大动画企业的实力。"先外后内"的发展步骤,"国际市场求效益,国内市场谋发展"的指导思想,将成为中国动画产业发展战略的最具形象的阐释。

(三)动画企业国际化经营的实务操作

实施两个阶段。第一阶段:外包制作。通过外包,学习和掌握动画行业的国际惯例,提高动画企业的管理水平,增进与国际动画业界的联系与相互了解,为进一步的联合制片和原创开发奠定基础。第二阶段:联合制片。联合制片是发达国家动画产业的成熟作法,可以使来自不同国家、拥有不同资源和优势的各方联合起来,参与包括融资、剧本创作、前期制作、中期制作、后期制作和发行的多个经营领域,共同完成一部或多部动画原创作品,构建一个成熟的产业链条,使动画公司和投资各方都处于一个盈利可观的良性循环之中。通过"联合制片",可以使中国动画企业能够从单纯的中期外包加工向"微笑曲线"的两端靠拢,实现动画企业的转型升级。

(四)动画企业国际化经营的保障措施

实施国际化经营对于中国动画企业是一个崭新的课题,是经营理念的重大转变。为此,通过体制和机制创新为动画企业提供产业支持和保障措施是极为必要的。主要包括以下几方面:

第一,加强学术研究。针对我国动画产业国际化经营中存在的问题,从管理学、经济学、法律、艺术、社会学、技术等多学科背景,围绕动画产业发达国家的国际化经营模式开展研究,为我国动画企业经营决策提供借鉴,为产业政策的制定和实施提供理论支撑。事实上,理论研究先行可以提高产业政策的有效性,降低企业经营的成本,缩短产业成长的时间周期,是最节约的路径。

第二,调整产业政策。针对动画企业经营过程中的创意环节、制作环节、传播环节和衍生产品开发环节,借鉴国外经验,加大针对动画产业"走出去"的扶持力度,提供全过程、全方位、多种形式的政策支持,以此创造我国动画产业发展的政策环境。

第三,建立第三方机构。围绕"走出去"和"返回来",在信息收集、经营咨询、出国参展、员工培训、行业维权等方面开展工作,使第三方机构成为服务动画产业的主体,为我国动画产业的国际化经营提供全过程、全方位、多种形式的产业支持。

第四,完善动画教育。在现有的动画教育(学历教育)和在职培训中,增加有关文化贸易、国际市场营销、专业翻译等课程,使学生和在职人员具有国际化视野,为动画产业国际化经营提供人才供给。总之,学术研究出理论,政府出政策,第三方机构出服务,动画教育出人才,为中国动画产业国际化经营提供完整的保障体系。

综上所述,中国动画产业经过十几年的自我探索,已经到了产业成长的拐点,在产业如何发展的十字路口上,勇敢地走国际化道路才是最集约的选择。可以坚信:中国的动画人是最具智慧的,中国的动画产业是最朝阳的。相信通过努力,在不久的将来,一定会呈现中国动画的奇迹。世界的动画属于中国!

微笑曲线中的价值链攀升之路
——中国自主研发网络游戏"走出去"的第一个十年

蒋 多 杨 矞

游戏作为互联网娱乐性应用的代表,因其丰富的游戏内容、代入感强、拥有社交属性等特点,已经成为大多数网民日常生活中不可或缺的重要组成部分。根据中国互联网络信息中心(CNNIC)发布的《2014年度中国互联网络发展状况统计报告》,截至2014年12月,网民中整体游戏用户的规模达到37 716万人,占网民总体的58.1%。[①]基于庞大的游戏用户群体和逐渐形成的付费消费理念,中国游戏产业十年来保持了一种蓬勃发展的态势。2014年,中国游戏市场(包括网络游戏市场、移动游戏市场、单机游戏市场等)实际销售收入再创新高,达到1 144.8亿元人民币。其中,自主研发网络游戏市场销售收入达到726.6亿元人民币,占整个游戏市场比重为63.5%。[②]

也正是在这十年间,随着经济全球化的加深和互联网技术的不断崛起,中国网络游戏企业纷纷开始将目光投向更为广阔的海外市场,从最初的欧美和日韩网络游戏"代理人"的角色,转变为持续性输出自主研发的网络游戏产品,不仅出口规模和范围数倍于影视、音乐等其他文化创意产业门类,成为扭转我国对外文化贸易逆差的重要

[①] 《2014年度中国互联网络发展状况统计报告》,http://www.cnnic.cn/hlwfzyj/hlwxzbg/201502/P020150203551802054676.pdf。

[②] 《2014年中国游戏产业报告(摘要版)》,北京:中国书籍出版社,2014年,第14—17页。

领域和传播中华文化的主渠道,而且通过深度参与游戏产业国际分工体系,日益占据全球价值链的战略环节和高端位置,提升了在世界范围内的影响力和话语权,正在努力实现微笑曲线中的向上攀升之路。

一、中国自主研发网络游戏"走出去"的总体状况及其阶段特征

纵观我国自主研发网络游戏"走出去"的第一个十年,大致可以分为三个阶段:起步期(2005—2007年)、探索期(2008—2011年)和快速发展期(2012年至今)。各个阶段在出口额、出口产品类型、出口企业、出口地区以及出口模式五个方面均呈现出不同的特征。

(一)出口销售收入连创新高,10年增长440%

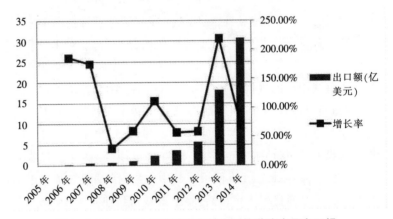

图1　2005—2014年我国自主研发网络游戏产品出口额

(数据来源:GPC,IDC and CNG 2005—2014)

2001年,中国自主研发网络游戏产品开始零星输出至港澳台地区、周边邻国以及欧美,如《剑侠外传之月影传说》等。2003年,中国出版工作者协会游戏工作委员会正式成立。2004年,信息产业部发布通知,明确表示网络游戏产业是一个处于增长期的重要产业,在未来经济发展(特别是网络经济)中将扮演十分重要的角色。同年,国家新闻出版总署开始实施"中国民族网络游戏出版工程"。自此之

后,我国网络游戏企业开始有计划有步骤地开拓海外市场,出口成为热点。2005年至2007年,我国自主研发游戏出口额从0.07亿美元增至0.55亿美元,累计增长率687%,平均增长率为182.5%。

2008年至2011年,我国自主研发游戏出口额从0.71亿美元增至3.6亿美元,累计增长率407%,平均增长率为73.7%。该阶段初期由于受金融危机影响,海外游戏用户消费支出下降,增长率有所放缓。但从2009年起,中国自主研发游戏企业加大了对海外市场的拓展力度,加上2010年我国开始实施"中国原创网络游戏海外推广计划",积极鼓励有实力的网络游戏企业走外向型发展道路,自主研发网络游戏出口收入稳中有升,"走出去"进入探索期。

2012年至今,随着自主研发实力的增强和海外市场影响力的持续提升,网络游戏海外出口保持了高速增长和规模化态势。2012年,中国自主研发网络游戏海外出口实际销售收入为5.7亿美元,较上年增长58.3%;2013年,实现销售收入18.2亿美元,同比增长219.3%;2014年,实现海外销售收入30.76亿美元,同比增长69.02%。2012年至2014年,我国自主研发游戏出口额从5.7亿美元增至30.76亿美元,累计增长率439.6%,平均增长率为115.54%,标志着我国自主原创网络游戏出口进入快速发展时期。

(二)出口产品类型三足鼎立,结构趋于动态平衡

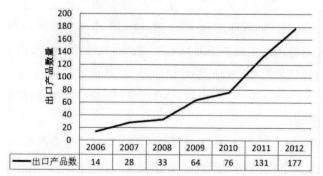

图2 2006—2012年中国自主原创网游出口产品数量

(数据来源:GPC,IDC and CNG 2006—2012)

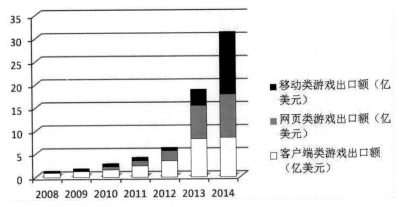

图 3 2008—2014 年我国自主原创游戏出口的类别构成

（数据来源：GPC，IDC and CNG 2008—2014）

在网络游戏"走出去"的起步期，客户端游戏是出口的主力军。2006 年至 2008 年，我国共出口网络游戏 75 款。其中客户端游戏 70 款，网页游戏 4 款。2007 年，网页游戏出口数量仅占出口总数的 7%。2008 年，以 MMORPG 为主的客户端游戏出口额达到 0.7 亿美元，约占全年游戏出口额的 98.6%。在网络游戏"走出去"的探索期，网页游戏、移动游戏加大了开拓国际市场的力度。其中，网页游戏数量迅速增加，海外市场优势日益显现，成为建立和壮大新兴市场的先锋。2009 年共有 16 款自主研发网页游戏进入海外市场，占当年出口游戏总数的 30%。2010 年共有 29 款自主研发的网页游戏进入海外市场，比 2009 年增加了 13 款，占总体出口数量的 40%。2011 年，进入海外市场的网页游戏增至 57 款，占总体出口数量的 43.5%。不过，当年进入海外市场的游戏仍然以 MMORPG 游戏为主，占总体出口数量的近 50%，充分证明了 MMORPG 类游戏在全球网络游戏市场上的地位。

但是 2012 年之后，情况开始发生巨大变化，从海外出口实际销售收入及其占比情况来看，2012 年，客户端网络游戏、网页游戏、移动网络游戏海外出口实际销售收入分别为 3.31 亿美元、2.28 亿美元、0.08 亿美元，较上年增长 46.5%、79.5%、33.3%。虽然客户端网络海外出口实际销售收入仍占当年总出口额的 57.9%，但是增速已经放缓,不再是一家独大。网页游戏和移动游戏开拓国外市场的成绩开始凸显。2013年,客户端游戏、网页游戏、移动网络游戏海外出口实际销售收入分别为8.19亿美元、7.28亿美元、2.73亿美元,较上年增长148.2%、219.3%、3312.5%,分别占当年总出口额的45%、40%、15%。网页游戏和移动游戏的出口总额首次超过客户端游戏,移动网络游戏如同一匹黑马腾空而起。2014年,客户端游戏、网页游戏、移动网络游戏海外出口实际销售收入分别为8.53亿美元、9.5亿美元、12.73亿美元,较上年增长4.15%、30.49%、366.39%,分别占当年总出口额的27.7%、30.9%、41.4%。移动游戏出口额首次反超网页游戏和客户端游戏,成为我国网络游戏出口的主要力量和下一个"蓝海"。可以看出,在进入快速发展时期之后,中国网络游戏出口产品结构已经呈现出客户端游戏、网页游戏、移动网络游戏三足鼎立并且处于动态平衡的发展态势。

(三)出口企业日渐独立自主,旗舰引领下抱团出海

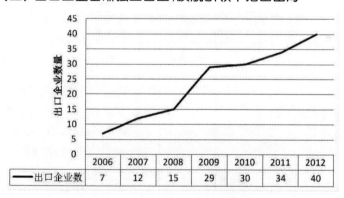

图4　2006—2012年中国自主原创网游出口企业数量

(数据来源:GPC,IDC and CNG 2006—2012)

表 1　中国自主原创网络游戏出口重点企业发展情况

企业名称	成立时间	出口时间	上市时间	出口区域	海外收入占比
金山软件股份有限公司	1988年	2001年《剑侠外传之月影传说》	2007年香港联交所	港澳台地区、新加坡、马来西亚、越南、柬埔寨、日韩以及欧美等地区	7.5%
盛大网络	1999年	2007年《巨星》	2004年美国纳斯达克创业板	港澳台地区、日韩、新马泰、菲律宾、印尼、越南、印度、土耳其、俄罗斯、沙特、阿联酋、巴西以及欧美等国家和地区	5%
网易游戏	2001年	2014年《天谕》	—	以中国台湾、越南、韩国、日本等亚太地区为主	—
久游	2003年	2006年《超级舞者》《超级乐者》	2007年日本大阪交易所	北美、欧洲、东南亚、印度、中国台湾及中国香港等全球42个国家和地区	—
九城	1998年	2009年《名将三国》	2004年美国纳斯达克创业板	中国台湾、中国香港、日本、新加坡、马来西亚、越南、泰国、印度尼西亚和菲律宾等地区	—
巨人网络	2004年	2009年《征途》	2007年美国纽约证券交易所	中国台湾、泰国、越南、韩国、日本、巴西、土耳其和欧美地区等	—
腾讯游戏	2003年	2008年插件绑定	—	港澳台地区、日韩、新加坡、东南亚、南非和欧美等国家和地区	—
完美世界	2004年	2006年《完美世界国际版》	2007年美国纳斯达克创业板	日韩、欧美、中国台湾、俄罗斯、马来西亚、泰国、越南、印尼、菲律宾、新加坡等100多个国家和地区。	25%—40%
网龙网络公司	1999年	2003年《征服》	2007年香港创业板	英语、法语、俄语、西班牙语、阿拉伯语、土耳其语、日语、越南语、泰语等10种语言区域180多个国家和地区,美国、阿拉伯等国家最大的中国网游运营商。	13.7%

(数据来源:根据《中国游戏产业报告》各年度资料及各游戏公司官方网站资料整理而成)

注:网易公司成立于1997年6月,于2000年6月在美国纳斯达克证券交易所上市。2001年成立在线游戏事业部,2002年成立网易互动娱乐有限责任公司。网易游戏暂无

上市。

腾讯公司成立于1998年,2004年6月在香港所交易上市。2003年QQ游戏平台的登场,翻开了腾讯游戏开始的篇章。

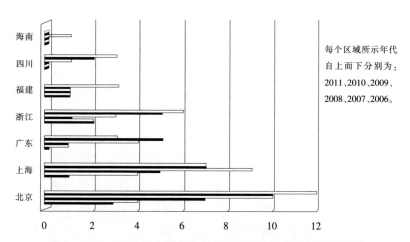

每个区域所示年代自上而下分别为:2011、2010、2009、2008、2007、2006。

图5 2006—2011年中国自主原创网络游戏国内主要出口区域

(数据来源:GPC, IDC and CNG 2006—2011)

  从出口企业数量上看,2006年,我国7家企业的14款网络游戏销往海外。2007年,我国自主原创网络游戏出口企业增至12家,出口游戏产品28款;上市公司3家,出口游戏产品8款。在"走出去"的起步期,一些较早进入游戏行业并转战海外市场的网络游戏企业大多成为市场上的领先者,拥有较为稳定的海外用户群体,建立极具特色的产品渠道,逐渐成为行业领军企业,如网易、盛大、完美时空、金山、巨人、久游等。其中,金山是最早尝试网络游戏出口的中国网络游戏企业。从出口企业地区分布来看,游戏出口企业均分布在北京、上海、广州等一线城市和浙江、福建等东南沿海城市。西南等内陆地区无游戏出口企业。其中,北上广等一线城市的游戏出口企业增势明显。北京地区的游戏出口企业基础较好,始终位居首位。上海地区游戏出口企业发展迅速,后来居上,由2006年的1家迅速发展成2007年的4家。福建和江浙地区游戏出口企业3家,保持稳健发展态势。广州地区起步较晚,但极具发展潜力。上海、江浙、福建在华东地区形成了掎角之势,相互影响、沟通、发展,成为中国网络游戏出口的金三角。

在网络游戏出口的探索期,以中华文明与文化为底蕴开发的游戏产品受到海外消费者的认可,进入海外市场的企业及产品数量均有大幅提高。2008年,共有15家中国网络游戏公司自主研发的33款游戏进入海外市场;2009年,共有29家中国公司的64款游戏进入海外市场,同比增长93.3%、93.9%;2010年,总计有30家中国网络游戏企业自主研发的76款游戏产品进入海外市场,同比增长3.4%、18.8%;2011年,总计有34家中国企业自主研发的131款网络游戏进入海外市场,同比增长13.3%、72.4%。从出口企业地区分布来看,北上广及东南沿海地区依然是出口企业集聚区域,北京依靠良好的产业基础始终位居首位,其次是上海、浙江、广州福建。值得关注的是,中部四川地区和南部海南地区发展强劲,特别是四川地区出口企业逐年递增,主要原因是中小型企业受资金、人才、成本等多种因素限制,为节约成本纷纷向西部地区集聚。完美、盛大、腾讯、九城、金山等老牌游戏企业继续引领中小型新型游戏企业,积极开拓海外市场。搜狐畅游、畅游、广州菲音信息科技等新兴网络游戏公司开始积极进军海外市场,与多个国家签订出口协议,树立了信心并积累了经验。

2012年开始,中国网络游戏企业海外发展持续升温,不仅包括完美世界、盛大、腾讯、畅游、游戏蜗牛、网龙、金山等传统大型企业,一些新锐企业如趣游、炎龙科技、第七大道、凯特乐游也加大海外市场拓展力度,建立子公司海外独立运营、积极参与海外并购开始成为更有利的选择。2012年,40家中国网络游戏企业,177款国产原创网络游戏进入海外市场,出口企业较上年增加17.6%。2013年,更多网络游戏企业开始结合国家对外政治经济交流的机会,深耕海外市场,以完美世界、搜狐畅游为代表的一些具有实力的网络游戏企业甚至整合自身海外渠道和相关经验,搭建海外进出口平台,推动中小型网络游戏企业海外发展的速度,"抱团出海"逐渐成为行业共识。其中,完美世界作为中国向海外出口游戏数量最多、覆盖区域最广、海外收入最高的网络游戏企业,其CEO萧泓作为第一个游戏企业代表,跟随国家领导人出访。在当年10月举行的亚太经合组织峰会上,部分中国游戏企业代表的出现也释放出了一种明确的信号,中国网络游戏企业越来越重视海外市场,具有长期运营发展规划,开始有意识地融入全球化生产链条,提高我国网络游戏企业在国际市场上的核心竞争力。

(四) 出口地区覆盖全球,轴心带动梯度扩张

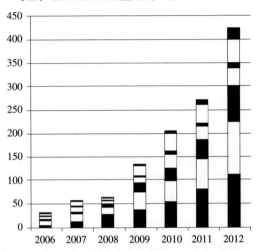

每个柱形图分为7部分,自上而下分别为:其他地区、欧洲地区(包括俄罗斯、土耳其)、南美地区、北美地区、东亚地区(日韩)、东南亚地区、港澳台地区。

图6 2006—2012年中国自主原创网游出口国家和地区分布

(数据来源:GPC,IDC and CNG 2006—2012)

在网络游戏出口的起步期,由于文化上的相近,海外出口主要集中在港澳台、东亚、东南亚以及北美华人聚居区,中国网络游戏企业不仅在越南、泰国、新加坡、马来西亚、印尼、菲律宾等东南亚市场上表现出众,使其成为我国网络游戏出口的主阵地,更是成功打入日韩、北美市场,取得了相当可观的经济效益。2007年,18款自主原创网络游戏销往东南亚地区,同比增长80%,占出口游戏总数的62.3%,位居首位。12款网络游戏销往北美地区,同比增长100%,彰显出巨大的市场潜力。北京完美时空、上海腾仁、福州网龙等较大型的网络游戏出口企业主要以北美为发展方向。而较小型的公司依旧将自主研发的游戏产品推往东南亚,由于东南亚的网络游戏市场落后于中国,不少产品取得相对优异的运营成绩。

2008年至2011年,中国自主研发网络游戏在东南亚市场的增长趋于平缓,欧美市场增长迅速,尤其是美国、法国、德国、俄罗斯,表

现出从东南亚及东亚地区向欧美国家扩张的趋势。值得关注的是，随着南非网络游戏市场开始慢慢起步，昆仑在线、蓝港在线和成都炎龙等在南美进行了业务初探，取得了不错的成绩。完美世界也同巴西网络游戏运营商 Level Up! Interactive S. A 就《神魔大陆》(Forsaken World)在巴西和南美洲西班牙语国家的运营签订了授权代理协议。

2012年，中国自主研发网络游戏已经出口至海外100多个国家和地区。港、澳、台地区113款，东南亚地区110款，东亚的日本、韩国地区79款，出口到欧洲、北美、南美地区分别为50款、37款、11款。可见亚洲，尤其是东南亚地区仍旧是中国自主研发网络游戏出口的主要市场，特别是越南、马来西亚、泰国和新加坡，构成了中国网络游戏出口的核心区域，2012年分别出口产品62款、61款、51款和50款。在加强亚洲及欧美地区出口力度的同时，中国自主研发网络游戏对包括巴西、俄罗斯、土耳其在内的新兴市场出口力度在不断加大。2012年分别出口产品11款、33款、21款。

2014年，在中国网络游戏海外出口区域中，港澳台地区和东南亚地区仍然肩负着海外市场桥头堡的重任，东亚地区（日、韩）、美洲地区（南、北美）以及欧洲地区作为重点出口区域，市场贡献率逐年增加，俄罗斯、中东等新兴市场进一步打开，成为新的增长点。应该说，尽管海外市场竞争日益激烈且存在贸易壁垒，中国自主研发网络游戏出口国家和地区仍然表现出轴心区域带动下梯次扩张的特点。

（五）出口模式多样化并存，市场话语权增强

表2 2005—2014年我国自主研发网络游戏出口模式

时间＼模式	起步期 2005—2007年	探索期 2008—2011年	快速发展期 2012—2014年
产品授权—代理运营	■	■	▨
合作研发—联合运营	■	■	▨
自建公司—独立运营		■	▨
海外研发—全球运营		■	▨
联合发行—平台运营			▨

2005年底,盛大在一周之内宣布《传奇》《梦幻国度》《传奇世界》三款主力游戏实施免费或者局部免费运营,掀起了中国网络游戏盈利模式变革的高潮。中国网络游戏首创的免费模式日益受到海外用户认可,海外用户数量不断增加。在起步期,为了加快海外市场的扩展和提高海外市场占有率,大多数游戏出口企业采用代理运营为主,研发合作、资本合作为辅的出口模式。前者通过同海外游戏运营商签署代理合作协议,将其游戏开发成品委托给代理公司进行海外特定市场内的运营工作,自身仅参与后期技术维护、产品软件升级等运维工作,可提供收益包括代理方一次性版权购买及后期运营提成两种。后者不仅同海外游戏公司进行知识产权授权交易,自身也参与到海外市场游戏运营活动中。网龙是第一个在北美独立运营网络游戏的中国企业,开辟了中国网络游戏企业海外运营的先河;盛大则致力于资本运作,通过收购韩国Actoz公司、与日本Tecmo公司联合研发产品、与NCsoft公司共同投资研发企业等方式参与国际市场竞争。

2008年至2011年,中国网络游戏企业除沿用代理模式之外,开始尝试在海外市场设立分支机构,通过独立运营获得更高的灵活性、主动性和利润率。独立运营既包括自建公司、独立运营,也包括海外研发、全球运营。2008年4月,完美时空在北美设立全资子公司,开始了北美版《完美世界》的自主运营。之后,中国网络游戏企业纷纷采取海外独立运营,在北美、东亚和东南亚市场设立公司,进行深入的国际合作。完美、畅游、麒麟、腾讯等企业在北美设立子公司,昆仑万维在北美、南美、欧洲、日本、中国台湾、马来西亚和韩国设立海外运营公司。

2012年至今,随着网络游戏出口进入快速发展期,中国自主原创网络游戏的海外市场初具规模,运营模式呈现多样化,并能够依照其产品及行业参与者的性质、运营资源及实力、海外开发、运营经验等因素进行因地制宜的实施。对于北美、欧洲这类规模足够大,增长足够快的市场,更多采取建立子公司独立运营的方式。针对中国台湾、日本、韩国等市场相对成熟,竞争相对激烈的市场,更多采取合作联合运营的方式。而对于东南亚等区域分散且规模不大的市场,则采取授权代理的方式进行开拓。尤其是海外研发、全球运营模式在中国游戏出口行业中开始崭露头角,由于其整合全球人才和技术资源、利于开发全球化精品游戏产品的优势而受到诸如完美世界这样有实力的游戏出口企业的青睐。

表3 中国自主研发网络游戏"走出去"各阶段特征汇总

阶段分期		起步期 (2005—2007年)	探索期 (2008—2011年)	快速发展期 (2012年至今)
特征	出口额	显著增加,出口海外成为热点	稳中有升,受金融危机影响增速放缓	快速增长,出现规模化态势
	出口类型	客户端游戏为主力军	网页游戏快速增长,移动游戏蓄势待发	移动游戏强势反超,占据四成份额
	出口企业	以行业领军企业为主,核心企业出现	寡头垄断,中小企业开始抱团出海	群体化优势建立,通过平台实现快速发展
	出口地区	聚焦大中华文化圈和欧美华人聚集区,以东南亚市场为主	东南亚市场降温,欧美主流市场增长迅速	新兴市场份额增加,实现全球化扩张
	出口模式	主打免费牌,授权代理	设立海外分公司,走向联合运营或平台化输出	自主运营成为主流,并购重组活跃,模式多样化

(根据中国音数协游戏工作委员会《中国游戏产业报告》各年度总报告整理而成)

如表3所总结,中国自主研发网络游戏在"走出去"的第一个十年,出口额除了短暂受金融危机影响之外,总体上处于快速增长之中;出口产品类型从早期的以客户端游戏为主,到网页游戏异军突起,再到移动游戏反超,在多元结构中保持动态平衡;在出口企业方面,不仅数量稳步增加,而且核心企业开始显露群体化优势,抱团出海意识增强;出口地区在夯实传统的大中华文化圈和华人聚集区的基础上,大力向欧美市场和新兴市场扩张;出口模式则由最初的授权出口、联合运营,到独立自主运营,进行本土化研发和全球资源整合。

二、全球价值链视角下中国网络游戏"走出去"的主要障碍

根据联合国工业发展组织的定义,全球价值链是指为实现商品或服务价值而连接生产、销售、回收、处理等过程的全球性跨企业网络组织,涉及从原料采集和运输、半成品和成品的生产和分销、直至最终消费和回收处理的整个过程。它包括所有参与者和生产销售等活动的组织及其价值、利润分配、当前处于全球价值链上的企业进行着从设计、产品开发、生产制造、营销、出售、消费、售后服务、最后循环利用等各种增值活动。①

在全球价值链分工日益深入和互联网技术不断更新的背景下,传统的网络游戏企业内部的产品价值链已经突破企业和国家的界限,转变为产品价值增值过程的全球分配与转移。其价值链的主链条包括游戏开发商、游戏运营商、电信运营商和玩家,辅链条包括网吧、网络游戏渠道商、媒体与出版业、游戏周边产品生产商和计算机软硬件产品提供商等。② 由于网络游戏涉及开发、运营、宣传、销售等问题,价值链环节上各个成员之间存在着复杂的竞争与合作关系,加上其本身就是一个有着较长外围价值链且极高关联性的聚核产业,网络游戏产业价值链已演变为在多元化用户需求的驱动下,以游戏策划、游戏研发、游戏授权、游戏运营、游戏传播、游戏服务、渠道平台建设等为主,图书、动漫、影视、音乐、广告、设计、服装、会展、信息技术、教育、旅游、体育等相关产业为延伸的庞大的网络状结构。基于此,中国自主研发网络游戏在"走出去"的第一个十年过程中,仍然非常幼小和稚嫩,存在着许多问题,主要表现在以下三个方面:

(一)文化折扣导致本地需求难以有效满足

网络游戏是一种文化载体,承载着多样的历史文化、风土人情、

---

① 联合国工业发展组织:《工业发展报告 2002/2003》,北京:中国财政科学出版社,2002年,第56—67页。

② 彭虎锋:《网络游戏产业价值链的整合与延伸》,《当代经理人》2005年第18期。

人文思想,与休闲娱乐能够有机结合。我国自主研发网络游戏在产品内容上与东亚、东南亚地区的用户需求较为契合,但并非放之四海而皆准,尽管东方文化的神秘性能够在一段时间内吸引一部分欧美用户,但是文化折扣所带来的无形的准入门槛,使得这种吸引力是有限的。其次,不同地区的用户对游戏的需求不同,目前,我国游戏出口企业大多处于自发或者初步探索的阶段,对海外用户缺乏深入了解,忽略了海外用户需求的差异,很多出口产品只是在国产游戏的基础上,进行语言和服装上的简单调整,很难完全适应多样化的本地需求。

(二)惯性思维引发系列化、同质化竞争

尽管我国自主研发网络游戏海外出口强势增长,但我国游戏出口企业习惯于推广系列产品,大都在产品内容、题材、用户体验、技术研发等方面创新不足,导致产品竞争力弱;除此之外,国产游戏对内容创新、表现水平上的感染力还与国外游戏企业的大制作存在差距,缺乏真正的全球化精品大作,缺乏本地化的创新元素,差异化产品较少,严重影响国产游戏在海外市场的拓展能力。系列化、同质化产品增多,一方面容易造成中国网络游戏企业之间的恶性竞争,另一方面容易造成用户的审美疲劳,降低海外用户对中国网游的品牌价值认知和企业的核心竞争力提升。

(三)路径依赖凸显全球运营能力不足

中国自主研发网络游戏企业经过 10 年的发展,但是面对技术条件优越、用户要求苛刻的海外市场,已经开始暴露出过分强调营销能力而忽视研发创新能力培养的弊端。与欧、美、日等国家相比,在 3D 技术、网络游戏研发的核心技术等方面尚处于发展阶段,在美术、故事情节、内涵深度等方面与国际一流水平也还有差距,真正能够进行自主研发的企业数量仍然很少,对先进国家的高端研发技术和运营平台的依赖程度仍然很深,各自为战的局面没有得到根本扭转,缺乏全行业整体推进的机制,更缺乏国家层面的统一规划,导致游戏出口企业难以发挥在海外市场的资源、成本、渠道的集群效应,抗风险能

力弱。

三、中国网络游戏"走出去"实现价值链升级的可行路径

20世纪90年代初,中国台湾宏基集团董事长施振荣提出著名的"微笑曲线"概念,用一个开口向上的抛物线来描述产业价值链各个环节的附加价值。① 一般而言,在产品从研发、设计、关键部件制造到标准化的零部件加工、制造、组装,再到产品的品牌建设、营销、服务以及价值再循环的产品生存周期中,上游核心技术环节和下游市场经营环节附加值高,而中间标准加工制造环节附加值低,呈现出"两头高、中间低"的"U"形"微笑曲线"状。"微笑曲线"向我们揭示出每一个产业都有一条附加价值链,价值链上不同环节的价值活动有着不同的价值增值,随着附加价值高低分布的不同而产生不同的形状,也由此构成了不同价值增值环节和参与者之间的利润分配关系。

当前中国自主研发网络游戏全球化市场布局已经逐渐成形,如何在微笑曲线中实现价值链向上攀升正在成为关系产业未来的重要议题。从路径上来说,既可以是沿着同一价值链的不同环节由低到高纵向攀升,也可以是在一定价值链环节上实现横向扩展,还可以是从某一条价值链向另一条价值链的跃迁。目前为止,中国网络游戏企业通过代理运营国外网络游戏或承接部分研发和加工环节,低端嵌入由掌握核心技术优势的欧美日韩跨国游戏企业以及掌握国际营销渠道的大型游戏发行商所掌控的全球价值链,并初步利用本国市场需求培育掌控产品核心技术和市场自主开发能力的本国领导企业所掌控的国家价值链,使其逐步渗入周边国家或者具有相似需求特征的国家。未来,中国网络游戏企业一方面需要进一步沿着工序升级－产品升级－功能升级－链条升级的层级完成阶梯式提升,建立起与发达国家跨国游戏企业保持均衡型的网络对接关系,另一方面

---

① 施振荣:《"微笑曲线"》,《竞争力三联财经》2010年第4期。

建立起以中国自主研发网络游戏旗舰企业为主导的区域价值链分工体系,为完全由中国企业主导的全球价值链分工体系奠定基础。①从这个意义上说,中国自主研发网络游戏企业要想在微笑曲线中实现价值链向上攀升,还需要在以下三个方面继续努力:

(一) 内容创意融合特色与共性

网络游戏作为消费时间与花费性价比最优的一种娱乐形式,在不同国家和地区呈现出差异化的市场特征,产品接受程度和需求偏好也各不相同。港澳台地区、东南亚市场对于中国本体文化和传统仙侠、武侠有较强的认同感,北美、欧洲市场对于具有完善的系统功能、内容个性化突出的产品认可度较高。中国自主研发网络游戏未来应在内容创意方面大力强化本地创新,坚持差异化发展战略,同时注重游戏设计国际化,因地制宜地研发更具有当地特色内容和较高用户接受度的产品,打造更多国际化、全球性、时尚化题材的网络游戏。例如《圣斗士星矢 online》通过购买日本漫画形象,融入中国文化元素。巧妙地利用其国际影响力推广中国文化,这种"文化引进再输出"的方式可以很好地解决文化差异,同时满足用户需求。

(二) 借助国际合作推动研发创新

中国自主研发网络游戏由于在表现形式和开发技术上与欧美、日韩等国家存在的差距,导致海外市场进一步拓展面临内容缺乏创新、人才不足、技术落后等问题。近年来,随着完美世界、腾讯、盛大等行业巨头通过频繁并购投资海外知名游戏企业,全方位布局海外市场,中国自主研发网络游戏未来应该通过广泛深入的国际合作,积极消化吸收先进的研发技术、平台搭建、用户服务和运营管理等方面的经验,整合全球内容创作、技术研发、产品运营、人力资本等关系全球价值链竞争成败的战略资源,在全球范围内充分利用专业集聚优势,提高游戏研发水平和创新能力。

---

① 孙治宇:《全球价值链分工与价值链升级研究》,北京:经济科学出版社,2013年,第90、91页。

(三) 因地制宜探索多元出口模式

伴随着越来越多的网络游戏核心行业、相关产业、外围产业以各种形式进入国际市场，中国自主研发网络游戏企业已经开始面对不同的市场采取不同的出口策略，包括海外授权、合作研发、联合运营、自主运营等多种模式。未来面对竞争激烈的市场，应该努力吸收全球优秀人才和运作经验，尽可能地整合研发、运营、服务等资源，以便快速进入目标市场。面对成熟度较高的市场，应当通过建立海外子公司，直接参与目标市场研发、运营、传播、服务等各个环节，增强对市场的掌控能力和应变能力，而难以独立开拓海外市场的中小型游戏出口企业则应该充分利用完美世界 PWIE 和畅游 Gamefuse 等进出口平台，更好地融入全球化生产链条，增强国际竞争力和影响力。

游戏产业:我国对外文化贸易的生力军
——2012—2013 中国游戏产业对外文化贸易发展述要

柴冬冬

游戏产业一直登不得大雅之堂。最近国务院取消了实行 13 年之久的"限游令"。游戏产业获得了前所未有的发展,实现了快速的提升和突破。目前已成为年市场销售额超过 840 亿元人民币,消费人数上亿的巨大文化产业门类。在国家文化产业"走出去"战略的引领下,游戏产业的海外出口也节节攀升,目前已成长为文化"走出去"的主力军,为国家的经济发展做出了重要贡献。然而,中国游戏产业的对外贸易还面临着诸多亟待解决的问题,如海外市场布局不合理、全球化精品缺乏、产品同质化严重及缺乏当地文化认同等等,这就需要国家、企业在多个层面上予以努力,才能使游戏产业"走出去"获得源源不断的动力支撑。

一、中国游戏产业对外贸易

近年来,政策体系的不断完善为我国的游戏产业营造了良好的发展环境。2010 年文化部实施了动漫游戏产业"走出去"扶持项目,最终确定对 16 家游戏企业"走出去"项目进行扶持,支持企业参加海外知名展会、产品译制及海外推广。2011 年,文化部又发布《互联网文化暂行管理规定》,并开展《网络游戏管理暂行办法》的评估工作,对网络游戏的经营主体、内容管理、运营活动等诸多方面做出了系统的规定,同时制定了严格的处罚措施,以进一步规范网络文化(游戏)市场,为保障网络游戏产业的健康发展提供更全面、更具针对性的管理措施。

2012年文化部在《文化部"十二五"时期文化产业倍增计划》中进一步明确了游戏产业的发展方向,提出要重点增强游戏产业的核心竞争力,推动民族特色、健康向上的原创游戏发展,提高游戏产品的文化内涵,鼓励研发具有自主知识产权的网络游戏技术、电子游戏软硬件设备,优化游戏产业结构,促进网络游戏、电子游戏等游戏门类协调发展。鼓励游戏企业打造中国游戏品牌,积极开拓海外市场,严厉打击网络游戏"私服""外挂"等侵犯知识产权的行为。在游戏出口、搭建国际交流平台、完善相关法规、创新人才培养模式等方面给予了多项政策支持。并令人振奋地提出了未来3年网络游戏走出去的总体目标。[①]

另外,2013年《国务院关于促进信息消费扩大内需的若干意见》明确提出要全面推进"三网融合",加快电信和广电业务双向进入。再加上新闻出版总署与广电总局的合并,大部制改革的推进,更是为网络游戏出版提供了巨大的发展契机。

总体上看,近年来我国游戏产业仍在进一步向前发展,市场规模逐步扩大,产值不断增加。2007年我国游戏市场(包括PC网络游戏、网页网络游戏、手机网络游戏、PC单机游戏等)实际销售收入首次突破百亿大关,达到107.6亿元,2012年这一数字则攀升到了602.8亿元,年均增长率达到了42%左右。(如图1)最新统计数据表明,2013年1月—6月中国游戏市场实际销售收入已达到338.9亿元人民币,比2012年1月—6月增长了36.4%,[②]2013年全年的销售收入则有望达到700亿元。

实际上,中国游戏市场销售主要由三大板块构成,分别是网络游戏市场实际销售收入、移动(网络)游戏市场实际销售收入和单机游

[①] 《文化部"十二五"时期文化产业倍增计划》,http://59.252.212.6/auto255/201203/t20120301_28193.html。

[②] 《2013年1—6月中国游戏产业报告》,http://www.cgigc.com.cn/201309/174428235065_3.html。

戏市场实际销售收入。而网络游戏市场实际销售收入又可细分为客户端网络游戏市场实际销售收入、网页游戏市场实际销售收入和社交游戏市场实际销售收入。2012年网络游戏市场实际销售收入569.6亿元,市场占有率为94.5%;移动游戏市场销售收入32.4亿元,市场占有率为5.4%;单机游戏市场销售收入0.75亿元,市场占有率为0.1%。① 2013年1月—6月,网络游戏市场实际销售收入313亿元,市场占有率92.4%,移动游戏市场实际销售收入25.3亿元,市场占有率为7.5%,单机游戏市场实际销售收入0.6亿元,市场占有率为0.1%。②毫无疑问,在现有的游戏市场格局中,网络游戏产业是绝对的主力军。

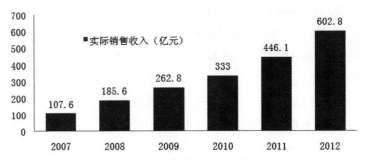

图1 中国游戏市场实际销售收入趋势 2007—2012

(数据来源:GPC、IDC.2011,GPC.IDC和CNG2012)

另外,近年来我国游戏企业的数量也取得了稳步增长。根据粗略统计,截止到2011年底,全国的网络游戏开发运营企业约有820多家,手机游戏开发运营企业约有250多家,网页游戏开发运营企业约有320多家,游戏机类生产企业约有1 200多家,游戏机经营娱乐场所约有31 000个左右。全国游戏行业大小企业约有33 590家。③

---

① 《2012年度中国游戏产业报告(摘要版)》,http://www.cgigc.com.cn/201301/151659133828_2.html。
② 《2013年1—6月中国游戏产业报告》,http://www.cgigc.com.cn/201309/174428235065_3.html。
③ 《2011中国游戏行业工作总结》,中国软件行业协会游戏软件分会,http://www.cgia.org.cn/gonggao/59.html。

(一) 出口方面

与整体游戏市场中网络游戏的领头羊地位相对应,网络游戏也已成为最成功文化"走出去"市场。2011年国产网络游戏的出口额达到4.03亿美元,相比2010年的2.29亿美元增长了76%。2012年国产游戏出口规模继续稳步增长,收入达到5.87亿美元,同比增长45.7%(如图2)。尽管增速有所回落,2012年新增54家公司共计66款国产网络游戏出口海外,2010年至2012年间,累计出口国产网络游戏产品数量已经突破260款,参与出口的网络游戏企业接近100家,国产网络游戏海外出口收入稳步增长。①

图2　2008—2012年中国国产网络游戏海外收入

从产品结构上看,2012年出口的国产原创网络游戏中,网页游戏数量增加,达到103款,比2011年增加46款,同比增长78.9%。②(见图3)

---

① 文化部:《2012中国网络游戏年度报告》。
② 《2012中国游戏产业海外市场报告(摘要版)》,http://www.cgigc.com.cn/201301/151661652421_2.html。

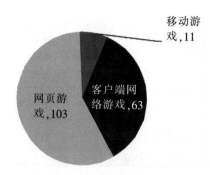

图 3　2012 年出口的中国原创网络游戏类型比例

（数据来源：GPC、IDC 和 CNG 编撰的《2012 中国游戏产业海外市场报告》）

在出口模式上，我国网络游戏走向海外大致具有四种不同的运营模式。

第一，授权代理模式。这种模式主要是与国外的游戏运营商签署代理合作协议，将产品运营权交予代理一方，出口方则负责提供已开发好的游戏产品，并参与后期的技术层面运营维护和版本升级的一种出口形式。其收益可以包括一次性版权购买，以及后期运营的提成。这是目前中国自主研发网络游戏最主要也是最为简单和最早的一种出口方式。如完美时空的《诛仙2·时光之书》《武林外传》《完美世界国际版》等游戏的国际运营就是如此。

第二，独立运营模式。这主要是指企业具有一定的技术、资本实力之后，在海外设立子公司独立运营自身的游戏产品。这种运营的方式使得企业可以完全掌握海外市场的各种数据，及时了解客户需要，并且独享海外收益，同时对于以后针对国际市场的研发、母公司的游戏出口也有很大的帮助。近年，随着中国游戏企业在海外运营经验的不断丰富和自身资本实力的增强，很多企业已不再满足于简单授权代理海外出口模式，纷纷展开海外并购，以发展自己的独立运营模式。仅在2010年间，就发生了三次规模较大的海外收购。九城以2 000万美元获得美国网游开发商Red5 Studios多数股权，完美时空以2 100万美元全资收购日本网游代理公司C&C Media，获得100%股权，盛大则通过6 000万美元和价值2 000万美元的盛大游戏股票，收购美国游戏分销和内置广告平台Mochi Media。另外，其他主流的网络游戏企业腾讯、畅游、金山、网龙、麒麟、趣游等都在海外开设了自己的子公司,如趣游的全球分支机构已达到 25 个。这些企业的海外运营范围覆盖了东南亚、北美、日韩等诸多国家和港台地区。

第三,联合运营模式。这主要是指国内企业和国外企业联合运营(包括合作研发并联合运营项目),并进行收入分成。目前,这种模式在海外的应用并不是特别广泛。主要见于在一些市场发展较为成熟,竞争异常激烈的地区。比如完美世界在进入韩国市场时,就和韩国知名的游戏运营商 NEXON 公司共同出资,成立一家全新的合资企业,运营管理企业在韩国的在线游戏业务[①]。相较于设立子公司,此种方式更易进入当地市场,能更有效地利用当地企业的营销、服务资源,以及时有效了解客户需求,从而降低整体风险。

第四,全球整合模式。这种模式不同于单纯的海外独立运营和联合运营,而是基于二者的有机整合。具体指的是,网络游戏企业立足全球,通过收购海外游戏企业,将全球游戏产业的设计、生产、运营、服务等资源进行有机整合,进行全球化运作。其海外分支机构完全实行本地化发展,不仅会帮助母公司进行产品的研发和运营,同时还在本地进行产品研发。研发出的产品不仅在当地运营,还会同时在全球范围内推广。完美世界、盛大游戏都有采用海外研发全球运营的方式,比如完美世界北美研发团队 Cryptic Studios 研发的《无冬之夜 OL》,是一款由美国人开发的典型的欧美游戏,但其版权却是属于中国企业,这款产品不仅会在海外进行运营,同时也会引入中国,进而在全球推广。[②] 它是在近两年我国游戏产业海外运营经验不断成熟和市场规模不断壮大的基础上出现的。

值得注意的是,随着移动互联网的发展和移动上网设备(主要指智能手机、平板电脑等)的爆炸式增长,一种全新的从制作商直接到平台运营商的(主要指各大移动设备商的网上应用商店,如 App Store)移动网游戏运营模式日渐成熟。借助应用商店的全球性和网络的全球性特点,使得国内游戏制作商的产品一旦成功上传到应用

---

① 《2012 中国游戏产业海外市场报告(摘要版)》,http://www.cgigc.com.cn/201301/151661652421_3.html。

② 同上。

商店，产品就具备了进行海外推广，并获取海外收入的能力。这种模式除了传统的网络游戏巨头的加入外，更多地吸引那些资本实力不足，不具备海外直接发行能力、不被代理商采购的中小游戏企业。它的存在为丰富网络游戏产品，提升中小企业的开发热情，提供了不可多得的机遇。一些优秀的国内原创移动网游戏作品，如《捕鱼达人》《二战风云》等在进行相应的本地化后，在海外拥有着不错的市场销量。

海外市场分布方面。2012 年出口的中国原创网络游戏总量为 177 款，出口至海外 100 多个国家和地区。出口到港、澳、台地区的游戏 113 款，东南亚地区的游戏 110 款，东亚的日本、韩国地区的游戏 79 款。出口到欧洲、北美、南美地区的游戏分别为 50 款、37 款、11 款。2012 年，亚洲地区仍旧是中国原创网络游戏出口的主要地区。① （见图 4）

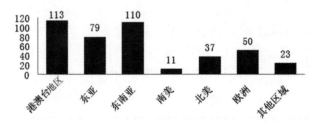

图 4　2012 年出口的网络游戏数量和市场分布

注：存在某个游戏出口不同区域市场情况，出口不同区域市场统计数量均计入。
（数据来源：GPC，IDC 和 CNG2012）

在全部 177 款出口游戏中，有 169 款出口至亚洲地区。其中出口到港澳台的总计 113 款，108 款产品出口到中国台湾地区，69 款产品出口到中国香港，55 款出口到中国澳门。中国台湾地区一直是中国原创网络游戏出口的一个重点。2012 年，这种态势并没有发生变化。出口到东亚的日本、韩国地区游戏数量 79 款。东南亚地区也是中国原创网络游戏出口的一个重点区域，2012 年，中国原创网络游戏在东南亚地区依然保持强劲发展势头。在全部 177 款出口游

---

① 《2012 中国游戏产业海外市场报告（摘要版）》，http://www.cgigc.com.cn/201301/151661652421_2.html。

中,共有110款出口到东南亚地区,有62款产品出口至越南,61款出口至马来西亚,51款出口至泰国,50款出口至新加坡。上述四个国家成为中国网络游戏出口东南亚的核心区域。2012年,在加强亚洲及欧美地区出口力度的同时,中国原创网络游戏对包括巴西、俄罗斯、土耳其在内的新兴市场出口力度也在不断加强。2012年,有33款游戏出口至俄罗斯,21款出口至土耳其,11款游戏出口至巴西。①

可见,中国网络游戏的海外出口在东亚、东南亚市场逐渐平稳,在南美、俄罗斯、中东地区逐步开拓,出现了新的增长点。

(二)进口方面

2012年文化部共通过了53款进口网络游戏(包括网络游戏资料片)的审批,较2011年增加了11款。在2012年进口的53款网络游戏中,由韩国公司开发的网络游戏共有27款,占总数的50.9%;由日本公司开发的网络游戏共有9款,占总数的17%;由美国公司开发的网络游戏共有8款,占总数的15.1%;由中国台湾公司开发的网络游戏共有4款,占总数的7.5%。除此之外,从白俄罗斯、俄罗斯、法国、芬兰、瑞典各进口了1款网络游戏。②(如图5)

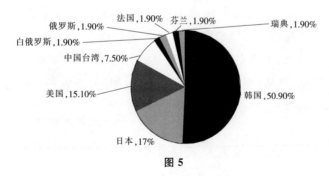

图 5

在2012年的53款进口网络游戏产品中,客户端游戏40款,网页游戏6款,移动网游戏7款。从网络游戏载体来看,40款客户端游戏中,韩国23款,美国5款,日本5款,中国台湾4款,德国、冰岛和

---

① 《2012中国游戏产业海外市场报告(摘要版)》,http://www.cgigc.com.cn/201301/151661652421_2.html。

② 文化部:《2012中国网络游戏年度报告》。

白俄罗斯各1款;6款网页游戏中,美国3款,韩国2款,日本1款;7款移动网游戏中,日本3款,韩国2款,法国和英国各1款。从游戏类型来看,角色扮演类游戏共有30款,射击类游戏8款,休闲类游戏6款,社交类游戏4款,战争策略类游戏4款,体育类游戏1款。[①]

总的来说,2012年我国进口的网络游戏产品中仍以韩美日等国的客户端游戏为主,运营进口产品的公司也以腾讯、数龙、第九城市、幻方朗睿等大公司为主,而进口的游戏类型也更为丰富。

二、中国游戏产业发展的特征

(一)出口规模不断扩大,新兴市场不断开发

2007年以来,随着游戏产业整体迈上了一个新台阶,游戏的对外出口也成为我国文化产业出口增速最快的产业。2012年共计有177款我国自主研发的网络游戏出口海外,较上年增加35.1%,实际收入达5.7亿美元,共涉及完美世界、盛大、腾讯、畅游、趣游、炎龙科技、第七大道、凯特乐游等传统和新锐企业40家。辐射范围既涵盖了东南亚、东亚、欧美等传统的重点出口区域,又进一步向南美、中东、俄罗斯等新兴增长区域发展,海外市场分布不断合理、完善,中国游戏已经出口到100多个国家和地区。另外,除传统的客户端游戏外,网页游戏、移动(网络)游戏、社交游戏(如"开心农场")成为新的出口增长点。

(二)政策支持力度加大,网络游戏成为主导

自国家确立"文化强国"发展战略,大力推动文化产业"走出去"以来,包括新闻出版总署、文化部在内的诸多主管部门进一步加大了对游戏产业的相关政策支持力度。新闻出版总署的"中国民族网络游戏出版工程"与"中国原创网络游戏海外推广计划"对扶持国产原创网络游戏精品力作及优秀企业,推进我国网络游戏企业"引进来"

[①] 文化部:《2012中国网络游戏市场年度报告》。

与"走出去",积极参与国际市场竞争,扩大国际合作与交流起到了重要的推动作用。2012年,新闻出版总署又推出"数字出版内容国际传播平台应用示范项目",将具有国际运营与服务价值的内容,以符合用户消费行为的形式,聚集在中国数字文化国际传播服务平台上,并与主要的全球数字内容销售渠道实现对接,从而实现中国优秀文化内容资源走出去。[①] 该项目的实施,也将极大促进中国网络游戏走向海外。与此同时,由中国版协游戏工委联合社会力量举办的中国游戏产业品牌活动国际数码互动娱乐展览会(China Joy)也已经成为国内外游戏出版企业展示新产品、交流新经验、研讨新趋势、进行商务洽谈的重要平台,为游戏产业的对外贸易提供了重要的契机。整体来看,2012年,网络游戏成为文化"走出去"战略的重点支持产业,良好的政策环境为我国游戏海外市场的增长发挥了重要的拉动作用。

(三) 出口模式多元并存,全球化意识得到确立

近年来,我国游戏企业的海外运作模式已摆脱了单纯的版权授予模式,走向了独立运营、联合运营、全球整合(包括应用商店式的全球互联网销售)等多渠道并重的多元模式。一些有实力的国内大企业如完美时空、腾讯、盛大等正在不断通过并购、合作等方式,组建自己的全球运作产业链,参与到全球游戏产业的竞争体系中,涵盖了游戏研发、发行、宣传等产业链的多个环节,一种垂直整合运作模式正在逐步建立。应该说,全球化已经成为整个行业的一个共识,其最突出表现就是产品批量化出口趋势。以往,中国网络游戏出口都是各个企业借助自身的出口渠道实现产品的出口,而进入到2012年,"抱团出海"模式逐渐成为共识,一些具有实力的网络游戏企业整合自身海外渠道和相关经验,搭建了海外进出口平台(如完美世界为网络游戏产品进出口而打造的完美世界海外进出口平台(PWIE)于2012年正式推出,至2012年底,入驻PWIE平台的产品超过180款)[②],以一

[①] 《2012中国游戏产业海外市场报告(摘要版)》,http://www.cgigc.com.cn/201301/151661652421_4.html。

[②] 同上。

种开放的运营模式将这些资源与其他企业,特别是一些中小游戏企业共享,帮助这些企业走向海外。

(四)国产游戏份额加大,文化影响不断增强

从贸易数量上看,2012年我国有177款原创网络游戏出口,进口数为53款;市场比例方面,进口游戏在我国市场的份额为41.3%,而我国自主研发的互联网游戏产品则在国内占据了58.7%的市场份额,运营收入达到314.7亿元,同比增长23.8%[1]。可见,相较于其他文化产业门类,我国游戏产业实际处于顺差状态,而越来越多的出口份额也意味着我国游戏产业对外和对内综合影响力的增强。这种影响力不仅仅是对我国游戏产品认知度和海外运作模式的认可,更深一层的是对中国文化的认可。事实上,在中国出口的游戏产品中,蕴含中国传统文化的游戏题材一直是出口的热点,特别是在东南亚市场备受欢迎。在2012年的美国E3展以及德国科隆游戏展上,包括《笑傲江湖》《九阴真经》等中国网络游戏受到外国用户的广泛好评,海外用户对中国游戏在内容、动作以及引擎技术创新等方面都给予了高度认可。[2] 此外,一些全球知名的海外游戏开始尝试将中国文化元素加入到游戏中去。如《暗黑破坏神3》设置的新职业武僧,《异域》所有的战斗基本包含着中国传统的五行元素,体现了海外市场对中国游戏(文化)的借鉴,也是我国文化凭游戏走向世界的重要见证。[3]

三、中国游戏产业发展的问题与对策

(一)以精品大作实现差异化突围,走重点突破与协同带动之路

尽管近年来我国游戏产业在海外市场的规模不断扩大,营收也

---

[1] 文化部:《2012中国网络游戏市场年度报告》。
[2] 《2012中国游戏产业海外市场报告(摘要版)》,http://www.cgigc.cn/201301/151661652421_4.html。
[3] 《2012中国游戏产业海外市场报告(摘要版)》,http://www.cgigc.cn/201301/151661652421_6.html。

逐步提升,但很多游戏在题材、内容、玩法上大同小异,换汤不换药,存在着严重的同质化现象。不仅如此,中国游戏还在技术创新上乏力,缺乏如《魔兽世界》等能够影响全球的精品化制作。同质化和平庸化的产品,一方面可能使国内同行之间恶性竞争,扰乱整体的对外市场布局,降低我国游戏产品的海外竞争力;另一方面容易造成玩家的审美疲劳,降低对中国游戏产品的品牌认可度,总体上不利于我国游戏产业对外出口的健康可持续增长。① 因此,必须在保持出口规模性增长的同时,注重提升产品的技术水平、创新水平、差异化水平,效仿国外领导企业的产品推出模式,倾力打造数款既保有中国特色,又融合世界游戏产业发展大趋势,具有全球普适性的游戏精品之作。事实上,得益于全球互联网,特别是移动互联网的急速发展,国外的游戏产业也处于"井喷"状态,其数量、题材、类别、操作模式等也是多种多样,令人眼花缭乱,当然也不乏同质化现象。因此,如何从既存在市场、文化壁垒,又极其激烈的异地市场脱颖而出就成为中国游戏企业面临的最基本问题。此时,强调产品的差异化,走精品突破路线对我国企业而言就显得不可多得。同时,还应加强产品的品牌化运作,在后续产品跟进和后期服务上不断完善,注意协同衍生资源(如同时推出多个版本及注重游戏对其他相关产业的协同带动等),走"重点突破与协同带动"的海外游戏发展模式。

(二) 以目标市场需求为基准研发、推广游戏

从实际的出口结构上看,我国游戏产品出口最多的市场集中在港澳台地区、东亚及东南亚等三个地区,占据整体出口量的半数以上。其中主要原因就在于这些区域位于我国内地的周边,在历史上不同时期均受过中国文化的影响,与我国内地的贸易交流活动一直比较频繁,因此文化折扣相对较低,对带有中国风格的游戏产品接受度高。而西亚、欧美及非洲、南美洲等市场却不同,它们在文化、信仰、习俗、价值观、历史上均与我国存在很大差异,历史上的文化交流

---

① 《2012中国游戏产业海外市场报告(摘要版)》,http://www.cgigc.com.cn/201301/151661652421_5.html。

活动也不频繁,因此一直是我国游戏出口的薄弱环节。当然跟某些地区经济不发达、网络基础设施不健全有相当关系,但我们更应看到的是,总体文化结构上的差异造成了现状使然。

当然,文化折扣是不可避免的。我国游戏行业在正视这一现实的基础上必须努力降低文化折扣带来的消极影响,这主要依靠企业在研发产品时明确其市场定位,即企业在明晰我国游戏出口的海外市场分布现状的基础上,针对目标市场的文化特点、互联网及经济基础划分市场梯队,按照不同市场的文化接受诉求推出不同的产品。以目前的实际出口格局看,我国海外游戏市场大致可分为三个层级,港澳台地区、东南亚及日韩为第一梯队,北美和欧洲为第二梯队,南美、中东及非洲地区为第三梯队。因此,我国游戏企业应当充分认识到这一现状,在实际"走出去"过程中采取先易后难、由浅入深的总原则。在推出产品时应当在题材、背景设计、内容选择、玩法上首先利用目标市场熟悉的本地文化符号,然后再植入中国文化元素,如此才有可能降低文化折扣,更易于被当地消费者接受。即便无法完全做到以当地人的价值观、思维模式从事游戏的研发、设计,也应努力寻找横跨区域、种族、语言的共鸣因素,本着求同存异,具体问题具体分析的原则进行海外推广。同时,无论是企业自身,抑或是政府机构都应建立完备的调研评估体系,在上马、审批项目时,都应对推广区域予以调研,对项目整体风险、收益进行评估,做到产品市场定位上的精准无误。此外,在具体的运营过程中也应当灵活多变,可先授权代理运营,待取得一定成绩后再寻求自营。

(三)完善游戏人才培养链,实现核心研发层和外围协同层的并行发展

从根源上讲,中国游戏产业的"走出去",最关键的一环还是在于(管理、研发、推广等)人才的培养。尽管目前全国各大大专院校竞相开设游戏开发相关专业,但从实际从业者数量和从业者水平(专业素质及工作经验)上讲,与游戏产业发达国家相比,我国还存在不小差距,特别是高端创意性人才和管理人才匮乏,已构成制约游戏产业全面发展的瓶颈。针对此,我国必须着力加快游戏专业人才的培养,

使其从流于形式的口号层面,转向切实可行的操作层面。使游戏人才的培养,既要注重基础性、普遍性,又要突出重点性、针对性,既要涵盖核心的研发层面,又要涉及调研、策划、美术、技术、测试、管理、维护等诸多环节,着力打造合理的、完整的游戏人才培养链条。具体来说应当做到以下几点:第一,继续建立健全大专院校的游戏人才培养机制,使其涵盖由职业教育到大学的各个层次。第二,切实改变游戏人才教育的刻板、教条化现状,以应用性和创意性教育为课程核心。学校与企业之间应当建立灵活、动态的合作机制,将学生的实践操作与创意设计作为教学与考核的重点。第三,由国家出面设立各种游戏产业激励机制,比如设立游戏设计奖项、创意奖项,对乐于从事游戏行业且取得一定成就的人才给予适度的资金奖励和相关的考试优惠。第四,摆正游戏在公众中的不良印象,使公众对游戏文化形成正确的认识,千方百计制止游戏引发的不良社会问题,营造健康良好的游戏文化氛围。第五,可参考韩国的模式(韩国先后成立韩国游戏产业振兴院、韩国软件振兴院、影像物等级委员会、游戏文化振兴协议会等诸多专门机构协助游戏产业的发展)设立相关的游戏研究院、游戏学院等专门机构,进行游戏人才的培养和游戏技术、文化的研究。第六,加大对游戏人才创业的支持力度,着力在早期创业投资、创业创新孵化器等领域给予相应的政策支持。

(四)进一步完善政策布局,引导游戏出口有序发展

目前我国在游戏产业对外贸易方面的政策布局并不完善,应着力做好以下几点:一是进一步完善相关法律体系,采取有效措施保护知识产权,为国产游戏企业提供适度的贸易保护措施,严厉打击抄袭、恶性竞争等不良行为。我们知道,一些企业为了盲目求得海外市场份额,或是直接复制抄袭他人创意成果,或是以低俗不健康内容为题材,这不仅扰乱了出口秩序,而且使海外市场中对中国原创游戏能力和水平产生了误解,长此以往不利于中国游戏的品牌形象建立和海外运作的健康发展。二是加大资金和税收支持力度,建立鼓励支持游戏出口的财税机制,鼓励金融企业加大对游戏企业的支持力度。积极倡导鼓励担保和再担保机构大力开发支持文化产业发展、文化

企业"走出去"的贷款担保业务品种。① 三是积极组织参与各种展会与赛事,扩大与深化对世界各地区游戏产业机构、组织的交流,并建立合作机制,向海外大力推广中国游戏。国内方面,我们应继续做大做好 China Joy 等国际型的游戏展览会,在国外要积极参加东京电玩展、德国科隆游戏展及美国 E3 等全球知名的大型游戏展会,使中国原创游戏走上世界游戏产业交易展览平台。此外,还应当充分利用中国(深圳)国际文化产业博览交易会等大型活动,举办"游戏产业论坛"及大型电子竞技赛事,向世界推广中国游戏,扩大中国游戏产业的世界影响力。② 总之,政策布局的重点在于,对内要想方设法促进游戏产业链的完善发展,创业投资、创业创新孵化器、游戏产品交易平台、游戏传媒渠道、移动产品运营交易平台等方面都应当作为新阶段工作的中心;对外要尽量排除阻碍出口、阻碍贸易的不良因素,保障游戏产品贸易公平、公正进行。

(五) 突破重娱乐传统,大力发展工具化、应用性游戏项目

尽管中国游戏产业的对外出口开展得如火如荼,景象蔚为大观,但其性质却几乎无一例外的都是消遣娱乐。这里的问题是,尽管游戏的历史存在在多数情况下是以人的休闲娱乐为基础,然而我们不能忽视的是,游戏作为一种应用性工具所产生的社会价值却一直存在。事实上,在游戏产业高度发达的美国,早在 20 世纪 90 年代伊拉克战争时期,其军方就以计算机游戏实战模拟来训练士兵,成效较为明显。③ 不仅如此,游戏在医疗、教育、航空等领域都存在极大的价值。相关实验表明,简单的 2D 幻幻球游戏和宝石迷宫游戏使参与者的压力平均减轻了 60%,原因在于其能够分散游戏者的注意力,美国东卡罗莱纳大学的卡尔门罗尼洛博士认为,"研究结果赋予游戏以新功能,我相信在抑郁症等疾病的治疗方面也能够广泛运用。"④ 也就是说,游戏在工具化方面具有广阔的市场前景,特别是在游戏已经

---

① 周笑冰:《韩国政府的游戏产业扶持政策及启示》,《特区实践与理论》2012 年第 6 期。
② 同上。
③ 宋奇慧主编:《中国数字文化产业研究》,北京:北京邮电大学出版社,2013 年,第 110 页。
④ 同上书,第 111 页。

获得更多社会认可的欧美市场,则更是如此。因而,我国游戏企业应适时在工具游戏领域发力,开启海外出口新的增长极。

目前的情况是,中国的游戏产业本身还处于一个低端的发展阶段,基本上游戏是作为发展经济和休闲娱乐的手段,游戏的深层价值还未得到有效的发掘和主流的话语认可,这势必会影响到企业的对外投资,进而在相应的海外市场也难以获得竞争力。因此,当务之急在于:一方面,政府加速出台措施引导社会舆论,刺激应用性游戏在相关行业的需求,从而拉动企业投资,以带动出口的增长。另一方面,企业应当在海外市场积极发掘目标客户,迅速进入工具游戏市场。值得欣喜的是,我国第一款由军方主导研发的军事游戏《光荣使命》已经诞生并正式投入市场,而有资料也表明解放军新兵战士借助"光荣使命"网上对抗赛对提高射击水平起到了很大促进作用。可见,如果运用得当,工具化应用性领域将成为游戏产业新的刺激增长点。

(六) 以社会效益为突破口,加速推进游戏新形象的建构

游戏的休闲娱乐性在现实生活中往往被抛入片面性的论断中,即认为游戏会使人陷入不务正业乃至暴力、堕落之途,游戏似乎天然的就具有不良导向,特别是当下青少年网络成瘾所造成的不良社会影响更使游戏成为"洪水猛兽"的代名词。应该说,关于游戏的片面性言说,恰恰成为了当下游戏产业发展的重要阻碍因素。实践已经证明,经济的发展离不开其所在的社会场域,社会场域的内部结构、整体话语氛围间接影响着经济的结构、方向及需求。以此来说,我国面临的问题是,一方面整个社会经济需要依托于游戏产业的积极带动,以寻求新的增长点;另一方面,游戏的形象并未在主流社会话语中获得新的阐释,仍被贴上不良性标签。如此,就造成了游戏产业需要继续深化发展带动经济前行但却未获得基础性的社会话语氛围支撑的矛盾,究其原因,可能与我国目前的政策体系的不完善、大众观念尚未完全转型、游戏企业的运营与推广、游戏产品不良性被放大及其自身固有的娱乐性相关。如若无法调和好这一矛盾,我国游戏产业就无法获得最自由的发展空间与最强有力的动力支撑,其对外贸易也就无法取得实质性突破。

破解这个问题的对策在于,以经济效益的成功助力社会效益的突破,建构游戏的新形象。第一,已取得良好经济效益的游戏企业应当加快回报社会(国内和国外),加大对慈善事业、社会事业的资助以为自身品牌赢得好的口碑。第二,在产品开发上游戏企业应当以质量上乘和内容健康向上为中心,特别是在国外市场,它直接关乎着我国文化产品的整体形象建构。第三,加大对工具性游戏的投资,让游戏真正从可有可无的"副业"变成不可或缺的"正业"。具体来说,要打通游戏与其他文化产业的共赢通道,使游戏与动漫、影视、教育、传媒、旅游共处于一个产业链之上,形成一个"利益共同体",利用共同体效应去摆正对游戏的不良印象,同时这也是游戏产业取得进一步发展的必然选择。第四,政府加快出台相关措施着手解决未成年人网络游戏成瘾问题,暴力、色情、赌博等违法内容问题,虚拟游戏物品及财产问题等三大直接影响游戏形象的主导方面,具体可从健全法规与舆论导向两个层面着手,另外政府主管部门也要摆正自身对游戏产业的矛盾心态,确立发展健康与实用的游戏产业总方针。总之,游戏社会效益的扩大,将直接影响到整体社会态度的改良,是游戏产业持续发展的必要基础,当游戏成为健康实用的象征后,无论是国内市场还是国外市场,我国游戏产业都将具有获得突破式发展的前提。

(七)加大单机游戏研发投入,进一步优化出口结构

同网络游戏的出口领头羊地位相比,单机游戏的出口无论是在数量还是在影响方面似乎都显得微不足道,这也同国内整体的游戏市场格局相对应。应该看到,当前的单机游戏市场还存在很大的开拓空间,欧美单机游戏《使命召唤8》首日在欧美销量就达到650万份,半月销量达到了10亿美元。① 然而问题却是,我们仍未开发出一款风靡全球的能够同FIFA系列、NBA系列、极品飞车系列、荣誉勋章系列、使命召唤系列、超级房车赛系列等国外知名单机游戏相抗衡的产品,更别说形成产品系列,也只有《仙剑》系列刚刚开始在韩国崭

---

① 《2012中国游戏产业报告(摘要版)》,http://www.cgigc.com.cn/201301/151659133828_14.html。

露头角，但仍未在全球获得广泛熟知。因此，在着重发展网络游戏和移动游戏的同时，单机游戏的开发也应提上日程。特别是当今网络游戏面临着同质化和劣质化，用户兴趣度呈下降的趋势下，单机游戏的零花费、即时性与自主性将会吸引更多的用户，可以说，开发数款精品单机游戏可成为厂商弥补市场缺失的重要策略。

从实际产业发展现状上看，单机游戏应向着创意性和精良性两个方向发展。创意性更多指向了对硬件要求不高的小游戏，它更注重可玩性和趣味性。精良化则指向了对 PC 配置要求更高的大型游戏，由于大型单机游戏具有更好的视听效果与更专业的操作性，因此它更注重的是游戏的体验性。特别是当下的个人电脑硬件配置的普遍提高，制作精良的单机游戏将会受到更多的用户青睐。需要特别注意的是，大型单机游戏的开发除了需要雄厚的技术实力以外，还需要良好的品牌形象建构，要知道国外的知名单机游戏大多以系列的形式不断推出，其更注重以一种品牌的形式聚拢与保持用户群。特别是在竞争激烈的国际市场，大型单机游戏的推出，定要经过充分的论证、调研与技术打磨。此外，我们还应注意到当下的单机游戏网络化倾向，开发单机游戏在考虑到网络的交互性功能时，应当尤为注意保持单机游戏的核心游戏性，做到定位的精准。

四、中国游戏产业对外贸易发展的未来趋势

（一）海外出口将持续增长，网络游戏仍是出口主力军

尽管目前世界整体经济形势不乐观，特别是中国游戏企业海外上市节奏步伐趋缓，融资金额呈现下滑状态（如盛大网络退出纳斯达克，联游被纳市摘牌），但从近十年出口形势和目前国内游戏企业的发展态势来看，中国游戏的海外贸易仍将持续增长。随着互联网的全球化普及，以网络为基础运行的游戏仍是国际市场的主力军，因此我国的游戏出口，仍以网络游戏为主。2013 年 1 月－6 月，中国自主研发网络游戏海外出口实际销售收入达到 29.5 亿元人民币，比 2012

年1月—6月增长了161.1%,半年的增长率是22.7%。[1] 可见,网络游戏仍以较快的速度增长。这与中国游戏企业较好的产品定位、市场营销与持续增强的产品品质不可分割,随着企业综合实力和运营经验的不断提升,未来中国游戏的海外影响力将日渐增强。

(二)移动网络游戏和网页游戏等将成为重要的出口增长点

2012年我国网络游戏出口已经形成客户端游戏、网页游戏、移动网络游戏等全面发展的趋势,客户端网游的一家独大情况已经一去不复返。2012年我国原创网页游戏海外出口实际销售收入为2.28亿美元,较上年增长79.5%,而原创移动网络游戏海外出口也较上年增长33.3%,达到0.08亿美元。[2] 这与移动游戏和网页游戏投资小、回报快、风险低及受众基础广泛密切相关。另一方面,国外市场在知识产权保护、市场运作秩序及付费模式上,有着较好的环境,这也促使很多传统的游戏开发商和新兴的移动游戏的研发商,特别是中小企业,增加了对海外移动游戏市场和网页市场的研发热情。仅从网页游戏看,目前国外某些区域的发展不一定就比国内更好,如昆仑万维就看准了日韩网页游戏市场的相对滞后,而做到了日韩网页游戏市场的第一名。另外,苹果App Store在全球155个国家或地区提供服务,安卓智能手机在全球市场占有率更是超70%,这使得APP、安卓具有了天然的国际性,而移动网络游戏则是用户在APP及安卓上最为主要的一个应用[3],应该说移动游戏也有巨大的发展机遇和空间。因此,我国游戏企业应当以海外市场的现实情况来调整自己的产品结构,适当地对新兴游戏门类予以关注。

(三)轻游模式将带动我国游戏出口的结构升级

随着移动智能设备的日渐普及,用户的游戏需求取向也转向了

---

[1]《2013年1—6月中国游戏产业报告》,http://www.cgigc.com.cn/201309/174428235065_3.html。
[2]《2012中国游戏产业海外市场报告(摘要版)》,http://www.cgigc.com.cn/201301/151661652421_2.html。
[3]《2012中国游戏产业海外市场报告(摘要版)》,http://www.cgigc.com.cn/201301/151661652421_6.html。

随时随地化,因此侧重小型化、便捷化与去平台化的轻游戏势必成为未来游戏行业的新的发展模式。尽管网页游戏和移动游戏有着强烈的增长势头,但从未来方向上看,移动游戏、网页游戏、网络游戏等传统的基于平台区分的模式将得到转变。因为随着三网融合的日益深入与移动智能设备的急速普及,用户已经迫切希望其钟爱的游戏能够实现跨平台的、随时随地的运行。因此,未来淡化平台意识的轻游戏模式,将会整合传统的页游和手游,成为游戏行业新的结构升级趋势。当然,游戏的海外出口也势必会以此为路径进行转型。目前来看,与国内相比,轻游戏模式在海外的发展也尚属于起步阶段,如果能抓住此次战略转型机遇,相信我国的轻游戏定会在海外赢得自己的一席之地。

(四)"引进再输出"模式将成为游戏出口的又一重要突破点

所谓"引进再输出"是指通过引进海外知名 IP(动漫、游戏、影视等)形象,然后融合进中国文化元素进行二次创作,通过在国内市场的磨合之后,再推向海外。这种方式的优势在于它借助海外市场熟悉的视觉形象进行产品推广,有效地提升了接受度,相对降低了文化折扣,为企业迅速占领市场赢得了先机。2012 年获得金翎奖,并且在国外颇受欢迎的网络游戏《圣斗士星矢 Online》,采取的就是这种方式。[①] 因此,在当前文化折扣仍是我国对外文化出口的一大阻碍因素以及我国游戏产品还相对缺乏世界知名形象的时刻,采取"引进再输出"模式将会成为我国游戏出口的又一重要突破点。不管怎样,对外文化贸易的最重要原则还是在于经济价值,如何以最有效的方式开拓市场以获取经济利益,才是文化企业"走出去"首先需要考虑的问题。

(五)全球整合运营是未来企业全球化的必然趋势

随着经济全球化的进一步深入,游戏企业进入全球资本运作体

---

① 《2012 中国游戏产业海外市场报告(摘要版)》,http://www.cgigc.com.cn/201301/151661652421_6.html.

系将成为行业发展的必然,这就需要企业整合全球的研发设计、生产推广,构建全球化产业链条,走因地制宜的多元运营之路。2012年,许多走向海外的新游戏都充分了解市场需求和运营规则,寻求全球优质的游戏资源,以实现效益的最大化。比如《九阴真经》在美国的成功推广就借鉴了当地企业的策划理念；完美世界的《圣斗士星矢Online》借助了全球资源整合、文化"引进再输出"等创新方式,提升了自身在世界市场的竞争力。[1]

(六)依托"开放平台"是未来中小企业"走出去"的主流模式

网页游戏和移动网络游戏的快速增长,将带动大量的中小企业走出国门,然而中小企业由于资金、技术、管理等方面的劣势,其尚无能力建构自己的全球化运作体系。此时就需要借助大企业的平台,以营收分成的形式,共同开拓海外市场。事实上,大企业也需要弥补自身资源上的短板,与小企业合作,实现共赢。在市场环境的驱动下,2011年开放平台模式逐渐流行开来,并受到了业界的重视。腾讯、完美、360等大企业开始搭建自有平台,通过企业的用户资源或海外运营资源,吸引小企业来合作运营网络游戏,并参与营收分成。[2] 有效地推动了市场份额的扩展,提升了中国游戏产业在海外的整体竞争力。可以预见,这一趋势将在未来形成主流。

---

[1] 《2012中国游戏产业海外市场报告(摘要版)》,http://www.cgigc.com.cn/201301/151661652421_6.html。

[2] 文化部:《2012中国网络游戏市场年度报告》。

创意设计产业对外文化贸易年度报告

欧阳神州

在经济全球化与国际竞争日益激烈的宏观背景下,创意设计产业在产业结构优化升级与经济转型发展中的竞争价值日益凸显,成为经济社会发展中新的增长点与重要引擎之一。对于我国来说,创意设计产业发展正处于孕育与初步发展时期,伴随经济转型发展与经济结构战略性调整步伐的加快,本土设计产业发展程度直接影响"中国制造"走向"中国创造"的进程。近几年,党和国家对于设计产业重视程度日益加强,为设计企业与设计行业提供了较好的发展机遇。本土设计企业也积极开拓国内、国外两个市场,把握历史机遇,以更加开放、更加积极、合作共赢的态度致力于提高国际市场的知名度、美誉度与影响力,取得了一定的成绩。

但也应该看到,我国的创意设计产业整体发展水平与发达国家相比还有较大的差距,在发展过程中还存在诸多问题。现状与问题构成了对我国当前创意设计产业的发展,尤其是产业国际化的挑战,如何有效应对这些问题、破解发展困境,成为我们必须直面的现实问题与迫切诉求。

一、行业发展现状

（一）产业概况

近年来,在国家提倡产业转型升级、经济结构战略性调整以及发展文化产业的大环境下,创意设计产业获得长足发展。其自身的地位随着设计企业能力的提升、社会媒体关注度越来越高以及国际奖项的效应而越来越突出。大型制造业企业也逐步形成规模较大的创新设计团队,新兴产业对设计的需求,直接拉动了设计产业的发展。

从近两年的创意设计产业发展实际情况来看,中国设计产业发展突出。"设计之都"的发展状况可以看作我国这一产业发展的风向标。值得特别提出的是,2012年6月,北京正式加入联合国教科文组织创意城市网络,以科技创新、文化创新的鲜明特色成功当选"设计之都",确立了北京设计在全球设计领域的领先地位。以"设计超乎想象"为主题的2013中国设计节暨第二届中国设计发展年会,于2013年5月在北京大兴亦庄开幕。设计节为期3天,以"共建瑰谷,共赢未来"为主线,旨在将国内外设计力量汇集于"中国设计瑰谷",力促中国设计与各大产业产生密切联系,实现设计专家、设计组织、行业创新、区域发展等多方共赢,成为北京建设"设计之都"的重要支撑。在设计节现场,近70家企业220余件展品参展,机器人、眼动科技设备、防灾减灾无人航拍飞机等代表先进工业设计理念的展品集体亮相。下一阶段,大兴的设计产业发展将以北京地区唯一的设计产业园——"中国设计瑰谷"为平台,重点发展电子信息产品、汽车和服装设计、建筑和工程咨询设计、家居家装设计、传播设计以及设计产品展示交易设计五大领域,完善产业链,汇聚国内外设计力量。整合资源、集中智慧、共谋发展,实现设计专家、设计组织、行业创新区域发展等多方共赢;巩固第二产业主阵地,完善新区产业链,创造一个集合"表彰奖励人才、促进成果转化、推进国际合作、促进产业升级"的设计合作新模式,推进制造业升级①。

深圳在积极参与国际化交流与合作中取得新进展。2012年,在德国红点概念奖评选中,来自深圳的6件作品获奖;随后的英国百分百设计展上,深圳工业设计代表团组织的设计企业达38家,获得多个奖项。2013年5月,深圳设计首度受邀意大利佛罗伦萨设计周,其中深圳设计馆吸印了各方人士及媒体的聚焦关注:来自乐泡的钧、魔像、月光石,洛可可的高山流水、上山虎等近60件展品除了带有浓郁的中国风外,还体现了"设计融入生活"的设计潮流,贴合了"Crossing People"设计周主题②。这也是继中国台北世界设计大会、英国百分百设计展、德国IF和红点奖等战略伙伴之后,由"深圳制造"迈向"深圳设计",向世界设计版图扩张的又一坚实步伐。2013年11月30日至12月3日由深圳市人民政府主办,深圳市工业设计行业协会承办,国际工业设计联合会(ICSID)、中国工业设计协会、中国机械工程学会工业设计分会共同协办的"2013首届中国(深圳)国际工业设计大展",集中展示全球25个国家或地区5000余件作品,进一步展现了作为"设计之都"的国际形象。

从区域发展状况来看,我国目前专业设计公司有10万多家,主要集中于以北京为中心的环渤海地区,以上海为中心的长三角地区以及以广州、深圳为核心地域的珠三角地区。北京、上海、深圳作为中国三大创意设计之都,发展前景、发展程度与水平远高于国内其他地区。同时,这三大地区也集聚了设计行业诸多资源。

北京市创意设计产业的发展与整个文化创意产业发展背景紧密结合在一起。统计数据显示,在资产总量、年度收入与从业人员平均人数这三个指标上,北京市文化创意产业中设计服务行业稳步发展(见表1)。

---

① http://beijing.qianlong.com/3825/2013/06/03/25028719559.htm
② http://www.gdida.org/newsContent.do?sortorder=3&newssId=572.

表 1　北京市文化创意产业活动单位基本情况

项目	资产总计（亿元）		合计收入（亿元）		从业人员平均人数（万人）	
	2012 年	2011 年	2012 年	2011 年	2012 年	2011 年
文化艺术	551.2	470.8	237.0	217.0	7.2	7.4
新闻出版	1 514.6	1 260.4	883.0	755.6	15.6	15.1
广播、电视、电影	1 570.7	1 326.0	680.3	553.5	6.0	5.5
软件、网络及计算机服务	6 529.0	5 436.5	3 888.1	3 342.5	69.8	61.3
广告会展	1 050.0	1 002.2	1 256.8	1 154.9	12.5	11.5
艺术品交易	817.5	464.4	705.6	492.2	2.8	2.5
设计服务	1 163.7	920.0	443.0	369.9	11.9	10.1
旅游、休闲娱乐	934.5	713.9	849.0	706.6	11.1	10.6
其他辅助服务	1 444.0	1 348.4	1 370.8	1 420.0	16.0	16.9
合计	15 575.2	12 942.6	10 313.6	9 012.2	152.9	140.9

（资料来源：《北京统计年鉴》(2013)）

其中,设计服务的增加值在整个文化创意产业中所占比例也相对有所发展(见图 1)。

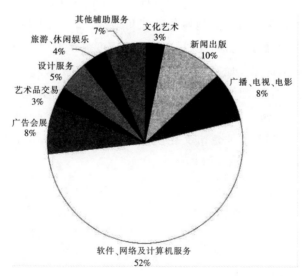

图 1　2011—2012 年北京市文化创意产业各行业增加值所占比例

（资料来源：《北京统计年鉴》(2012)）

相较于以往发展来看,从 2008 年开始,北京市设计服务行业发展步伐加快,五年之内,年度收入值将近翻了一番(如图 3)。

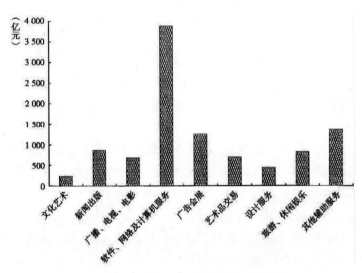

图 2　2012 年北京文化创意产业各项目收入

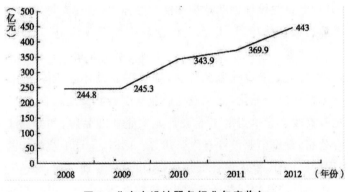

图 3　北京市设计服务行业年度收入

(资料来源:《北京统计年鉴》(2013))

以上资料显示,北京创意设计产业集聚效应明显,规模较为庞大。设计企业、设计院所与设计人才聚集,拥有北京 DRC 工业设计创意产业基地、国家新媒体产业基地、798 艺术区、751 时尚设计广场、中国设计交易市场等一批特色产业园区。可以说,北京创意设计产业在国内处于领先地位。截至 2013 年,全市共有规模以上专业设计单位 800 余家,设计产业从业人员近 20 万人,实现收入超过 1 000

亿元。预计到 2020 年,设计产业年收入将突破 2 000 亿元,北京也将建设成为全国设计核心引领区和具有全球影响力的设计创新中心。同时,北京创意设计产业的国际化发展取得了不错的成绩。其中,2012 年成功举办北京国际设计周、设计之旅、北京服装周等 400 余场设计活动,来自近百个国家的设计师齐聚北京。中国设计红星奖、北京国际设计周等品牌活动有效提升了"北京设计"的国际影响力。惠普、波音、英特尔、宝洁等 20 余家跨国公司在京设立了研发设计中心。[①]

北京作为"设计之都"加入联合国教科文组织创意城市网络,内部各区发展也有所不同。其中,西城区借助得天独厚的设计资源优势,成为"设计之都"核心区,2012 年,西城区设计企业总收入达到 164.6 亿元,利润 23.5 亿元。

上海工业基础雄厚,设计产业起步较早,发展较为成熟的主要是工业设计、时尚设计、建筑设计、软件设计等。近年来,上海依托加强工业设计相关材料、技术等研究和应用,以提高工业设计的信息化水平,提升行业企业设计创新意识和能力为抓手,通过支持工业企业与设计企业对接合作项目、开展设计创新示范企业认定、建设服务平台、建设基地载体和设立设计奖项,鼓励大型企业集团建立工业设计中心,鼓励各类企业设计服务外包,完善工业设计创新体系,推动工业设计创新成果产业化,促成设计产业与制造业深度融合,逐步打造出一批具有较强竞争力的工业设计龙头企业和品牌,如博路工业设计有限公司、意田工业设计有限公司等。同时,重点围绕城市规划设计、工程勘察设计、室内设计等领域,积极设计规划咨询、绿色建筑设计等产业链价值高端环节业务,繁荣建筑设计产业。其中,目前上海市绿色建筑拿到标识认证的已有 44 项。从统计数据看,2012 年,上海文化创意产业发展势头良好,从业人员 129.16 万人;实现总产出 7 695.36 亿元,同比增长 11.29%;实现增加值 2 269.76 亿元,按可比价格计算,比上年增长 14.43%,明显高于全市 GDP 增幅 3.3 个百分点;占全市生产总值的比重为 11.29%,比上年提高 0.42 个百分

---

① 北京"设计之都"协调推进委员会:《北京"设计之都"建设发展规划纲要》,2013 年 9 月。

点；对上海经济增长的贡献率达到20.2%（见图4）。①

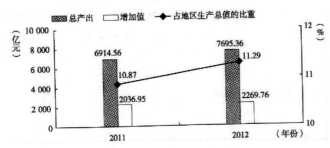

图4　上海文化创意产业总产出、增加值及所占比重(2011—2012年)

在上海文化创意产业中，软件与计算机服务业、建筑设计业经济规模较大，占文化创意产业增加值比重分别为17.4%、13.3%（合计占30.7%）。设计业持续保持两位数增长，对整个产业的发展贡献作用显著。2012年，文化创意产业中的工业设计业、建筑设计业增加值分别达196.54亿元和301.93亿元，共占文化创意产业增加值总量的22%，分别比上年增长15.3%和11.8%，对文化创意产业增长的贡献率达到27.8%，带动整个产业的迅速发展②（见表2）。

表2　2012年文化创意产业分行业总产出、增加值及其增长情况③

行业	总产出(亿元)	增加值(亿元)	增加值比上年增长(%)
文化创意服务业	6 803.14	1 973.07	11
媒体业	433.39	143.82	−4.7
艺术业	201.05	67.25	15.4
工业设计业	527.29	196.54	15.3
建筑设计业	1 235.63	301.93	11.8
时尚创意业	768.46	143.52	4.4
网络信息业	216.33	96.46	5.8
软件与计算机服务业	1 138.65	395.33	10.4
咨询服务业	789.4	256.97	19.7
广告及会展服务业	887.09	214.67	16
休闲娱乐服务业	605.84	156.58	10.6

---

①　上海市人民政府新闻办公室网站，http://www.shio.gov.cn/shxwb/xwfb/u1ai10078.html
②　《2013年上海市文化创意产业发展报告》，http://www.shanghai.gov.cn/shanghai/node2314/node9819/node9822/u21ai761760.html。
③　上海市人民政府新闻办公室网站，http://www.shio.gov.cn/shxwb/xwfb/u1ai10078.html。

续表

行业	总产出(亿元)	增加值(亿元)	增加值比上年增长(%)
文化创意相关产业	892.23	296.69	9.4
总计	7 695.36	2 269.76	10.8

表2数据显示，以工业设计、时尚创意、建筑设计等为主体的设计业在上海"设计之都"的良好建设氛围中持续保持两位数增长，增加值平均增幅超过文化创意产业增幅，设计产业已成为上海转变经济发展方式的重要驱动力、打造城市品牌的有效手段，也逐渐成为上海文化创意产业的主力军[1]。同时，上海文化"走出去"步伐加快，在全国率先建立了设计产业海外基地。

作为全国第一个获得联合国教科文组织授予"设计之都"称号的城市，深圳工业设计占据全国逾50%的市场份额。按照深圳工业设计行业协会的统计，全市拥有各类工业设计机构近5 000家，从业人员超过6万人。设计产值增长在25%之上，工业设计所带来的附加值超过千亿元。[2] 近三年来全市工业设计斩获国际IF大奖26项，获得红点奖26项，超过全国获奖数量的半数以上。其中值得一提的是，作为深圳市"文化立市"、建设"设计之都"的核心载体、深圳"十一五"规划重点项目及深港创新圈"三年行动计划"工业设计领域合作核心平台的中国·深圳"设计之都"创意产业园共进驻以工业设计为主的创意设计企业170多家，其中全国性的龙头企业占80%，包括嘉兰图、洛可可等中国工业设计领军企业以及靳与刘设计、叶智荣设计等30多家中国香港及欧美龙头设计企业中国总部和机构代表处，已经形成国内工业设计企业规模最大、龙头企业总部数量最多的创意产业园区，被业界誉为"中国工业设计第一园"。

（二）政策环境

近年来，党和政府对于设计产业的战略地位与价值意义的重视程度日益加强，中央和许多地方政府出台一系列促进设计产业发展

---

[1] http://roll.sohu.com/20130628/n380103768.html。
[2] 邓翔：《深圳设计"走出去"：核心竞争力在哪里？》，《南方日报》2012年5月22日。

的相关政策与规划指导文件,为设计企业与设计行业的发展提供了较好的发展机遇。

2010年8月,工业和信息化部等十一部门联合印发《关于促进工业设计发展的若干指导意见》(以下简称《指导意见》),指出工业设计产业作为生产性服务业的重要组成部分,对工业竞争力起着至关重要的作用。该《指导意见》从创新能力、人才建设、市场环境与政策支持等角度提出如何发展设计产业的措施。2011年12月国务院转发的《工业转型升级规划(2011—2015年)》提出要"大力发展以功能设计、结构设计、形态及包装设计等为主要内容的工业设计产业"。2013年,由工业和信息化部、发展改革委、环境保护部联合发布《关于开展工业产品生态设计的指导意见》(工信部联节[2013]58号),从工业产品生态设计对于促进生产方式、消费模式向绿色低碳、清洁安全转变角度深化了设计的先导性、基础性的意义与作用,并就此提出了工业产品生态设计试点、完善评价监督机制、技术开发等方面的建议与要求。除了在宏观层面上的政策制定与支持,在微观层面,政府在如何组织、发挥设计产业的潜力方面,同样为设计产业的发展提供了坚实的支持。为推动工业设计加快发展,工业和信息化部会同相关部门联合印发了《关于促进工业设计发展的若干指导意见》(工信部联产业[2010]390号),提出要建立优秀工业设计评奖制度,作为激励工业设计创新的重要手段。报经全国评比达标表彰工作协调小组批准,工业和信息化部组织开展中国优秀工业设计奖评奖活动。

与此同时,北京、杭州、上海等地纷纷出台了推进创意设计发展的政策文件,如福建省《2013—2015年福建省工业设计发展行动方案》,从工业设计公共服务平台、自主创新能力发展、工业设计集聚发展、成果转化、交流对接、人才队伍建设等方面明确了当前的发展要求与思路;2012年,北京编制了《北京"设计之都"建设发展纲要(2012—2020年)》,力图通过实施推进设计产业发展的国际化、产业振兴、城市品质提升、品牌塑造和人才助推五大工程,促成设计产业跨越式发展。

2013年9月,北京"设计之都"协调推进委员会印发了《北京"设计之都"建设发展规划纲要》(以下简称《纲要》),加强对创意设计产业的规划发展。《纲要》中明确指出,到 2020 年,北京设计产业年收入突破 2 000 亿元。其中,近期目标见表3。

表 3　北京"设计之都"发展规划纲要主要指标

类别	序号	指标名称	单位	属性	2015 年
国际影响力提升	1	创建国际化设计机构	个	预期性	如北京 UNESCO 设计创新产业中心
	2	国际著名设计机构和研发设计中心落户数	个	预期性	>50
设计产业发展	3	培育设计企业100强	个	预期性	100
	4	培育优秀中小型设计企业	个	预期性	一批
	5	建设"设计之都"示范基地	个	预期性	20—30
	6	设计产业年收入	亿元	预期性	1400
	7	年均增长率	%	预期性	>15%
	8	从业人员	万人	预期性	35
设计品牌认知度和创新能力增强	9	知名设计品牌	个	预期性	40
	10	优秀设计成果	个	预期性	一批
	11	"设计之旅"挂牌站点	个	预期性	>100
	12	外观设计专利授权量年均增长率	%	预期性	>2%
	13	外观设计专利授权量	件	预期性	7000
	14	设计单位输出技术合同成交额	亿元	预期性	300
人才队伍建设	15	引进设计拔尖人才	名	预期性	>50
	16	复合型设计人才	名	预期性	一批

注:根据 2013 年 9 月北京"设计之都"协调推进委员会印发的《北京"设计之都"建设发展规划纲要》整理而成。

《纲要》在力促创意设计产业对外贸易发展,着力实施国际化工程,融入全球创新设计网络方面,提出了相应的措施与指导意见。比如,要抓住国际发展潮流和先机,积极组织设计企业全面参与创意城市网络的各项活动:通过举办全球创意城市网络北京峰会,开展设计论坛及交易活动,搭建高端对话平台,加强与全球设计企业的全方位交流互动。具体措施包括加强亚太地区设计、鼓励企业加入全球分工体系、吸引国际知名设计机构来京、引入国际知名品牌活动、推动建立北京 UNESCO 设计创新产业中心等①。同时,实施设计振兴贸易计划,加强设计对金融、商务、现代物流等现代服务业的提升作用,促进面向全球市场的服务外包。在人才建设方面,北京将建立相关评审制度,推出一批具有国际影响力的设计行业拔尖人才,鼓励其参与国际交流活动、开展国际合作项目、加入国际行业组织。

"十二五"期间,上海将致力于打造一批创意产业集聚区和创意产业服务平台,培育一批创意产业知名企业、品牌和人才,集聚全球创意资源,促进经济发展转型,形成产业要素资源集聚、市场主体活跃、产业布局合理、带动效应显著的创意设计产业发展体系,使上海成为更具影响力的国际"设计之都"。其中,先后出台的《上海市国民经济和社会发展第十二个五年规划纲要》《上海市文化创意产业发展"十二五"规划》和《关于促进上海市创意设计业发展的若干意见》等政策性文件给予创意设计高度重视。结合以上文件出台的《上海市设计之都建设三年行动计划(2013—2015 年)》(以下简称《计划》)则就进一步落实"设计之都"建设发展,提出了非常明确的发展步伐与主要任务指标(见表 4)。

表 4　2015 年上海"设计之都"发展主要指标

类别	序号	指标名称	单位	属性	2015 年
设计产业能级提升	1	设计产业增加值年均增幅	%	预期性	>13%
	2	设计产业增加值占全市生产总值比重	%	预期性	>4.5%

---

① 北京"设计之都"协调推进委员会:《北京"设计之都"建设发展规划纲要》,2013 年 9 月。

续表

类别	序号	指标名称	单位	属性	2015年
人才培构优化	3	培育创意设计类领军人才和青年高端创意人才	名	预期性	100
	4	培育市级工艺美术大师	名	预期性	100
	5	引进有影响力的国际设计大师	名	预期性	>10
	6	引进有影响力的海外设计人才	名	预期性	100名左右
基地功能特色鲜明	7	创建国家级设计产业基地	个	预期性	2
	8	以行业设计为特色的设计之都特色产业基地	个	预期性	若干
	9	以设计为主要业态的文化创意产业园区	批	预期性	一批

《计划》通过立足上海市自身实际情况，大力推进设计产业发展，鼓励"设计＋品牌""设计＋科技""设计＋文化"等新模式和新业态发展，从而使上海成为高端设计资源的集聚地，辐射和服务全国设计产业发展的核心驱动源，各种创意充分展现的舞台，到2015年，初步建成亚太地区领先、全球知名的"设计之都"，形成一批名人、名企、名牌和名品，最终将上海建设成为以技术先进、文化多元和面向国际为主要特征的知名"设计之都"、智慧城市、国际文化大都市。

"十二五"时期是我国工业转型升级的攻坚期。随着政府支持力度的加大和经济结构调整与产业升级换代的推进，在未来的3—5年，中国工业设计产业将保持快速增长的态势，同时，中国工业设计产业的规模、结构、地域发展模式和市场等均将发生较大的变化，进入一个新的提升发展时期。

(三) 贸易情况

我国本土设计企业积极参与国际赛事进军国际市场,获得一系列国际奖项,提高了国际知名度。例如在 2010 年第六届文博会上,嘉兰图推出了第三代老人手机,该产品获得了当年 IF 设计大奖,并且在德国、法国等多个国家畅销。通过国际行业展会、客户介绍等渠道积极拓展客户范围,联合本土企业进军国际市场。2012 年 9 月 19 日,英国百分百设计展在英国伦敦 Earls Court 展览中心举行,领衔中国设计"军团"的嘉兰图备受瞩目,以其为"深圳派"代表中国设计再度挥师百分百。

设计企业也借助各种平台搭建本土企业与国际企业合作机制。据统计,第九届深圳文博会欧洲设计展团、土耳其展团等 42 家海外机构的展区面积占全馆面积的 13.7%。有来自欧洲、美加、东南亚等地区的 15 890 名海外专业人士报名参会。主展馆 2 号馆的创意设计生活馆,与法国 Maison de Mode,意大利 Apparati Effimeri,Lorelei Sound 等十余家欧洲知名设计企业的作品在一起的,还有本土的洛可可工业设计有限公司、嘉兰图设计有限公司、心雷工业设计有限公司等国内知名设计企业的作品。这一方面是由于深圳文博会主办方在海外招商和推介方面的努力以及文博会日益强大的影响力;另一方面也与我国本土设计行业的发展离不开。随着本土设计产业的设计水准、人才结构、赢利模式等方面的完善与发展,政策支持力度加大,本土设计行业国际竞争力逐步提升,对外贸易也相应获得发展。

随着越来越多海外参展商的加入,如今的深圳文博会已是世界文化集中展示的平台,涵盖的领域也更加多样。本届文博会除了创意设计生活馆提供多项海外文化产品展示外,海外投资商和参展商也将参加各类论坛和活动,如海外文化产业项目与产品采购合作需求发布会暨文博精品 App 发布仪式及签约仪式、深圳—欧盟文化创意产业投资推广暨企业对接会、中法文化之春专题活动等。从具体案例看,多年以来深圳市浪尖设计有限公司已经把文博会当成产品首发和拓宽海外市场的第一选择。在 2009 年第五届文博会上,浪尖展出了一批将中国传统文化与现代设计工艺相结合的新产品,其中一款"禅机"的手机,获得了国内外专业买家的一致肯定。近年来,浪尖设计陆续接到欧美及日本客户的订单,推出多款多系列主题产品。2009年11月,浪尖设计创立了浪尖海外事业部,立足加拿大,为全球客户提供设计服务、设计咨询、模型制作、模具制造及产品集成服务。2012年文博会结束后,韩国某品牌商十分看好浪尖设计自主研发的一款时尚防水手机,希望浪尖能够为他们设计研发一款同级别的三防智能手机。从洽谈到合同最终签订不到一周,该品牌就签下了20 000台的首个订单。

另外,上海在全国率先建立了设计产业"走出去"的海外基地。联合国教科文组织"创意城市"(上海)推进工作办公室与意大利佛罗伦萨市政府签订了合作协议,共同建设"上海佛罗伦萨——中意设计交流中心",开展了首届设计之都活动周,举办了国际电影节、动漫游戏博览会、室内设计节、时装周等一批大型活动,加大文化创意产业的推介、展示、交流和交易。[①]

二、行业发展特征与趋势

目前我国设计产业依托政府政策支持、国内外市场需求与技术发展的优势,近年来获得较快增长,不过与发达国家的水平相比,本土设计产业整体水平还远远不够。从地域发展情况、知识产权保护与品牌建设、高端人才队伍建设、投融资环境、企业发展模式与抗风险能力等诸多方面来看,我国设计产业在日益激烈的全球化市场竞争中所面临的挑战较为严峻,在全球化设计行业中仍处于低端设计、低水平发展、低影响力与竞争力的不利地位,离设计产业"走出去"的真正实现还有较大差距。

我国设计产业对外贸易发展主要呈现以下特征与趋势。

---

① 上海市经济与信息化委员会网站,http://www.sheitc.gov.cn/zxxx/660150.htm。

(一) 本土设计产业初具规模,但地域发展不平衡、产业模式处于发展探索期

我国目前本土设计产业在近些年较快发展的态势下,已经初具规模。从设计产业体系来看,我国初步形成了门类较为齐全的覆盖工业设计、室内设计、时尚消费品设计、建筑与景观设计、设计与城市规划、平面设计、服装设计、软件设计等诸多领域的设计体系。从设计的市场主体的类型来看,包括独立的专业设计机构、主要服务企业内部的设计部门以及从事设计研究和服务的科研院所[①],类型多样。从设计发展的途径来看,主要表现为驻厂设计、专业公司设计、政府支持的设计机构以及院校工作室设计等几种形式,发展模式多元化。从设计行业从业人员来看,近些年来,设计从业人员稳步增长,人员素质有所提高,从业人员结构趋于合理。

我国设计产业发展仍存在不足与缺陷。地域发展不平衡,各地区、各行业分类、各领域发展不平衡,中国设计产业资源主要分布在东部地区,其中又以北京为中心的环渤海地区、以上海为中心的长三角地区和以深圳为中心的珠三角地区发展较为成熟,竞争力比较强,具有一定的国内外市场影响力。北京、上海、深圳作为"设计之都",依托人才、资金、政策、市场等优势,涌现出一批知名的、有竞争力的设计企业,如嘉兰图、洛可可设计、东道设计等本土设计公司在国际市场上崭露头角,在产品设计国际大赛中也屡屡获得大奖,国外市场开发模式也步入企业发展的日程。但是,其他地区的发展则不突出。

同时,设计企业的赢利发展模式尚处于发展探索期。设计企业发展的多元化,一方面体现了中国设计企业的灵活性与适应性强,另一方面也反映了目前条件下设计行业中不同管理发展模式在各自的小领域中具有的有效性,普遍适应性不强,同时暗含了各个模式之间难以形成合力,分散、多元、规模小的特点难以适应全球化背景下的国际市场的激烈竞争。整个设计市场体系赢利模式有待进一步发掘,面临着行业重新洗牌来适应全球化发展的趋势。

---

① 《设计业对外文化贸易年度报告》,《中国对外文化贸易年度报告(2012)》,第 257 页。

（二）对外贸易稳步发展，但与发达国家相比仍有较大差距，国际化发展的路径有待进一步发掘

近年来，我国设计企业积极进军海外市场，参与国际设计赛事，吸引国际同行的关注。中国设计产业的对外贸易发展，目前主要集中于参与国际设计大赛，通过国际行业展会、网络推介、项目合作等销售渠道来拓展市场，扩大知名度，不过力度还是不够，主要集中于少数企业；同时，对外投资与融资、参与国际设计市场项目、品牌营销等方面是本土设计企业国际化发展的软肋。国内设计企业参与国际市场的开拓，在"走出去"以及"如何走出去"之路上任重道远，相对单一的对外贸易发展的模式难以顺应时代发展要求，必须进一步加强国家合作、交流与竞争，站在未来设计产业发展的趋势与国际市场的需求角度，主动谋划，创新对外发展的方式。

（三）设计企业以中小型企业为主力，发展限制因素多，依附性强

由于设计资源分布不均，本土设计企业虽发展模式多元化，但规模普遍较小，以中小型企业为主，一些设计市场主体对政府政策依赖度高，对其他行业或产业的依附性强，融资能力不强，发展限制因素多，抗风险能力差，实力不强，行业发展体系脆弱。除了少数实力较强的企业，如嘉兰图、洛可可设计、深圳灵狮等设计公司能够依托设计技术与国际大奖的影响力，活跃在国际市场上并与国内外知名大企业进行项目合作，实现较快发展外，其他诸多企业还停留在低端、无序激烈竞争的状况，自身赢利能力还较差。这些迫切需要政府的统筹规划，从设计行业发展的自身规律出发，采取多种手段，从政策、资金、法律等层面，积极扶持、引导相关企业做大做强。而这一点也反映出当前本土设计企业依附性强。

三、行业问题与对策

中国设计产业与国际水平的差距主要体现在原创能力不足、缺乏创意、缺乏高端人才、知识产权保护不力、企业规模偏小与投融资

渠道不畅通、整体产业发展的水平不高，过于依赖市场、技术等因素来指导设计开发，而缺乏将管理、文化等因素整合到运作体系中等几方面。为弥补这些缺陷，可以从以下措施着手。

（一）注重设计创新能力提升，培养具有国际视野、对接国际水准的高端人才

设计产业不仅能够反映出当代社会的经济、文化与技术风貌，更是设计师思想、道德、价值观的体现，设计创新能力的提升离不开人才这一最大的变量。要想促成设计成为一个产业，成为具有国际竞争力与影响力的产业，迫切需要一批高素质的设计人才，也需要能将设计成果投放到国内外市场的经营管理人才。但是从目前我国设计产业发展的实际情况来看，我国设计从业人员日益增加，总量逐步上升，但是有国际视野、眼光与水准的设计师相当少，也缺乏具有国际运营运作能力的高级经营管理人才。设计产业人才的结构、质量与数量还不能与我国设计产业发展现状与发展诉求相适应。在此情况下，应根据我国设计产业的发展阶段与未来趋势，站在未来发展的要求与市场诉求的角度，实施人才建设工程，注重提高从业人员素质，提升设计创新能力的培养，逐步培养一批具有国际战略眼光、对接国际水准的高端人才，鼓励创意设计行业"走出去"，积极参与国际项目的合作、参与国际交流活动与国际市场的竞争。

（二）加强知识产权保护与企业品牌建设，提升产品附加值

与西方国家完善的知识产权保护机制与实施经验相比，我国对知识产权的保护力度还有非常大的提升空间。缺乏知识产权保护意识也成为常态问题而存在。在目前情况下，国内不少设计企业急功近利，为追求眼前利益与自身局部利益，往往选择模仿式设计进行设计开发，而非通过原创性或创新性设计来实现本企业设计产品的开拓。这种短视行为最终影响了企业自身乃至行业自主创新能力的提升，损害了原创性企业的合法利益，拖慢了设计行业的发展路径与进展步伐。因此，为进一步促进设计行业健康发展，不断提升国际竞争力与自身核心竞争力，必须加强知识产权保护体系的建设，强化行业

自律与规范建设,建立健全设计行业知识产权保护的法律法规体系,加大执法监督力度,切实保障设计行业在统一开放、竞争有序的市场环境中得到发展。

同时,缺乏品牌建设意识也是制约我国设计企业做大做强与"走出去"战略实现的瓶颈之一。从实际情况来看,"中国的设计产业发展时间较短,缺乏文化的积累和技艺的传承,没有品牌价值的沉淀"[1],本土设计企业缺乏对品牌建设的意义与价值的洞察,或是对如何加强品牌建设认识不够、理解不深、实行不力,品牌战略规划、品牌文化系统识别体系构建、品牌的管理等发展滞后,缺乏国际品牌竞争力与行业整体竞争优势,始终处于世界设计行业产业链的低端。在这样的环境下,设计行业的发展需要向微笑曲线两端延伸,向创新设计研发与品牌营销管理发展,不断提升设计水平与设计产品的推广营销,树立品牌意识,摆脱低端设计、无序竞争的困境与模仿抄袭谋取眼前利益的短视行为,增加产品的附加值。

(三)健全设计产业投融资渠道畅通机制,整合资源,构建设计产业链与产业集聚

目前设计行业企业普遍存在融资渠道有限、融资困难、人才缺乏、企业规模小、抗风险能力弱、交易成本高等因素,严重制约着本土设计行业的发展。这与我国当前经济社会发展的程度有一定关系,同时也反映设计行业自身发展的一些问题。另外,设计企业之间也缺乏有效的协同合作,"缺乏系统设计能力与设计管理能力,在专业分工细分化的同时,缺乏专业间的融合与协作"[2],产业链发展也不健全,产业结构还有待进一步转型升级。

要提升中国本土设计产业的发展程度与质量效益,首先,政府要从战略发展与行业转型的意义与高度上重视设计产业的发展,根据设计行业自身发展的规律,适时制定合理、科学的规划布局,健全该行业的投融资渠道,加大政策与资金扶持力度,提供税收优惠、项目

---

[1] 谢杜萍:《中国设计产业的问题及对策研究》,《企业导报》2011年第16期。
[2] 中华人民共和国文化部对外文化联络局(港澳台办)、北京大学文化产业研究院编:《中国对外文化贸易年度报告(2012)》,第258页。

支持、奖励贴息等多种渠道的资金支持,鼓励民间资本进入该行业,适度通过风险投资、股权基金等形式来为该行业注入资本,根据创意产业自身禀赋特点与发展规律,创新投融资形式,解决资金制约的问题。其次,积极促成设计产业领域公司制、市场化的科技条件平台建设,整合企业、科研院所的资源条件,政府搭建必要的技术、信息等公共服务平台,通过提供信息资源共享、国际交流合作、项目推介、品牌推广、政策环境支持等公共服务为企业发展乃至设计行业的产业链发展奠定基础,促成产业综合竞争力的上升。最后,可以鼓励相关企业联盟或协同合作,形成产业集聚与产业整体竞争力,共同"走出去",联合开拓国际市场,共同承担国际风险,与国际市场接轨,加强国际交流与合作。

(四) 整合中国元素,借鉴汲取国际经验,有步骤、分阶段打造具有"中国设计"的国际化设计企业群

民族的才是世界的。"本土文化的生命力才是中国经济、文化在全球化浪潮中获得活力的源泉","推动本土设计发展,为本土文化注入新活力,建构全球化浪潮中本土文化产业的道路"[①]。设计产业作为文化产业体系中重要的组成部分,能通过产品设计与拓展产品市场,将文化融入产品推广,从而产生深刻的政治、经济、文化影响力,对提升一国软实力与综合竞争力具有十分重要的战略意义。

中国设计产业要走国际化之路,首先,必须充分发掘自身的优势资源,合理开发保护本土文化与民族特色,融合中国元素,这有助于克服民族品牌在创新表现上与国际品牌存在的差距,对产品、产业的属性定位上存在的一些偏差,只有这样,才能在日益激烈的国际竞争环境中获得传播力、话语权,提升本土文化软实力、巧实力与国际影响力,为实现从"中国制造"到"中国创造"与"中国设计"奠定好的基石。

其次,积极借鉴国际上好的做法与经验。从国际设计体系发展的层面来看,成熟的设计产业发展各阶段创意设计的受扶持力度、方向与参与主体等会有所差异,其体现出来的发展规律实际上可以为

---

① 蒋晖、周武忠:《全球化语境中设计的力量》,《艺术百家》2013年第1期。

后起创意设计之国所借鉴(见图5)。

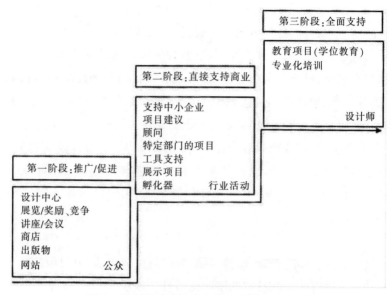

图5 欧盟国家设计产业创新政策演化阶段

(资料来源：DESIGN 2005_The Industrial Design Technology Programe, http://www.seeprojec.org/casestudies/Design%202005%20_%20Industrial%20Design%20Technology%20Programme, 2007.)

我国可以取他山之石,针对自身所处的阶段与发展实际,优化利用经济全球化,积极采取适时的政策分步骤、分阶段予以有针对性的支持,促成国内设计企业做大、做强、做精,进而善于引导一些已经具备实力、国际竞争力强的龙头企业牵头走向国际市场,对接国际标准、瞄准国际市场、把握国际动态,将本国文化的元素合理、灵活、有创意性地融入整个国际设计体系中,参与国外重大设计会展、发展国际设计服务贸易、投资海外市场,打造具有"中国设计"的国际化设计企业群。

中国广告产业的"走出去"之路
——2012—2013我国广告业对外文化贸易发展撮要

高 超

2012年,我国服务进出口规模再创历史新高。进出口总额首次超过4700亿美元,跃居世界第三。广告服务贸易既是现代服务贸易的重要内容,也是文化贸易的主要组成部分,在服务生产、引导消费、推动经济增长和社会文化发展等方面发挥着重要作用。近年,服务贸易的国际发展趋势表明,传统服务贸易在服务贸易中的重要性正在逐步减弱,而以广告等为代表的新兴服务贸易出口亮点纷呈;服务进口由降转增,贸易顺差持续稳步扩大,在国际服务贸易中的重要性日益增强。截至2012年底,广告业市场总体规模已跃居世界第二位。中国广告经营额占国内生产总值的比重达0.9%,比2011年上升了0.24%。2012年经济发展相对缓慢,对广告市场造成一定的冲击,广告市场增幅明显放缓,成为这一年广告公司经营中遇到的主要挑战。本文分析了中国贸易发展的症结相应从政府、产业、公司和人才层面给出对策建议以期促进广告产业"走出去"。

一、中国广告业发展现状

广告业与一个国家的经济发展紧密相关,对于经济发展具有一定的拉动作用,反过来又依附于其他行业的发展。2012年国内外经济增长放缓抑制了广告业的发展,据权威研究机构CTR最新发布的《2012年上半年中国广告市场回顾》显示,上半年传统媒体的广告刊例花费同比仅增长3.9%,增幅为近五年最低。但首批国家级广告创意产业园区的初建、广告公司在业务上的拓展与产业链的延长都为下半年广告业的强力反弹贡献了力量。就整年来看,国家级广告创意产业示范园区的发展与新媒体技术的变革引领了2012年中国广告业的总体走向。以下将从宏观和微观两大视角来考察2012年广告业的发展,微观视角又从广告业的三大主体:广告主、广告公司、广告媒介分别进行探讨。

(一)宏观的政策环境

在2012年广告增幅收缩的同时,政府却正在逐步推进对广告产业的扶持措施。一系列支持广告产业发展的政策如《国家"十二五"时期文化改革发展规划纲要》和国家工商总局印发的《广告产业发展"十二五"规划》(以下简称《规划》)。该《规划》是"十二五"期间国家服务业发展规划体系的重要组成部分,也是我国首个纳入国民经济与社会发展规划体系的广告业中长期发展规划。

广告产业园区的建立是2012年中国广告业关注与讨论的热点。广告创意产业园区的发展既是发展文化产业的需要,也是广告业转型升级发展的需要。全国已有20个广告产业园区挂牌开展工作。多年来中国广告产业集中度低,高度分散与弱小,效率和利润都较低。要改变这种状况,就需要对广告产业实行集聚发展。国家实施广告产业园是大力支持广告业的一个重要措施,广告产业园作为国家财政专项拨款扶持的一种"创新型聚集式"的产业发展模式,是近年来中国广告业关注与讨论的热点。广告创意产业园区的发展既是发展文化产业的需要,也是广告业转型升级发展的需要。全国已有20个广告产业园区挂牌开展工作。总局于2012年3月份印发了《国家广告产业园区认定和管理暂行办法》,对国家级广告产业园区的认定和管理进行了初步规范。

(二)广告业主体的发展

1. 广告主

第一,广告主信心低迷,营销预算减少,预算方式也有所变化。

2012年中国经济增速回落,经济危机带来的余震还在持续,上半年GDP同比增长7.8%,其中二季度增长7.6%,创三年来新低。广告是一个地区、国家的经济晴雨表,经济的不景气也导致2012年中国广告市场整体表现低迷。CTR媒介智讯的此次调查显示,2012年,国内广告主广告投放信心低迷,2013年仍会延续。虽然调查数据表明广告主对国民经济发展抱有信心,但对行业和本企业的信心明显下滑。受到信心低迷的影响,广告主在2012年的营销预算有所减少(如图1所示)2013年预计也仍以谨慎观望为趋势。调查中,增加费用、减少费用、费用不变的广告主分别为50%、15%、35%,各项比例与2012年基本持平。在预算分配和使用方式上也有变化。直接向媒体购买广告的比例增加的企业在本次调查中占了4成。这对广告代理公司而言,是一个危险信号,广告主的自主购买能力可能会越来越强。广告主对终端卖场及活动推广费用的增加意愿比较强,在三网融合、多屏互动的趋势下,广告主也开始将目标转移和分散,平面媒体面临被削减的危险。

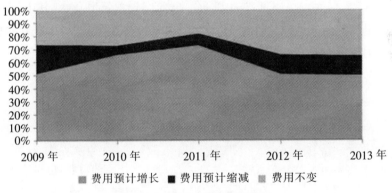

(数据来源:CTR媒介智讯2013年广告主营销趋势报告 N=60)

%	最先考虑增加营销费用		最先考虑减少营销费用
基数:所有被访者	60	基数:所有被访者	60
互联网	50	电视	40
电视	37	报纸	32
户外新媒体	32	杂志	28
最终交易场所营销活动	32	传统户外	25
自策略	20	电台	17
移动终端	17	户外新媒体	17
传统户外	12	互联网	13
电台	8	自策略	7
杂志	8	赞助类	7
赞助类	3	移动终端	5
报纸	2	最终交易场所营销活动	2

图1 广告主的营销预算变化趋势

(数据来源:CTR媒介智讯2013年广告主营销趋势报告 N=60)

第二,新晋网络广告主增多。2012年中国互联网广告市场规模进一步扩大,但较2011年涨势有所放缓,呈现平稳增长。据艾瑞最新数据显示:2012年全年新晋网络广告主达8 585个,累计投放费用约16.6亿元。2012年3月和8月出现广告主新增高峰,其中,8月份新晋广告主投放累计达19 585天次。从投放规模来看,新晋广告主月度贡献额占整体投放费用平均为1.5%。

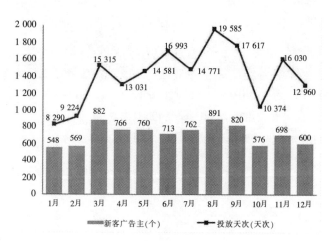

图2 2012网络广告市场广告主月度新增趋势

(数据来源:iAdTracker.2012.1—2010.12.基于对中国300多家主流网络媒体品牌图形广告投放的日监测数据统计,不含文字链及部分定向类广告)

第三,房地产类广告主数量位居第一。市场从细分行业来看,新晋广告主中,房地产类广告主数量位居第一,且显著高于整体市场份额,约占2012年全部新晋广告主的22.4%,主要集中楼盘宣传。而且,房地产广告主2012年积极投身互联网。零售及服务类广告主新增量同样较大,行业分布比例较市场整体情况提升5个百分点,其中,商业零售服务、广告公司和照相馆/冲印服务类的广告主纷纷踊跃加入互联网营销行列。

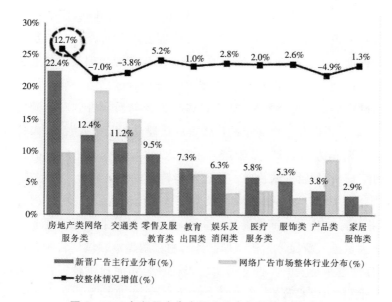

图3 2012年新晋广告主行业分布与整体市场对比

(数据来源:iAdTracker.2012.1—2012.12.基于对中国300多家主流网络媒体品牌图形广告投放的日监测数据统计,不含文字链及部分定向类广告)
注释:占比情况按选择频度而非投放预估费用。

2. 广告公司

截止2012年底,全国广告经营单位达到37.78万户,广告从业人员217.78万人,分别同比增长27.41%、30.14%。广告市场活力不足,广告公司经营出现明显下滑。2012年与2011年相比,上半年营业额增长的被访广告公司比例同比下降13.3个百分点,为52.9%,略高于2009年的48.5%;营业额下降的被访广告公司比例同比上涨10.8个百分点。2012年上半年税后纯利润增长的被访广告公司占47.7%,与2011年同期相比下降12.3个百分点。被访广告公司税后纯利润下降的比例为24.2%,高于2011年10.6个百分点。

2012年广告公司继续进入整合期,发展呈如下几个特点:第一,广告公司的产业规模不断扩大。受资本和技术的刺激,广告服务业的产业链条逐渐拉长,由传统的广告代理公司开始介入产品及服务生产的上游等产业链全方位渗透。媒介广告资源代理及销售业务一直以来都是本土广告公司的经营强项。然而伴随广告主媒体广告投放由硬广向整合传播转移,加之媒体节目创新和广告创新热潮的推动,广告公司也开始由简单的广告资源代理业务向植入营销、媒体资源整合营销方向转型,基于广告主需求,将媒体资源进行整合。第二,广告公司经营模式由单一经营逐步转向多元化经营。一般来讲,广告公司主要可以通过三种途径实现多元化经营:第一种是内部发展,指从广告公司内部发展新的业务,进入新的产业。近几年来广告公司大量进入新媒体营销领域。广告主在新媒体领域广告预算的增长,促使越来越多的广告公司由广告代理公司向提供数字技术与网络技术服务、内容营销、增值服务的转化,这也带动了广告公司业务的多元化。广告公司愈发关注到数字营销传播的本质在于对数字媒体的策划和数字技术的支持,如分析广告效果以及获取消费者数据的技术与能力。第二种是外部并购或联合。众多广告公司,尤其是综合型广告传媒集团以并购或拓展业务的方式,快速介入数字营销,整合数字营销资源。不断拓展营销模式如数字营销、内容营销。联合指两个或两个以上的媒介,打破地区、部门和所有制界限建立的一种媒介联合体。2012年到2013年蓝色光标的广告服务初步涉及了互联网广告、户外广告、平面广告等细分领域。通过并购博杰,公司将提高在电视广告方面的服务能力,业务基础更加雄厚。公司和博杰广告在业务、客户、媒体资源等方面还存在互补性,此次并购使双方资源整合,形成良好的业务推进态势,进一步推动公司打造成为综合性的整合营销服务集团。多元化可以保证媒体企业集团在激烈的市场竞争中,既保持其市场份额,又能获得市场生存,克服在市场不景气时的危机。

3. 广告媒介

第一,电视依旧是广告投放的主导力量,但广告份额逐年下滑。2012年电视仍是国内第一大广告投放媒介。电视广告受众范围广、传播效果强、灵活度高等特点使其拥有庞大的观众群,其规模仍占据广告市场的最大份额。不过近三年来其媒介份额有逐年下滑的趋势。随着软硬件设备的不断优化,IPTV用户量的稳步增长,促进了电视搜索和电视媒体定向广告的发展。借由网络电视可以实现更为精准的定向广告投放。据央视市场研究(CTR)报告:2012年上半年传统媒体的广告刊例花费同比增长3.9%,低于2008—2011年的同期水平。

第二,互联网广告花费持续快速增长。互联网的持续增长将继续引领媒介花费市场的增长。根据引力传媒的报告,2012年上半年,中国互联网广告则保持了25.7%的稳定增长。艾瑞咨询最新数据显示,2012年第三季度网络广告规模为213.7亿元,同比增长43.8%,环比增长16.1%。前三季度累计中国互联网广告市场规模539.1亿元,2012年全年中国互联网广告市场预计突破750亿元。在网络广告市场份额中视频广告增幅最大,已成为网络广告市场增长的主力。艾瑞咨询数据显示,2010Q1视频媒体市场份额为4.8%,2011Q1份额为7.4%,2011Q2份额为8.5%,而2011Q3视频贴片广告份额已经提升至9.4%,份额快速提升。尤其网络视频行业中的热门剧集和电视节目点击率较高。

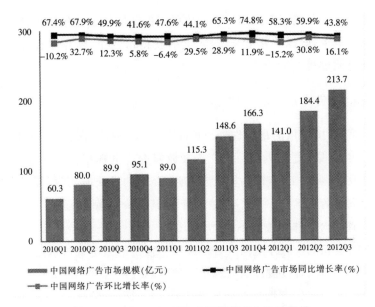

图 4　2010Q1—2012Q3 中国网络广告市场规模

（数据来源：综合企业财报及专家访谈；根据艾瑞统计模型核算，仅供参考）

电商平台在网络广告中的份额不断提升。以淘宝（含淘宝网和天猫）、京东商城为代表的电商企业，不仅仅为企业提供了销售平台，更提升了企业的营销空间，电商行业的发展颠覆了传统市场营销和商品销售的局限。新的营销形式不断诞生如淘宝 TANX 平台，淘宝联盟等都将进一步推动网络广告的发展。

2012 年中国的移动互联网市场正在进入一个高增长期，以移动应用广告平台目前发展最快，市场规模增长到 12.6 亿，预计 2013 年及未来几年还会保持高增长率。移动营销中（App）应用营销是目前移动网民最主要的使用媒介，引起了广告主的极大关注，市场规模增长很快。

2012 年社会化营销的大趋势仍在继续。社会化营销中的微博、微信营销等已然颠覆了大众传播的方式，并成为企业营销新动向。伴随着大数据时代的到来，数据库营销引发营销变革。

第三，户外增长势头将变缓；移动互联网将迎来进一步发展。2012 年户外广告花费实现了 17.5% 的增长。不过，这股势头将从今年开始放缓，群邑预测 2013 年和 2014 年户外广告花费的增幅分别为 9.7% 和 9.3%。与此相对的是，截至 2012 年底，手机网民规模达到4.2亿,在网民总体中的占比升至74.5%;手机用户中的3G用户规模达2.3亿,较2011年增长了81.3%。移动广告将在广告营销中扮演越来越重要的角色。

二、广告业贸易概况

全球广告产业正在经历重大的战略转型,即整合营销传播转型和数字营销转型,技术驱动的大数据时代推动了精准营销的大趋势。这也对广告园区和广告公司提出了新的要求,即如何服务于广告产业的转型升级和如何应对这种转变。

(一)全球广告业的发展形势

第一,全球广告业并购热度不减。广告界的合并、收购屡见不鲜,早已成为全球广告业发展的常态。纵观国际上各大广告集团的发展史,基本上都是一部长长的合并收购史。2012年和2013年的两年来国际上广告公司的合并和并购也风起云涌。这其中包括传统媒体间的强强联合、传统媒体收购新媒与新媒体的反击。2012年6月,WPP集团收购业界最著名的独立数字营销公司AKQA。同年9月,日本电通以50亿美元收购英国安吉斯媒体集团,此举标志着拥有百年历史的传统广告公司数字广告的重大转型。新媒体也在收购,2013年3月,Facebook收购了微软的一个广告技术平台,用于更好地评估网站的广告效果。

2013年国际广告业的一个重大事件是诞生了广告界的巨无霸。美国宏盟集团与法国最大广告公司阳狮集团合并。合并之前,宏盟和阳狮分别是世界排名第二、第三的广告集团。合并后的新公司将超过WPP集团,成为全球最大广告传播集团。有分析称,合并后的新公司将控制美国40%的电视广告市场份额。

第二,以新媒体为依托的广告公司加速分割全球广告市场,不断吞噬着广告巨头的利润。

新技术对广告营销产生了巨大而又深远的影响,技术革命使得消费者的生活以及传播形态都发生了改变。品牌与科技创新的理念相结合是这个时代的趋势。以新媒体为依托的广告公司不断涌现，它们虽然历史短，但以技术为优势，迅速抢占市场，挑战传统广告公司的地位，并试图绕开充当媒介代理的广告公司，直接从广告主手里取得预算。以 Facebook 为例，公司已经在多个国家都设立了广告销售团队，它的定向广告模式和社区广告模式（Social Ads）吸引了大量全球知名品牌。Facebook 十分重视技术的应用，定向广告是基于美国 Doubleclick 公司提高的 DART 这一技术平台设计而成的。互联网公司如谷歌在 2012 年前半年的广告收入就已经超过了 100 亿美元。新媒体已成为广告主日益青睐的投放平台、广告公司的合作伙伴。全球社交网络广告收入持续增长。据艾瑞咨询整理 eMarketer2011 年 9 月的数据发现，全球社交网络广告收入飞速增长，每年保持 20% 以上的增长率。2009 年收入仅为 23.8 亿美元，2011 年已经冲破 50 亿元大关，预计到 2013 年，全球社交网络广告收入将近 100 亿美元。

第三，中国和印度等新兴市场将带动全球广告业增长。环球网报道，全球第三大广告传播集团法国阳狮集团（Publicis Groupe）称，中国和印度等新兴市场将带动 2012 年全球广告市场达到 4640 亿美元。阳狮集团下属的实力传播集团（ZenithOptimedia）发表报告称，未来三年，中国、印度、俄罗斯和巴西将占到全球广告业支出增幅的 33%。

对于全球广告主而言，中国市场具有重要的战略意义。中国文化的力量正在崛起，并越来越被重视。而且为了降低欧美经济衰退对其不利影响，大多数广告巨头早已通过并购或联盟的方式投资中国市场达数年之久。例如法国阳狮集团和美国 IPG 广告公司都想从中国的快速发展中分一杯羹，正计划在中国建立从事数字广告的业务部门。

（二）国内广告业贸易发展概况

随着世界经济全球化进程的加快和中国经济的不断发展，中国广告产业迎来了前所未有发展机遇的同时也面临着来自跨国广告公司新一轮强势扩张的冲击。自从中国允许外资广告公司进驻中国，标志着中国广告市场全球化时代拉开序幕，到 2012 年中国已变成全球第二大的广告市场，中国的广告业不断发展，在世界扮演越来重要的角色。广告作为高附加值服务贸易中的重要组成部分,出口快速增长,比2011年增长18.2%。从进口的情况看,2002—2006年的5年进口额分别达到3.94亿美元、4.58亿美元、6.98亿美元、7.15亿美元、9.55亿美元;2003—2006年4年间的年增长率分别为16.08%、52.51%、2.42%、33.52%。2002—2006年的5年进口额分别达到3.73亿美元、4.86亿美元、8.49亿美元、10.76亿美元、14.45亿美元,2003—2006年4年间的年增长率分别为30.42%、74.52%、26.76%、34.33%。从总差额的情况看,近年来我国广告、宣传服务的国际服务贸易由逆差迅速转变成为顺差,说明我国的广告、宣传服务的国际竞争力显著增强,2002—2006年的5年进出口差额分别为−0.22亿美元、0.28亿美元、1.50亿美元、3.61亿美元、4.90亿美元,2003—2006年4年间的年增长率分别231.38%、429.57%、139.88%、35.93%。

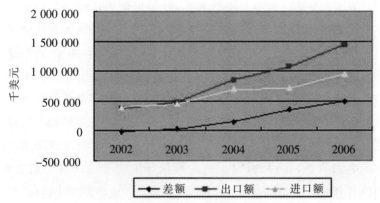

图5　2002年—2006年我国广告、宣传服务业进出品概况

(资料来源:中华人民共和国国家外汇管理局网站)

三、我国广告业贸易发展特点

(一)跨国广告公司挤压本土广告公司

全球最大的几个广告巨头都希望在中国这样快速增长的领域占据一席之地,他们带来了强大的资金、先进的企业管理制度和成熟完

备的商业模式与文化理念,挤压相对弱小的本土广告公司,抢占我国广告市场的主导权,使得本土广告公司面临严峻的挑战。如阳狮锐奇将其数字广告商业模式用到中国的在线搜索、展示和视频广告上。中国已成为全球最重要的媒体市场之一,网民数量位居全球第一,全球广告集团纷纷抢占中国网络广告市场,并购中国的数字广告公司。当然,这些广告巨头也面临不少挑战,如处理与中国政府的关系,与本土公司的整合,与中国互联网企业打交道等。

(二)广告创意中国元素的全球化

2012年国际广告节上出现更多中国元素,中国广告的影响力不断提升。如戛纳国际创意节,它被誉为广告界的奥斯卡,是全球广告和创意界最具影响力的年度盛事。随着中国经济持续发展,中国的市场空间逐年增长,中国广告与创意在国际上的影响力变得更加强大。中国在戛纳广告节上屡获大奖,开始可以用广告形态向世人传播中国文化、中国式营销模式和理念。2013年,60周岁的戛纳国际创意节将再次迎来吉祥的"中国狮"。由中国广告协会主办的戛纳·魅力中国周活动是中国广告协会与戛纳创意节合作多年来组织的规模最大、规格最高的交流展示活动,以"国家日"命名的中国日主题论坛在戛纳创意节历史上尚属首次。中国由过去简单参与到现在成为广告节的主角,运用影像向世界展示了中国的创意。除了戛纳国际电影节外,在纽约广告节、伦敦国际电影节上均有不俗表现。2013年釜山广告节举办了首届中国专题,中国元素、中国创意正在被全球所关注。很多国际品牌都在积极利用中国文化的一些元素进行广告创意,赢得了很多消费者的喜欢。随着中国影响力的加大,中国创意和中国元素将有机会走向世界,但是中国文化中有很多内涵并没有被广告传播界深度挖掘,融入中国本土文化的创意元素未来也将是一个新的趋势。

四、中国广告对外贸易存在的主要问题

中国广告市场无可置疑的成为全球广告市场不可分割的重要组

成部分。广告服务具有经济和文化双重属性，除了是商业营销和传播文化的重要手段。中国广告业除了商业功能外还肩负着向世界传播中华文化，提升国家形象，实现中国梦的重大使命。然而中国广告仍与世界同行存在较大差距，其对外贸易举步维艰，制约因素主要表现在以下几方面：

（一）广告制作、运营与拓展海外市场能力有待提升

首先，广告制作的软硬实力都不够强。中国是制造业和出口大国，但中国品牌在国际市场的地位却与此极不相称，我国没有世界性的品牌。广告营销是从"中国制造"到"中国创造"，打造"中国品牌"的先锋和重要工具。广告是知识密集、技术密集型产业，是智慧的行业，创意的行业。如果说广告制作所需的技术设备和材料是硬实力，那创意就是其软实力。与欧美相比，广告制作的硬件相对滞后，电脑绘画、电脑刻字、三维动画技术、大型灯箱的制作技术、拍摄技术、光绘图等技术大多落后于欧美发达国家水平。技术支持加创意不足是国内许多广告代理公司不得不寻找海外广告制作商或者跨国广告公司的重要原因。创意是广告的灵魂，是广告制作的"软实力"。然而中国广告产业的整体创意水平不高，与国际广告创意水平差距较大。广告表现形式存在严重的模式化，创意的开发精神匮乏。除了商业广告外，广告还应具有诸如宣传公益和社会公共事业，传播文化的功能还没有被重视起来。在美国，广告还充当公民参与政治生活的渠道，对美国政治有巨大而深远的影响。在中国虽然逐年重视公益广告的制作与传播作用，但广告还不能起到传播公共议题和政策方针等政治作用。

其次，广告公司的运营能力不强，在海外的本土化进程困难重重。中国的广告产业转型仍面临困境，其中本土广告公司的核心竞争力有待提升。中国的广告公司对目标市场状况缺乏及时准确的信息。对海外的调研与营销能力不强，对本土的文化、政策、法律不够了解。本土广告企业海外经营需要做细致和扎实的市场调查研究工作。我国文化企业拓展海外市场时往往缺乏系统的考察研究，缺乏有针对性的、正确的系统分析评估，导致企业海外经营被动，制约了企业"走出去"。

(二)广告产业市场集中度低

中国广告产业当前面临的核心问题就是市场集中度的问题。已有一些学者从 SCP 产业组织理论的范式考察了中国广告产业的市场集中度。无论是从统计数据还是实践的经验都可得出中国广告产业长期以来面临着公司数量多、规模小、竞争力弱,缺乏规模效应,零散化运作,使其在与广告主和媒体的博弈中,与跨国广告公司的博弈中都处于相对弱势地位,正如前面所探讨过的跨国广告集团挤压本土广告公司,广告市场上存在着强有力替代者的局面很难在短期内改变。广告产业园建设是实施广告战略的一项重要内容。建设广告产业园是国家实施大力支持广告业的一个重要措施,有些广告产业园取得了较好的实效,但也不能忽视的是,广告产业园整体处于摸索发展阶段,初期发展中不免出现这样那样的问题。有些地方广告产业园建设盲目跟风,不考虑当地经济发展实际情况,前期投入巨额资金,后期空置,回本慢,盈利难,造成资源浪费。出现"盲目化""地产化"和"空壳化"等问题。

具体地说,广告产业园存在的问题主要表现在:第一,定位不明确。广告产业园容易搞"大而全",而不够"专"。第二,产业集聚效应不明显,业间关联度不高,园区影响力有待提升。第三,园内企业的规模较小,经营稳定性较弱。第四,人才集聚程度低,创意型、贸易型人才缺乏。

(三)广告产业对内政策缺乏系统性

从政策来看,经济政策是一个系统,对于广告产业政策系统而言,不但包括广告产业内部的各个子系统的政策还应包括广告产业政策和其他各种经济政策之间的协调配合。制度因素成为解决当前中国广告产业发展的重中之重。首先,虽然国家对广告产业支持力度不断增加,但政府对于广告业发展的政策整体缺乏系统性或者对一些广告产业园区发展定位不够清晰,没有对广告产业进行一种长期有效的产业规划,如园区主业不明确,没有在政策的实际实施过程中建立相应的政策支持和贯彻执行。广告代理制度至今尚未建立起来,阻碍了广告产业结构的进一步升级和完善。另外广告的海外服务贸易支持机制不健全。广告协会等行业组织尚未发挥应有的作用,不能独立地对广告产业和市场行为进行有效的自律和监督。其次,中国广告行业法律制度仍不完善,政府监管力度不足,欺骗性的虚假广告仍屡见不鲜,容易使得大众对广告产生一种排斥心理。

(四)广告对外服务贸易支持机制不健全、对外贸易存在政策壁垒

首先,广告对外数据统计体系不完善、不健全,在研究广告进出口以及政府决策、企业运营情况的过程中,很难获得准确广告对外贸易的基础数据资料。数据类型少,数据公布不及时、各种统计数据纷繁复杂、同一门类的统计结果不统一甚至相差甚大、统计口径不统一等弊病都容易误导研究人员或者花费不必要的时间对数据进行加工、分析以获得目标数据。例如国家外汇管理局网站和商务部服务贸易指南的网站关于广告业出口数据最近也只到2007年的数据,很难找到最近几年的广告出口的权威官方数据。研究人员希望获得的对外贸易数据往往无处得知。统计数据不够全面、准确和及时不利于学者研究、相关企业和政府的决策。

其次,国家对海外文化市场的调研不足,为企业提供的参考数据不够。企业若想拓展海外市场必须要进行国外市场的调研,国家在这方面做得还远远不够,增加了企业调研的负担和"走出去"的困难。很多进行对外文化贸易的企业都表示前期海外调研成本巨大,单靠企业自身来做往往力不从心。海外调研上的困难使得一些广告企业"走出去"动力不足,或者由于海外市场调研不充分、不精确、不及时而导致的在海外市场收益不高甚至损失惨重更加挫败了企业"走出去"的信心,削减了海外扩张的动力。

(五)广告服务贸易相关人才匮乏

广告是人才密集型产业,我国缺少广告创意或营销人才和熟悉目标市场的有经验的贸易人才,使得广告对外传播和营销的功能没有充分发挥出来,对国家和社会的贡献还远远不够。极度缺乏外向型、复合型广告经营人才。具有广告创意、懂得经营销售、精通国际

文化贸易业务、擅长跨文化沟通,是广告贸易人才必备的素质。同时熟悉世贸规则、目标国家与当地法律的贸易和法律的复合型人才少之又少,使得许多进行文化贸易的企业不得不寻找当地或者其他国家的律师,高昂的海外律师费用使得许多企业"吃不消"。广告服务贸易的前期策划缺乏对海外市场调查和本土广告人不理解海外消费者心理、文化等诸多原因,广告不能根据国外城市消费水平和消费者心理来进行,制约了广告服务的出口效率和效益。

五、广告对外贸易发展对策

建立健全广告服务贸易的相关支持体系涉及政府层面、产业层面、企业层面及人才层面,推动中国广告产业走出去是一个系统工程,需要多方参与,积极配合。从政府、产业、公司和人才层面来看:

(一)政府层面:创新政府职能,促进广告对外贸易的发展

中国文化贸易总体处于粗放型发展阶段,需要一系列倾斜性和保护性政策来扶持、引导其向资本密集型和技术密集型转变,需要健全文化服务贸易的创新机制。搭建和完善广告对外贸易政策扶持体系。政府要宏观着眼,根据循序渐进原则,以市场为主导,遵循市场经济规律,积极进行制度、职能和行为的创新。广告产业园区规划建设是落实广告战略,发展广告产业的重中之重。结合城市发展远期规划,并考虑到广告产业园未来发展的辐射范围以及与周边经济的关联性,合理规划广告产业园的建设规模,将广告产业园假设纳入整体规划中,确保对广告产业规划的科学性和预见性,更好地为广告产业及广告产业园区发展营造良好的经营环境和投融资环境,激励园区内广告公司的发展。此外要支持发展广告集团,鼓励实力强劲的公司通过资本并购和联合重组等方式壮大规模。建立广告代理制度和广告专业资格认证制度。应充分发挥商务部的作用和功能,利用已有平台,推进广告服务贸易与其他文化贸易方式的优势互补,加大文化出口的推动力度,增强中国文化产品和服务的国际竞争力,加快外贸增长方式转变。另外商务部还可以派驻海外代表展开对世界各

国广告市场的调查,为本土广告公司疏通贸易渠道,推动出口模式的不断提升。鼓励企业通过深度参与创意、制作和国际市场营销,建立海外贸易支持机制。搭建国际文化市场的信息收集、研究和发布机制,所有从事对外文化贸易的人员和企业都可以共享国际文化市场信息。构建文化贸易数据统计指标体系。做好调研、规划、咨询、协调、评估等具体工作。充分发挥广告协会的纽带作用,积极促进各有关部门的整合,改变条块分割的不利局面,形成合力。

(二) 产业层面:科学发展广告产业园区、促进广告产业的转型升级

广告业需要借助向创意产业的升级,来进行解构和重构的调整。广告产业园区具有集聚效应,是我国广告产业跨越式发展的"助推器"。它的发展既是发展文化产业的需要,也是广告业转型升级发展的需要。我国的广告产业市场集中度低,要改变这种状况,就需要对广告产业实行集聚发展,广告产业园建设是实现广告产业集聚化、集约化、规模化、规范化、专业化、品牌化乃至国际化的一个极为有效可行的路径,对于提升广告产业竞争力具有重要意义。

因此,在开展广告园区规划和建设时,要结合地方特色,找准定位,进行差异化发展,使当地广告产业园建设更具竞争力。在进行广告园区的定位规划时可以从以下几个角度考虑:第一,着眼广告业的整合发展和可持续发展,并结合城市资源和专业能力定位。如青岛广告产业园区的定位是立足青岛的本地特色、面向日韩、走向国际。第二,明确广告产业园的主业和功能,明确入驻产业园的企业跟产业园的关系。告别地产模式,进入打造文化和创意品牌的模式,不应当仅是房东和房客的关系。要制定科学合理的激励政策,积极引导新型广告业态企业入驻园区,推动广告产业转型升级。第三,重视广告产业链的衔接,为广告园区里的企业提供相对稀缺的公共资源。广告产业园区应是一个价值链、企业链在相互链接的过程中形成一个提供综合服务的平台,如政策服务平台、人才的培训平台、公共技术平台,应成为政企之间、企业之间、国内外广告同行交流的桥梁。

(三) 企业层面:提升本土广告公司的国际竞争力

广告产业要想"走出去",中国广告企业就必须与国际市场对接,

充分利用国内和国外两个市场,以扩大广告的市场份额为目标,在制作、管理、运营等方面与国际接轨。

第一,创意策划与国际市场调研相结合。依托创意和技术提升中国广告的制作水平。充分运用广告策划过程中内容与形式的辩证关系。坚持内容与形式相结合原则,使得广告创意与国际接轨,注重广告创意的国际化表现技巧,即将中国元素与国际化表现形式巧妙结合。除了参考商务部贸易司等有关调研数据外,中国广告创意走向国际市场的区域定位要考虑市场接受能力、市场辐射能力和市场发展潜力。因为广告服务属于文化服务中的一种,区别于一般商品的特殊性,中国广告服务出口公司也要考虑文化因素和地缘关系。广告企业的前期调研要充分、详尽,如对目标市场的人口、经济、政治法律文化环境进行考察和分析。这些因素深刻影响到广告的国际化运作。

第二,资本运作与国外本土化相结合。在面对跨国公司全球化战略的挑战下,本土广告公司都应该根据自身特点来设定经营战略,提高公司的核心竞争力。跨国广告集团是国际广告市场的主体,是广告生产和扩大广告服务出口的践行者。在政府和行业协会现有或者以后出台的政策法规的引导下,企业应积极通过兼并重组等资本运作,在激烈竞争的环境中变大变强,形成具有国际影响力的广告公司是推动广告贸易的关键所在。在经济全球化的时代,中国广告业呈现出国际化和本土化的双向趋势。本国广告公司则必须突破旧的观念和体制,拓展海外市场时与外国国情相结合实现本土化,才能积极应对国际广告市场的激烈挑战。

(四)人才层面:创新广告教育模式

加快培养服务贸易专业人才,要注重广告人才培育平台和广告创意策划中心的建设。传统教育无法提供创意土壤,要实施人才培养和引进计划。加快培养和引进金融、会计、法律、评估、保险、信息、商务中介等服务贸易亟须的专业人才和管理人才。推动高等学校、职业院校服务贸易实务学科建设;采取"引进来、走出去"的办法,积极培养我国文化产业和对外文化贸易所急需的复合型人才,并加大海外文化产业各领域专业人才的引进。

第四编

中国旅游产业"走出去"研究

中国旅游产业作为文化创意产业的重要组成部分,在经济全球化的新形势下,只有适应环境和市场的要求,实施"走出去"战略,选择正确的路径与模式,进入国际市场、参与国际竞争,弥补因海外旅游产业的进入而失去的国内市场份额,形成国际旅游分工与合作的良性态势,才能求得生存与发展。有关中国旅游企业"走出去"的理论与实践研究已经成为实业界和理论界的关注焦点。本书选择了几篇各有特色的研究文章。

文化"走出去"视角下的入境旅游发展策略

王春林

入境旅游是文化"就地出口"的主要途径,结合中华文化博大精深的特点,我国可考虑充分发挥入境旅游的文化传播功能,借助数量庞大的入境旅游者的体验传播,将入境旅游打造成文化"走出去"的新渠道和突破口,使中华文化更深入完整地走向世界。

一、入境旅游是促进文化"走出去"的重要突破口

我国是一个历史悠久、幅员辽阔、文化灿烂、风光多姿的文明古国,是国际重要的旅游目的地。近年来,随着我国旅游产业发展,入境旅游者逐年增加。至2010年,我国跃升为全球第三大入境旅游接待国,旅游外汇收入居全球第四位[①]。2012年,我国接待的入境游客中,外国游客2 719.16万人次,入境过夜游客5 772.49万人次[②]。入境旅游不但成为我国最大的国际服务贸易产业,而且也形成了我国文化走出去的重要渠道。全球数以亿计的入境游客浸润于中华大地浓厚的文化氛围之中,他们回国后与家人和朋友分享中国之行的

---

① 《我国出境游人数十年增长三倍多》,2012年10月28日,http://news.xinhuanet.com/2012-10/28/c_113522632.htm。
② 《〈中国入境旅游发展年度报告2013〉出版发行》,2014年12月19日,http://www.askci.com/news/201402/19/191731208532.shtml。

直观感受,在客观上宣传了中华文化以及国家形象,扩大了我国的国际影响力。

(一)入境旅游客观上促进了对外文化宣传

旅游是一种特殊的文化交流活动。美国"新文化地理"的代表人物之一詹姆斯·邓肯(James Duncan)把文化景观与书写文本、口头文本并列为人类储存知识和传播知识的三大文本[①]。入境旅游者在近距离、面对面地接触与欣赏旅游目的地不同风格的建筑、文物古迹、宗教文化、民族风情、神话传说,更能充分、全面、客观而又深刻地领略当地的风土人情和历史文化,更好地满足他们的文化心理需求。同时,在旅游过程中还潜移默化地接受了旅游目的地文化和民俗风情的熏陶。在整个旅游活动过程中,导游作为跨文化活动的媒介,在旅游者和旅游接待者之间形成跨文化交流。1992年世界旅游组织提出"旅游是促进社会经济发展和增进各国人民了解的途径",2001年世界旅游组织的主题是"旅游业——为和平与文明之间的对话而服务"。来华外国人在中国旅行中,真实体验到中国辉煌灿烂的历史文化,切身感受到当代中国政治、经济、文化和社会建设的伟大成就,并广泛接触热情友善、勤劳智慧和热爱和平的中国百姓,自然能够消除对中国的偏见和误解。有了亲身体验之后,就能较客观地看待中国。

(二)入境旅游是外国人学习汉语与了解中国传统文化的重要方式

随着中国国际地位的提升,国外越来越多的年轻人热衷于学习汉语,了解中国文化、先进技术和管理经验。美国、英国、法国、日本、韩国、新加坡、澳大利亚等国家的政府采取积极措施,着力在精英层次上培养"中国通",要求"中国通"不仅要会说中文,更要懂得中国的文化和历史,懂得中国人的性格和思维方式。据《光明日报》报道,目前,国家汉办已在全球105个国家和地区建立了350多所孔子学院

[①] 陈颖春、刘义、杨晓丽:《浅议跨文化传播视角下的文化旅游》,《湖北经济学院学报》(人文社会科学版)2008年第5期。

和500多个孔子课堂,到2013年,海外学习汉语的人数达1.5亿①。其中,不少外国人学习汉语并不满足在当地修中文语言课,他们通常会选择到中国修学旅行或留学深造,进一步了解中国博大精深的民族文化和富有特色的地域文化。据国家教育部统计,2011年在华外国留学生超过29万人②。数量庞大的国外汉语学习者和外国留学生,通常会利用假期到中国各地旅游观光,考察和体验中国的长城、故宫、兵马俑、莫高窟、少林寺等名胜古迹,深入了解中国的历史文化,有的甚至热衷于学习京剧、书法、方言、太极拳、中医、禅宗、美食、茶道等中国传统文化。据国家旅游局2010年抽样调查外国人来华旅游团队与散客次数比较数据(见表1)显示,中国文化具有较强的吸引力,外国人一旦接触、了解、认识了中国的文化,他们一般都会喜欢,并保持较长时间的学习兴趣。

表1 外国人来华旅游团队与散客次数比较(2010年)

	初访	2—3次	4次以上
外国人	32.7%	28.8%	38.5%
团队	48.0%	28.7%	23.4%
散客	25.7%	28.9%	45.4%

(资料来源:CNTA《旅游抽样调查资料》)

(三)入境旅游带动了民族文化消费和文化产品出口

旅游是文化传承的重要载体和文化繁荣的重要支撑,同时也是扩大文化产品消费和出口的重要渠道。对我们来说,入境旅游可将国外客人的部分消费需求转移到国内来满足就地风景、文化、商品和劳务的直接出口,是典型的"国际贸易国内化"。外国游客来到中国,除了对我国的传统文化、历史、风景感兴趣之外,打动他们的还有具有中国特色的文化产品,其中包括旅游演艺、纪念品、工艺品、丝绸、陶瓷、文物复制品、山水字画等。并且,入境游客普遍对文化产品具

---

① 《海外出现"汉语教师荒"》,2012年2月10日,http//newsxinhuanetcom/abroad/2012-02/10/c_122684093.htm? prolongation=1。

② 《2011年在华外国留学生首次突破29万人》,2012年2月28日,http://news.xinhuanet.com。

有较强的消费意愿和消费能力。根据国家旅游局对入境游客消费情况的抽样调查,2011年入境过夜游客和入境一日游游客的游览费花费分别占4.6%、11.3%,娱乐费分别占6.2%、16.4%,购物费分别占23.7%、31.9%(详见表2),如果按照这一消费比例来测算,那么,2011年中国旅游外汇总收入465亿美元中,属于文化产品类的消费不低于100亿美元。以观看大型山水实景演出《印象·刘三姐》为例,平均每年境外观众达18万人次左右,占阳朔入境游人数的15%,观看演出人数绝对比例高出国内游客5个百分点。

表2 2011年中国入境游客境内消费情况分析

种类	长途交通费%	住宿费%	餐饮费%	游览费%	娱乐费%	购物费%	其他费用%	人均花费(美元)
入境过夜游客	34.5	11.6	6.8	4.6	6.2	23.7	11.7	1 299.28
入境一日游客	12.5		13.5	11.3	16.4	31.9	14.4	56.27

(数据来源:根据中国旅游报《2011年中国入境游客境内消费综合分析》整理,见http://www.askci.com/news/201207/31/9336_65.shtml)

二、入境旅游助推文化"走出去"的典型案例

(一) 西班牙:开发经典文化旅游线路推动"旅游王国"的文化出口

西班牙是仅次于法国的欧洲第二大国,全国有43处被列入"世界遗产"名录的历史古迹,是拥有世界文化遗产最多的国家之一。西班牙以高度发达的文化旅游业赢得了世界"旅游王国"之称。

20世纪90代初,西班牙政府认识到阳光、沙滩的传统旅游产品难以满足旅游者需求的多样化,于是大力开发文化旅游。依托数量众多的博物馆、美术馆、教堂、古城、斗牛、弗拉门戈舞、民间节日(狂欢节、法亚节、情人节、玩偶节、美食节、葡萄酒节、集市节、奔牛节、鸽子节、番茄节)、特色饮食等文化资源,开发出三条文化旅游经典路线,即朝圣旅游线路——圣地亚哥之路、白银之路、堂吉诃德之路。其中,圣地亚哥之路堪称欧洲第一文化旅行路线,沿途各地不同的文化传统、当地居民的热情好客以及沿途的动人美景、奇闻轶事等赋予

旅游极强的文化色彩。

35年来,圣地亚哥之路年接待量从200万人次①(时间为11天,过夜旅游者人次达5.83亿),居世界第三②,仅次于美国和法国,外国游客人均消费超过900欧元,旅游外汇收入482.42亿欧元,仅次于美国,居世界第二位。西班牙发达的旅游业带动了演艺业快速发展,并推动该国图书、绘画、音乐、电影和戏剧等文化产品的出口。在国际上,西班牙的艺术展览和音乐歌舞表演具有较强的影响力。

(二)深圳:以主题公园和创意文化彰显当代中国的文化自信

深圳市设立于1979年,在短短30多年时间走完了许多西方大城市几百年才能走完的路,迅速成长为GDP总量过万亿元、人口规模1400万人的新兴国际大都市。深圳市的文化旅游与文化创意产业相辅相成,以现代、前卫、时尚、开放的城市文化形象扬名天下,向世界彰显当代中国的道路自信、理论自信、制度自信与文化自信。

30多年来,深圳依托毗连香港的优势、改革开放试验田与示范区的创新优势迅速积累经济实力,同时本着"生态造梦、文化造城"的先进理念,大力开发城市休闲度假文化旅游。以中国"主题公园之都"的品牌成为"世界级度假旅游目的地",为国内外客源市场提供全方位体验自然、异域文化的休闲度假地。1989年建成中国第一家主题公园"锦绣中华"之后,相继建成中国民俗文化村、世界之窗、欢乐谷、东部华侨城等为代表的一批中国一流、文化内涵丰富的主题公园。接连推出"主题公园之旅""自然生态之旅""都市风情之旅""滨海休闲之旅""乡村观光之旅""人文历史之旅""购物美食之旅"和"高尔夫之旅"等八类特色旅游线路,形成了滨海浪漫、主题公园、文化创意、运动休闲、都市风情等五大特色旅游。华侨城已成为旅游景区世界八强,我国文化产业的"航空母舰",成为"亚洲旅游新地标",被美国《纽约时报》评为全世界必到的31个旅游胜地之一。2004年,深圳开发利用城市品牌影响力资源,创办了"中国(深圳)国际文化产业

---

① 陈志学:《西班牙旅游发展的经验及启示》,《旅游调研》2007年第7期。
② 王兴斌:《中国旅游客源国/地区概况》,北京:旅游教育出版社,2010年,第190、191页。

博览交易会",经过三次升格,深圳文博会成为唯一一个国家级、国际性、综合性的文化产业博览交易会。深圳以良好的环境与机制促进了创意产业与文化旅游业融合发展,催生了腾讯、TCL、华强、A8、环球数码、雅图等一批数字娱乐、工业设计、动漫游戏、软件开发、出版印刷、珠宝、工艺美术等文化产业龙头企业,深圳成为"图书馆之城""钢琴之城""设计之都""创意之都"和"动漫基地",成为具有国际影响力的创意产业研发和孵化基地、创意产品出口基地。2011年深圳市接待游客8 351.93万人次,其中,国内游客5 352.30万人次,入境游客2 999.63万人次,其中入境过夜游客1 206.43万人次;旅游总收入839.76亿元,旅游外汇收入43.29亿美元。深圳入境过夜游客人次占全国的20.6%,连续多年居全国大中城市第一,旅游外汇收入连续多年稳居全国大中城市第四,旅游业总收入居全国前八位[①]。

(三)桂林:以国际旅游胜地建设带动民族文化"走出去"

桂林是首批"中国优秀旅游城市",是中国著名的风景游览城市和历史文化名城,享有"山水甲天下"之美誉。2011年以来,桂林市深度挖掘得天独厚的自然山水风光和历史文化资源,开发特色旅游产品,打造精品旅游,完善旅游设施和旅游服务,国际知名度和美誉度进一步提升,逐步成为世界一流的山水观光休闲度假旅游目的地和旅游集散地。

1973年,桂林率先实行旅游对外开放,桂林山水开始名扬海外。进入21世纪,桂林旅游从简单的山水观光开始向旅游文化产业转型。桂林市政府提出把桂林改造成集风景观光、历史文化和民族民俗文化欣赏、休闲娱乐、会展和度假为一体的新型旅游目的地。2002年起,桂林市开发出两江四湖《印象·刘三姐》实景演出等高品位的特色文化旅游产品,以山水品牌和少数民族歌舞、民俗特色文化吸引国内外游客。至2011年,桂林国家3A级以上景区42家,其中5A级3家、4A级25家;全国特色景观旅游名镇(村)4个,广西特色景观

---

① 《2013—2017年深圳旅游市场分析及投资前景预测报告》,2013年5月3日,http://www.51baogao.cn/lvyou/shenzhenlvyou.shtml。

旅游名镇(村)5个。

2011年7月,国家发改委批复《桂林国际旅游胜地建设发展规划纲要》,桂林正在建设成为世界一流山水观光休闲度假旅游目的地、国际旅游合作和文化交流的重要平台。为满足国内外游客对桂林自然景观、历史文化、民间工艺、民族文化的审美需要,桂林一批民间工艺大师开发生产画扇、芒编工艺、美术陶瓷、金银饰品、玉石竹木雕刻等20多个种类的旅游工艺品。其中,桂林山水字画、阳朔画扇、临桂三皮画以及壮族绣球香包之类的少数民族绣品、挂件饰品受到国内外游客的欢迎,除了在桂林旅游市场热销外,还出口到英、日、韩、马来西亚等50多个国家。根据2013年桂林市政府工作报告,2012年桂林市接待游客3 292.65万人次,增长18.1%,旅游总收入276.87亿元,增长26.8%;入境游客达182.4万人次,入境旅游收入40多亿元。

三、入境旅游助推文化"走出去"的发展对策

(一)制定国家入境旅游发展中长期规划,实施政府主导型发展战略

过去,我国没有重视入境旅游对文化的传播功能,入境游以自发模式为主,政府有计划的营销推广较少。在世界经济总体疲软的情况下,入境旅游面临的国际竞争加剧,我国周边国家和地区对入境旅游客源的争夺更加明显。因此,要从国家经济战略和文化战略的层面,谋划全国入境旅游产业开发与文化推广。通过加强科学规划,整合开发文化旅游资源,建立整体对外的旅游品牌形象和区域文化旅游路线。

(二)加大文化旅游促销力度,加强入境旅游市场宣传推广

一是在保障重点客源市场广告投入的基础上,通过电视和网络媒体、旅游展览会、邀请境外记者采访、在线宣传,以及实施"中国旅游名家计划"等多种方式,有针对性地培育新兴入境旅游市场。二是推进签证政策、免税政策等优惠政策的制定和实施。简化签证办理

手续、增加网上签证和落地签证服务,试点实施经济较发达地区和国内入境游主要目的地、口岸落地签证政策和文化商品免税政策。三是支持文化旅游企业"走出去"。充分利用驻外使领馆、友好城市、华侨华人等资源,帮助我国文化旅游企业在外设立更多的联络机构,广泛开展信息咨询和项目合作工作,建立良好的国际旅游企业合作关系。

(三)加强区域合作,促进旅游市场互通、优惠政策共享

借助二十国旅游部长会议、中国—亚欧旅游博览会、中国—东盟博览会、中日韩旅游部长会议、中美省州旅游局长对话会议等平台,推进旅游区域合作,实行市场互换、互利共赢。利用国家年、首脑会晤、高层出访等重大国际外交活动,重视发展中国—南美、中国—非洲的旅游合作,推动中俄、中国—东盟、中国—尼泊尔、中国—中亚等边境旅游合作,大力开发入境会议旅游、商务旅游和入境修学旅游。

(四)实施旅游产品升级工程,打造高品质的文化旅游产品

近年来,随着人们生活水平的普遍提高,旅游已经成为一种追求精神文化的享受,同时也成为一种文化消费。在此背景下,推动入境旅游发展,就需要大力开发文化旅游产品,提升旅游景区的文化品位。一方面,要把握国际旅游市场新需求,深入挖掘我国的历史文化、民族文化、红色文化、宗教文化、美食文化、养生文化、节庆文化、名人文化等人文资源优势,做大做强特色文化旅游,增添旅游景区的文化魅力。另一方面,培育面向国际游客的新线路、新产品、新业态,提升旅游产品设计、开发和包装水平。面向国际游客的新需求,重新包装旅游目的地,让原有的初级产品变成高端产品,让单一产品变成综合性产品,打造具有时代特征、民族特色、中国气派和具有自主知识产权的国家级旅游产品品牌以及区域品牌、线路品牌、城市品牌、景区品牌。

(五)改进和优化入境游服务条件,着力促进我国先进文化的国际传播

按照管理国际化、服务国际化、环境国际化的要求,将先进文化贯穿到行、游、住、吃、购、娱等各旅游要素和环节。一要提升涉外旅游服务的质量和水平。改善涉外旅游的住宿、餐饮、卫生、通讯、车辆和游客服务中心等方面的条件,重点旅游区要建设一批适应涉外游客需要的旅游饭店、宾馆,完善配套设施,提高服务水平。二要促进"文旅结合""科技兴旅",促进旅游业与文化科技互动发展。建立旅游公共信息服务平台,提升旅游业的信息化水平。探索发展"智慧旅游",规划建设一批"智慧旅游城市"和"智慧旅游景区"。三要加强生态文明建设。良好的生态环境已成为旅游业发展最大的优势、最好的品牌,也是最重要的本钱。要牢固树立保护环境意识,坚持以生态文明理念引领旅游业发展,切实加强对自然保护区、风景名胜区的保护和建设,抓好造林绿化,强化节能减排,以良好生态促旅游发展,实现旅游产业发展生态化。四要提高涉外旅游从业人员的文化交流能力。涉外旅游从业人员,尤其是入境导游员和翻译人员,他们是"民间大使",是与游客交流最多的群体,他们的交流技巧、语言能力直接影响着跨文化交流的成效,因此,要鼓励引导他们通过多途径、多渠道参加培训学习,提高理解和鉴赏文化差异的能力。

中国旅游业"走出去"战略分析

雷兴长　罗婷婷

一、中国旅游业"走出去"的特点

中国作为拥有五千年历史的文明古国,国土面积居世界第三,无论从时间上还是空间上都能显示出它的博大精深,源远流长。中国是地大物博的文明古国,旅游资源丰富多彩。随着对外开放程度的提高、中国国际地位的提升以及交通的完善,越来越多的外国游客选择中国作为其旅游目的地,且呈现出一些特点。

(一)入境游客数量增长,来源国范围扩大

根据最新统计显示,2011 年中国入境旅游人数达 13 542.35 万人次,同比增长 1.24%,入境旅游(外国)收入 484.64 亿美元,同比增长 5.78%。[①] 中国已成为世界第三大入境旅游目的地国。从下表可以看出,从 2001 年到 2010 年,中国的外国入境旅游总人数一直呈增长态势,十年间增长了 1489.36 万人,增长幅度为 133%。来华旅游的地区构成中,亚洲所占比例最高,一直在 60% 以上,其次是欧洲,在 20% 左右,然后是美洲,10% 左右。从各地区来华人数上看,除了最后一栏几大洲之外的其他地区人数减少之外,各地来华人数都是

---

① 张骞:《2011 年我国入境旅游收入 484.6 亿美元》,中商情报网,2012 年 1 月 26 日。

连年增加。从各洲所占比例来看,亚洲所占份额从 2007 年开始有所下降;欧洲所占比例也有所下降;美洲呈小幅"U"型变化;但总量一直较低的大洋洲和非洲及其他地区所占比例增加较多。这说明中国旅游业国外市场基本稳定,市场范围正逐步扩大。

表 1　外国入境旅游人数及地区构成(万/人次;份额:100%)

市场分布	2001 年		2004 年		2007 年		2010 年	
	来华人数	份额	来华人数	份额	来华人数	份额	来华人数	份额
总计	1 122.64	100	1 693.25	100	2 611	100	2 612	100
亚洲	698.23	62.2	1 073.66	63.41	1 607	61.5	1 618.87	61.98
欧洲	256.73	22.9	377.51	22.3	620.73	23.8	568.78	21.76
美洲	127.84	11.4	138.92	10.57	272.1	10.4	299.54	11.47
大洋洲	31.02	2.8	45.21	2.17	72.85	2.8	78.93	3.02
非洲	7.33	0.6	17.34	1.02	37.91	1.4	46.36	1.77
其他	1.49	0.1	0.52	0.03	0.34	0.01	0.21	0.08

(资料来源:中国统计年鉴(2002—2011 年))

(二) 入境游客以亚洲国家中青年为主

目前,中国入境游客以发达国家为主,2010 年来华入境旅游国家排行前 10 名中亚洲国家有 6 个,前 2 名韩国、日本均是亚洲国家。亚洲国家成为中国入境游的主要来源地,主要原因是近距离的地理位置、文化类似,及中国与东亚、东南亚国家日益密切的经贸往来和越来越宽的市场开放度。从年龄分布上可以看出,入境旅游者以 25—64 岁人口为主。这一年龄段的人有健康的身体和充足的资金进行国际旅游。从性别上看,除俄罗斯外,其他国家均是男士比重大。西方发达国家每年旅游人数总量很多,但是目前除美国外,其他国家来华旅游人数仍然较少。2010 年来华入境旅游国家排行前 10 名中,没有西欧国家。中国最大的西欧客源国是德国。2010 年德国出境旅游人数达 7 200 万人次,居全球第一,但是来中国旅游的只有 47.05 万人,占其出游总人数的比例很小。

表 2　2010 年来华入境旅游国家排行前十名(万人)

排行	国家	总数	年龄					性别	
			14 岁以下	15—24 岁	25—44 岁	45—64 岁	65 岁以上	男	女
1	韩国	321.62	15.64	23.87	125.45	129.68	26.98	204.11	117.51
2	日本	268.36	9.86	10.23	107.64	116.01	24.60	205.39	62.96
3	俄罗斯	188.53	8.14	25.03	88.59	61.40	5.36	80.69	107.84
4	美国	157.70	11.62	11.92	49.45	70.16	14.56	102.58	55.12
5	马来西亚	87.00	2.87	5.23	41.95	31.43	5.52	54.12	32.88
6	新加坡	73.19	3.27	4.01	28.22	32.22	5.47	46.94	26.24
7	蒙古国	72.52	2.35	9.28	43.26	17.02	0.62	38.29	34.23
8	菲律宾	65.23	1.20	4.17	41.22	17.55	1.08	50.07	15.17
9	加拿大	54.79	5.15	4.83	17.94	21.52	4.35	31.32	23.47
10	澳大利亚	52.71	3.82	3.46	19.17	21.78	4.48	32.19	20.51

(资料来源:第一旅游网,www.toptour.cn,2011－10－25)

(三)入境旅游目的地以东部大城市为主

目前,来中国旅游的入境游客目的地主要是东部沿海地区大城市,尤其是南方城市。2010 年 1 月至 11 月中国入境旅游接待人数前十名城市的第 1 名深圳、第 2 名广州以及第 6 名的珠海都是中国南方沿海省份广东省的大城市。在前 10 个城市中,除了北京、天津,其他全是南方城市。而且除了最后的两个城市桂林和重庆,前八名城市都位于东部。这两个城市由于旅游资源丰富、可替代性低、吸引力强才能进入前 10 的排行榜。这些说明入境游客来中国大陆主要以大城市人文景观为观赏对象,其次是自然景观。他们考虑的主要问题是自身的方便性和景观的知名度。从增长率能看出,中国大城市的国际吸引力普遍持续增强,东部国际性大都市吸引力最大,西部旅游大市的吸引力正在快速增长。另外,入境旅游游客来源仍然以港澳台同胞为主,人数最多的仍为香港同胞。

表3　2010年1月至11月中国入境旅游接待人数前十名城市

	接待人数（人次）	同比增长（％）	接待人数构成（人次）			
			外国人	香港同胞	澳门同胞	台湾同胞
总计	50 230 337	20.12	28 447 486	14 615 041	1 144 708	6 023 102
深圳	8 892 683	14.43	1 483 799	6 957 862	43 839	407 183
广州	7 090 995	18.00	2 461 250	3 717 329	387 831	524 585
上海	6 827 858	40.44	5 517 842	581 572	38 368	690 076
北京	4 575 938	19.90	3 943 290	369 745	11 565	251 338
杭州	2 521 552	20.59	1 726 670	289 190	19 923	485 769
珠海	2 403 750	6.93	476 404	735 241	414 914	777 191
苏州	1 841 492	22.20	1 324 887	119 488	7 339	389 778
天津	1 543 886	17.69	1 423 713	44 847	7 457	67 869
桂林	1 404 990	18.96	848 158	164 642	23 952	368 238
重庆	126 889	30.52	962 679	162 136	4 228	139 806

（资料来源：中商情报网 http://www.askci.com/data）

（四）入境旅游市场潜力大

国际旅游联合会主席杜吕克2008年11月26日在日内瓦举行的"2008年欧中合作论坛"上说，国际旅游增势强劲，市场发展潜力巨大，到2020年，全世界国际游客总数将达15.61亿人次，旅游收入将达2万亿欧元。中国地大物博，资源丰富，随着中国旅游资源的进一步开发及基础设施的完善，中国必将吸引更多的国际游客。目前中国已成为世界上旅游最活跃的地区之一，中国旅游外汇收入已上升到世界第四位，预计2020年中国将成为世界上最重要的旅游目的地之一。中国的入境游客以亚洲为主，其次是欧洲。亚欧拥有41.8亿人口，占世界人口总量60％。这个巨大的人口基数对中国意味着巨大的旅游潜力。尤其是在中国文化产品越来越多的走向国际市场，电影、书刊之类的引起国外消费者对中国的兴趣，有意向来华旅游的人数也越来越多。

二、中国旅游业的国际市场战略

目前,中国已经成为世界第三大入境旅游接待国和亚洲最大的出境旅游客源国。但是,中国的入境旅游游客主要来源于港澳台地区,而且旅游目的地集中,一些旅游产品仍需要得到国际市场的认可。如何根据旅游资源优势,创造特色旅游产品,积极拓展国际市场,仍是中国旅游产业走向世界的战略重点。

(一) 构造亚洲市场,拓展欧美市场

造就亚洲旅游市场,构造以中国为中心的亚洲国际旅游产业体系。亚洲是中国入境旅游的主要客源地,中国入境游客60%以上来源于亚洲国家。同时亚洲是世界人口最多的地区,除中国这个世界第一人口大国外,印度是世界第二人口大国,印度尼西亚人口量居世界第四。这个庞大的人口基数为旅游业提供了广阔的市场。尤其是近十年来亚洲地区迅速发展,人们的经济收入和生活水平迅速提高,出境旅游人口越来越多。这对旅游资源丰富、地理位置接近和传统文化近似的中国来说,是构造以中国为中心的亚洲国际旅游产业体系的一个良好的战略机遇和恰当战略选择。中国旅游业要在国际市场上站稳脚跟,首先要以亚洲市场为基础,积极培育亚洲国家市场。

欧洲是中国第二大客源区,美洲是第三大客源区。欧洲和北美消费者生活水平高,旅游生活已经成为欧美国家人们生活不可缺少的一部分。目前,欧美两个地区的游客来中国的数量比例偏低,市场开发空间广阔。由于欧美两地的旅游消费能力颇强,市场效益颇佳,中国要在稳住亚洲市场的基础上,采取措施拓展欧美市场,吸引更多的欧美游客来中国旅游。

(二) 开发旅游资源,打造两大国际旅游品牌

从对入境游客的目的地构成看,海外游客来中国主要是到东部的大城市,但是西部城市桂林、重庆榜上有名,说明现代城市的人文景观和山清水秀的自然景观以及有特色的少数族风情对境外游客很

有吸引力。

如何打造现代城市的人文景观和娱乐设施,丰富现代旅游文化产品,持续保持东部沿海城市的观光魅力,是推动中国旅游产品走向世界的长期战略任务。同时,如何开发类似"山水甲天下"的桂林、"山城雾都"重庆等西部城市,充分展示大自然赋予的山水美景,使西部旅游产品也能走向世界,是中国旅游业拥有持续发展力的关键。因地制宜的开发旅游资源,创造现代城市旅游产品和塑造自然景观旅游品牌,打造并树立"现代城市"和"自然美景"两大国际旅游品牌,将成为中国旅游业发展的战略重点。尤其是偏远地区,要吸引国际游客仅有旅游资源是不够的,打造品牌加强宣传让国际游客知晓才是出路。

(三) 加强旅游基础设施建设,构建国际旅游服务体系

国际市场游客出行的主要交通工具是飞机,约占51%。中国旅游业如日中天的发展,为航空业提供了一个良好的发展机遇。在成本高、替代性强、竞争激烈的情况下,努力提高旅游服务质量是航空公司吸引顾客的有效方式之一。公路运输占出行方式的41%,而中国很多旅游资源位于偏远地区,旅游交通不便,所以完善道路等交通设施建设也是当务之急。入境游客以东部大城市为主要目的地说明海外游客最为关注的是中国大城市的人文气息以及舒适的生活条件。这对基础设施的完善及服务质量的提高也提出了要求。如何把中国特色的高速铁路既变成快捷的旅游交通工具,又发展为国际旅游生活和旅游景点的重要内容,应该是入境旅游开发的战略重点。

构建中国国际旅游服务标准体系,规范与国际旅游相关的航空交通、宾馆饭店、旅游景点、旅游商店、娱乐场所等旅游服务机构的服务质量。构建中国国际旅游服务产品质量标准体系,应把握两大内容:第一,在国际标准化组织创建的ISO9000质量管理体系基础上构建中国国际旅游服务产品质量标准,使中国旅游服务质量再上一个层次,尽善尽美地满足入境游客的旅游消费需求。第二,根据旅游业服务活动的规律和特点,完善入境、接待、住宿、交通、游览和娱乐等旅游环节的衔接,提升国际旅游服务跨省市经营的一体化服务水平。

(四)通过旅游企业的国际化,提升旅游产品的国际竞争力

旅行社是入境旅游的主要市场主体,提高旅游产品的国际竞争力的关键是要提升旅游经营企业——旅行社的国际竞争力。中国旅行社应通过完善企业组织结构和推动企业国际化,增强跨国经营旅游产品的能力。通过跨境旅游广告宣传,介绍中国境内的世界遗产项目和特色旅游资源产品,吸引各国旅游消费者更多地关注中国旅游产品。

第一,通过引进国际旅游的先进理念和经营模式,提升中国旅游产品国际竞争力。最大限度地满足入境游客的旅游服务需求是现代旅游经营企业的国际经营理念。要坚持满足跨境旅游消费者的需求是第一位的,中国文化传播是第二位的国际经营理念。从知识渴望、好奇刺激、美感享受等多种角度塑造旅游产品,尽可能地满足入境旅游者的旅游消费需求,提升旅游业的国际竞争力。

第二,通过完善旅游企业经营组织结构,提升中国旅游产品国际竞争力。推进旅游经营企业组织结构的集团化和跨国化是中国旅游产业国际化的发展趋向。目前,中国旅游经营企业普遍存在规模小、实力弱等问题,难以适应入境跨国旅游经营的发展要求。应该通过兼并重组,完善旅游企业组织结构,扩大国际旅游经营规模,提升入境旅游服务的一体化经营能力,增强跨国组织国际旅游活动的实力,以此提高旅游产品国际竞争力。

第三,通过扩大旅游业的开放程度,提升中国旅游产品国际竞争力。扩大旅游市场的开放程度是推动旅游经营企业国际化的有效方式。通过中外合资或外商独资方式,开放入境旅游市场,既可以扩大入境旅游规模又可以推动旅游企业国际化。外商进入中国入境旅游市场,既可带来国外旅游消费者,又可促进旅游企业经营理念和经营方式的国际化,提升中国旅游产品和旅游企业的国际竞争力。

(五)主动"走出去",抓住潜在国际旅游消费者

随着国际地位的提高,中国对世界各国旅游爱好者吸引力越来越强,有意向来中国旅游的外国游客也越来越多。根据世界旅游组

织的预计，2020年将有16亿出境游客，说明旅游市场的潜力巨大。中国要抓住这些潜在的国际游客，紧靠国内市场宣传是不够的。我国应主动参与国外的世界性旅游活动，积极主办中国国际旅游交易会，将世界级的旅游项目和独具特色的旅游产品推向国际市场。同时，国家旅游局和旅游企业协会也可以在国外主办旅游产品展览会，使国外游客对中国旅游资源更为了解，激发其来中国旅游的兴趣。

在国内举办中国国际旅游交易会是开拓入境旅游市场，推动中国旅游产品走向世界的最佳方式之一。2008年11月的上海"2008中国国际旅游交易会"，有106个国家和地区的4 112家旅游单位、1 200余名海外买家前来参展，规模空前。交易会期间，签订组团人数近86万人次，签订合同2.6万余份，意向组团近1.8万个。在2009年6月的18日至21日举办的"2009北京国际旅博会"也盛况空前。北京市旅游局发布的数据显示，买家、参展商洽谈近5 000场次，成交额约25亿元。旅博会的参展国家创历史之最，有82个国家和地区、25个省市自治区和港澳台地区的593个参展商、200个特约买家前来参展。2011年10月27日至30日在昆明举行的"2011中国国际旅游交易会"，共设展位2 233个，参展国家及地区达95个。其中国内展位1 791个，国际及海外展位442个。海外买家踊跃，来自日本、韩国、俄罗斯、美国等46个国家和地区的900多名邀请和自费买家参加交易会各项洽谈活动。在本次展会期间，集中组织的"游中国"买卖双方预约洽谈活动是活动的一大亮点，共邀请了来自美洲、欧洲、中东等重点地区的26个国家80名新兴潜在客户，与国内25个省区市130多名旅游产品供应商，进行一对一单独洽谈，以求更好地整合各方资源，共同打造旅游产品与线路。

智慧旅游
——中国旅游走向国际市场的重要途径

郭 靖[①]

一、当前中国入境旅游的现状和问题

(一)当前中国入境旅游的现状

随着经济全球化的快速发展,国际交流的不断增多,出国旅游消费成为各国民众的休闲选择。我国有着几千年的历史文化和丰富的旅游资源,不仅是国人的骄傲,而且成为更多外国人所追寻的旅游胜地,入境旅游是我国旅游实力的一种标志,通过发展入境旅游,可以带动我国经济更好更快发展。近年来,我国入境旅游市场发展前景较好,入境旅游游客人次呈现持续上升的趋势,带动我国经济的更好发展。2013年,中国入境旅游市场保持平稳发展态势,综合效益稳步提升。2013年,我国接待入境游客12 907.78万人次,同比下降2.51%。2013年,我国接待入境过夜游客5 568.59万人次,同比下降3.53%,市场规模总量位居世界第四,仅次于法国、美国和西班牙。2013年,我国入境旅游实现外汇收入516.64亿美元,同比增长

---

① 北京外国语大学文化产业研究中心副主任,北京高校中国特色社会主义世界影响力研究协同创新中心(北京外国语大学)副教授,硕士生导师。

3.27%,旅游外汇收入位居世界第四,仅次于美国、法国和西班牙。

1. 当前我国入境游客的地区分布

随着我国经济水平的快速提高,旅游业的大力发展,旅游市场更为广阔,吸引了越来越多的外国人入境旅游。这些游客主要来自亚、欧和北美三洲,其中以亚洲游客最多,占据60%,而欧洲、北美和其他地区游客所占比例中,欧洲仅次于亚洲,约20%左右。除了来自亚、欧和北美三洲的游客,大洋洲和非洲游客数量呈现不断增长的趋势。我国入境旅游游客的国别均与我国有着密切的联系,或是地理上的近邻,或两国交际密切等。韩国来华旅游人数最多,日本仅次于韩国。俄罗斯与我国比较临近、美国和我国有着更多的外交往来,这两个国家来华旅游人数虽然较多,却比韩国、日本来华人次相对较少。总之,通过有效的国别分析,可以将入境旅游游客国别分为四类,即韩国、日本、俄罗斯和美国、其他地区一类。

2. 入境游客的年龄构成和旅游动机

我国入境旅游人数逐年增多,表明我国入境旅游市场正在不断发展和壮大,对我国经济更好发展发挥着积极的促进作用。入境游客年龄在25岁—44岁之间的人次较多,45岁—64岁年龄段的游客人次数位居其次,而其他年龄段人数相对较少。由此可见,我国入境旅游市场主要以青年人和中年人为主,而青少年和老人较少。我国旅游部门通过对入境游客旅游动机进行调查和分析认为,观光休闲是入境旅游者的重要动机,会议和商务等出游动机仅次于观光休闲,外国游客普遍对中国最感兴趣的是传统文化、历史、风景。不过每个国家的旅游者对于中国的理解还各有差异,美国游客认为中国人民美丽,日本人喜欢中国美食,东南亚游客除了对中国的风景、历史和文化有着强烈的兴趣之外,能打动他们的还有中国的产品。

3. 入境游客的消费结构

现阶段,我国入境游客消费结构主要为"餐饮、住宿、交通、游玩、购物、娱乐"六个方面,从2009年到2013年间,旅游消费结构发生了较大变化,我国2013年的入境游客流量比2009年增长20%,但是入境游客的餐饮、住宿方面消费却低于2009年;交通消费基本保持不变;游玩、购物、娱乐消费明显高于2009年。由此可见,基本旅游消费的弹性较小,非基本旅游消费的弹性较大。

4. 入境旅游的目的地分布

我国入境旅游游客选择的目的地,大致可以分为四类:一是以广东省为主;二是以北京市为主;三是以江浙、上海市和福建省为主;四是以其他省份为主。首先,广东省是我国入境旅游十分发达的省份之一,入境旅游业带动广东省经济的快速发展,其具有优越的地理、经济和文化环境是入境旅游市场最发达的主要因素。其次,北京市是仅次于广东省的入境旅游发达地区。北京是我国首都,是经济、政治、文化相互融合和碰撞的重要地区,因而更具吸引力。再次,江浙等南方地区有着丰富的旅游资源,受到许多入境游客的青睐。最后,其他省份都具有各自不同的优势,并吸引着入境游客。能让外国旅游者印象深刻并记住的多为著名的具体景点和代表元素,如黄河、乐山等。外国游客认为代表中国的还是一些具体的景点和元素,例如:长城、熊猫和故宫。其中对于长城的认知程度总体上高于任何一个省市自治区。

5. 互联网在入境游客旅行中发挥的作用

调查显示,互联网在外国游客的旅行中发挥了重要的作用。在旅游的信息搜索、预订、体验和分享等环节中,互联网拥有超过70%的影响力。网络媒体渠道成为被访者最主要的信息收集来源,超过其他媒体。88%的游客会通过互联网获取旅游信息;其中使用搜索引擎进行信息搜集的被访者比例最高,达到49%。Google在旅游决策过程中的作用同样不可小觑。数据显示,通过搜索引擎进行信息搜集的被访者中,92%使用Google。

(二)当前中国入境游中存在的问题

最近几年,中国的入境旅游面临严峻形势,全国接待入境旅游者连年下滑与国内旅游人数快速增长相反,各地,特别是重点旅游城市也把入境旅游市场开发列入重点,投入相对较多的资金进行市场营销,像北京、上海、杭州、成都等,都在海外市场投入较大的资金进行宣传促销,也取得了不小的成效,但入境旅游形势总体上仍不乐观,中国入境旅游保持了 20 多年的持续增长,在持续发展到一定阶段后,特别是在国内旅游迅速崛起、中国城市化迅速推进的条件下,中国入境旅游吸引力遇到了一些问题。中国入境游市场面临严峻的挑战。

1. 难以满足国际游客的消费心理、消费习惯

如果从境外旅游者的消费心理、习惯来深入分析中国旅游对境外旅游者的吸引力问题,就会发现中国庞大的面向国内旅游市场的旅游产品和旅游环境与海外旅游者的审美判断和休闲的需求、中国城市快速现代化与国际游客追求的民族特色文化差异之间存在巨大落差,导致海外游客对中国作为国际旅游目的地既爱又怕。追求文化与环境的差异性是旅游需求产生的根源,但中国对于海外游客存在的差异性和吸引力并不能直接转化成为旅游购买力,中国的旅游服务单位的服务标准、服务品质、服务方式等全面迎合国人的需求,与海外旅游者的审美需求存在较大差距。迎合国内旅游者需求建设和改造的大量旅游点,多多少少丢失了一些中国特色本真的东西,再者,旅游是一种休闲行为,需要一个相对舒适、安宁、有序的环境,骚动与不安定的人流是旅游休闲的大忌。

2. 旅游产品缺乏对国际游客的吸引力

一个旅游大国对海外旅游者的吸引力主要来自两个方面:一是世界级的旅游资源和产品,如世界文化和自然遗产、有世界影响的名胜古迹、人文遗产等;二是有世界影响的城市。如果一个国家的大多数城市对海外旅游者都存在审美疲劳、吸引力不足的时候,这个国家的入境旅游魅力就会遭遇挫折,因为少数几个世界级名胜不足以撑起一个大国的国际旅游市场的大局。城市是一个国家最核心的旅游单元,城市的旅游吸引力是撑起一个国家入境旅游市场的基本力量之一,中国城市的快速现代化是按照国人对现代化的理解和审美趣味的轨迹发展的,因此大量民族特色的历史建筑在旧城改造、城市综合保护与有机更新中消失了,拔地而起的是千城一面的一座座钢筋混凝土建筑以及少量的焕然一新的假历史建筑。这样的建筑和城市缺少了两样最根本性的东西:民族特色和人文精神,还少了人文的创意与关怀。有一个时期,海外游客赴深圳、上海来体验感受中国改革开放的成果,但没有多久,这样的旅游需求就减退了,因为中国已到处高楼林立,中国城市对海外旅游者的吸引力大幅下降。因此没有特色和文化自我认同的城市化,是入境旅游吸引力锐减的又一个原因。

3. 国内旅行社缺乏对入境游的重视

很多地方都在致力于旅游市场的国际化,但入境旅游促销却显得困难重重,相对于国内旅游市场营销,国际旅游市场营销都显得效率低下,于是很多地方干脆放弃了入境市场,很多旅行社也放弃了入境旅游业务。入境旅游业务萎缩是不争的事实。导游素质和10年前相比大幅度下降,是入境游低迷的原因之一。外语导游处在溃散状态,现在还在岗的寥寥无几,情况很严峻,这反过来会影响到入境游市场的正常发展。近年来入境旅游市场在旅游人数、旅游收入等方面都出现下降,一方面是因为多数旅游市场的客源结构还不是多元化格局,对港澳台地区、日本、韩国市场依赖性较强。另一方面,国际金融危机影响对敏感的旅游市场造成了很大冲击。此外,我国入境游产品的设计比较单一,宣传推广手段缺乏创新。在开拓入境游市场方面,需要进一步加大对客源地民众的宣传推广力度。

二、智慧旅游及其在开拓国际旅游市场中的重要作用

(一)智慧旅游的概念

智慧旅游对于提升我国的旅游业有重要的意义,可以提升我国的旅游业管理水平和创新,带动旅游业进入可持续发展的新模式。

智慧旅游是一个系统性、动态性的综合概念,它来源于智慧城市,也是智慧城市的重要组成部分,通过对物联网、互联网、云计算、移动通信、虚拟真实等信息技术的运用和整合,融合其先进的旅游发展理念,带动旅游业的绿色化、可持续化、现代化,优化旅游的管理手段,提升旅游行业的社会效益、生态效益和环境效益,带动旅游业的经济效益。智慧旅游的核心技术主要集中于信息技术、物联网技术、互联网技术、移动通讯技术和传感技术等方面。

(二)智慧旅游的主要特征

首先,区别于传统旅游业依靠手工收集信息做法,智慧旅游集合了云计算、物联网等关键信息技术,对海量的旅游信息进行持续收集并且实时更新。其次,智慧旅游不同于以往的旅游信息化,虽然两者都是对数据信息的加工,但是旅游信息化主要是以信息技术对旅游信息的数字化,通过对旅游产业链的重新整合,促进传统旅游业的发展,对景区等用旅游电子政务、电子商务等重新包装,而智慧旅游则是实现用户的个性化需求,完成游客所享受的旅游公共服务和公共管理的无缝连接,是一种技术层和旅游要素的融合。再次,智慧旅游是服务于游客和旅游企业的重要平台。智慧旅游可以为游客提供衣食住行玩的全方位旅游服务,也可以将旅游企业的服务信息通过推送到以云计算为基础的智慧旅游平台,为游客提供服务,节约旅游企业和游客的交易成本。

(三)智慧旅游在开拓国际旅游市场中的重要作用

1. 发展智慧旅游有助于应对旅游信息不对称的问题

智慧旅游有利于消除国际游客、旅游业的从业者、东道国政府及行业管理单位之间的信息不对称,满足国际游客的旅游需求,通过改变旅游产品的制定方式和支付方式,利用海量的信息对旅游产品进行订制,提升旅游服务的品质。在传统旅游中,旅游者如果要到一个陌生的地方旅游,必须花费大量的时间了解相关的景点、交通等,并且需要承担一定的费用及信息不准确的风险,而在智慧旅游条件下,旅游者可以通过提出自己的需求,在任何时间、任何地点查询自己所需的信息,旅游服务供应者也可以根据游客的需要制定相应的方案,对旅游者而言,这是一种全方位的一体化服务,对旅游服务的质量提升也有很大的帮助。

2. 智慧旅游可以整合旅游行业产业链,改善经营模式

智慧旅游是利用信息技术的条件,带动提升旅游行业的信息技术水平和服务品质的有效手段,旅游服务提供者可以通过信息技术获取相关的数据及国际游客的需求,通过整合数据模拟测算相关的旅游创新产品和其可能的接受程度,从而带动旅游行业的创新。这种信息技术背景下,旅游服务提供者对其产品设计、营销、人力资源管理、资金结算、销售等均可以进行改造,通过智慧旅游平台进行数据挖掘,从而有针对性将产品推广至潜在的国际消费者,通过整合行业的资源,与旅行社、交通、酒店、景区、周边产品等相关的企业协同作战,促进旅游行业利润率的提升,并提升旅游资源综合利用率,提升旅游行业的整体竞争力。

3. 智慧旅游可以建立国际旅游云平台实现资源共享

通过信息技术的支持,智慧旅游的发展必然可以实现实时收集景区游客的信息,对相关行业进行动态的监管,监测景区的环境、文化等。通过这些数据的收集,景区的决策系统可以更加科学化,同时这个系统平台将与市政平台,如公安、卫生、质检、中国外交部及各国使领馆等相关部门的平台连接起来实现信息的共享,联合执法,应对可能的突发情况。同时云平台的建设也将实现不同区域的旅游资源共享,实现联合发展。通过利用信息技术将多种服务业融合,提升游客的体验,带动智慧城市整体规划的衔接,由政府部门来负责相关的云平台等,带动相关部门更加贴近市场,更加知晓游客的需求,最终也将有利于当地智慧城市的建设。

三、国际智慧旅游发展的路径

（一）充分采用互联网技术作为智慧旅游的技术支撑

旅游者是旅游的主体，智慧旅游要做好，必须首先对国际旅游者不断提升的需求进行满足，智慧旅游要发展好必须整合产业链上的吃住行游玩购娱等相关的信息，为国际旅游者提供全程全方位的服务，通过信息技术满足旅游者对各类旅游信息的需求，让游客可以在全程享受到全新的智慧旅游服务。同时结合游客的具体信息，针对性的提供在线预订、行程规划、信息查询等服务，在游玩过程中，智慧旅游要能够通过物联网、云计算、移动通信技术等信息技术为旅游者提供信息的传递和交换。智慧商务是针对行业内的企业提供的服务，它是智慧旅游对旅游企业以物联网的技术，集合云计算平台的数据，为旅游企业提供信息化服务，提升旅游企业运用相关信息和资源的能力。它可以包括智慧酒店、智慧交通、旅行社智能化应用、数字景区等相关的服务。旅游管理部门通过智慧管理系统可以实时、准确了解掌握旅游者的全部信息和旅游企业的经营信息，由被动式的事后管理转向现代化管理方式，更好地维持旅游的秩序，处理好旅游质量问题，推进旅游电子政务的发展建设，实现区域之间的互联互通，强化对旅游市场的监测，保护好旅游景点和旅游行业，提升自身决策的科学性。

（二）针对特定国际游客市场在网络平台进行营销推广

世界级的名胜古迹和有国际影响力的城市是我国入境旅游吸引力的两大载体，是主要的入境旅游吸引物，因此我们仍应继续强化这两大吸引物的宣传与推广。应该从这两大吸引物中梳理一批最为成熟的产品，加大推广力度，使其成为我国入境旅游的骨干产品，应该摒弃以往以省级行政区为单位的国际旅游推广模式，从世界级名胜古迹和国际影响力的城市入手，务实有重点地推进入境旅游市场开发。面对庞大的国际游客基数，有条件成为重要的国际旅游吸引物的名胜古迹和重要旅游城市，应该确立旅游国际化的战略和措施。

更好地满足海外游客的需求。

1. 以国际旅游的服务理念、意识和标准推进旅游服务与国际的接轨

提升旅游服务的水平,特别是一些国际连锁酒店、游乐设施等,在进入中国内地后应把握好"本土化"和"接轨国际"之间的关系,在国际网络营销平台上应尽可能地传承和发扬这些国际品牌所固有的价值观、服务理念和规范,防止因"本土化"而丧失国际标准与规范,以满足国际游客的需求。

2. 在旅游景区建设、城市规划发展中强调民族特色

体现民族文化、强化只有民族的才是国际的理念。对于重要的旅游城市,应该规划建设一批对海外游客有吸引力的民族特色餐饮、住宿、演艺、文化体验、运动休闲和养生保健等旅游休闲项目,开放一批具有中国特色的社会文化交流访问点,在网络平台上国际游客可以根据自己的需要和爱好自主规划旅游行程和项目组合来满足个性化的需求,增强城市的国际旅游的吸引力。

3. 应该对国际游客进行科学的细分、实现针对性的网络营销

旅游市场国际化不是全球化,不是要吸引全球所有国家和地区的游客,而是要吸引有可能的国际游客。针对中国旅游的实际情况,最有可能的国际旅游客源是:商务和会议旅游者;熟悉中国并在一定程度上适应中国文化和习惯的人士;对中国文化向往并愿意深入接触了解中国文化的人群;对一城一地一景有特殊渊源和关系的某些特定市场;为中国的经济发展成就或名胜古迹所吸引的其他旅游者。而在入境旅游市场中,中国周边国家市场始终是最主要、最具基础性的入境旅游市场,应高度重视。针对主要国际游客的网络营销,构建适合这些国家使用习惯的网络平台。

4. 确立国家旅游形象推广机制,强化中国旅游形象在海外的推广力度

在国际旅游推广平台的内容设置中应树立独特的、充满魅力的国家旅游形象。中国旅游目的地需要更多地触发外国游客的文化探寻需求；并在宣传过程中，适当弱化省份概念，以有中国特色的传统文化（如传统建筑）、历史和风景等作为创意主流；再将各国游客感兴趣的中国元素融入宣传中，从而塑造区别于亚洲其他国家、独一无二的美丽之处，创造中国旅游新形象。

（二）加强国际旅游平台的智能化建设

随着互联网技术的快速发展，越来越多的游客借助网络来获得相关的旅游信息。在20世纪80年代、90年代以后出生的人生活在网络时代，他们对网络的依赖性是非常高的。他们通过网络可以完成购物、娱乐以及交流等活动，因此在旅游之前，他们会从网络了解到相关的旅游信息。Google中国公司发布的《中国入境旅游白皮书》表明，休闲娱乐是海外游客来到中国的主要目的。以游玩、娱乐、休闲为旅游目的的海外游客比例占到79%，而在37%以商务为目的的游客当中，超过一半的游客有游乐休闲内容。公务游穿插的文化探寻游成为中国旅游的一种特色。商务出差与休闲度假的游客在行为方式上差异明显。商务游客中男性占87%，拥有本科以上学历比例达73%，月平均工资为8 312美元。他们拥有更多预算，更频繁地使用智能移动设备，多用笔记本和智能手机采集基本信息；高效、明晰的跨平台推广方式更容易被商务游客接受。舒适、安全、便捷是旅游配套服务的推广重点。在休闲游客中，男性占58%，拥有本科以上学历比例为50%，月平均工资为5 827美元。他们多用台式电脑作为搜索终端，更喜欢信息搜索和分享，并看重配套服务的经济实惠和较强娱乐性。详细的旅游信息和交互有趣的传播方式更适合休闲游游客，这就提出了旅游景区应该如何将这些信息化技术以及工具利用起来，为国际游客提供多种多样的服务成为旅游景区的问题。近几年来，旅游电子商务得到了快速的发展，游客可以在网上订机票、订酒店、订门票等。我们应该通过旅游网站智能化建设，为游客提供吃、住、行等方面的服务，便于游客制定完整的旅游计划。

（三）构建智慧旅游线上线下体验中心

与传统的旅游形式相比较，智慧旅游的智能化不仅可以推广智慧旅游的相关知识，还可以提升旅游目的地的形象。制定行程前国际游客可以在网上平台体验目标旅游景区的信息，在虚拟真实的景区体验游览的乐趣，初步了解景区的情况，决定选择的目标景区。旅行前，游客可通过网站查询各条线路特色、行程等信息；确认行程后，通过线上平台与旅行社签订协议；旅行中，可在旅游景区现场体验一系列由智慧旅游技术提供的现场服务，如现场网上通过虚拟真实技术的古迹还原等和智慧导游服务，得到更好的旅游感受，并且能够通过应用软件对导游服务、行程安排进行评价；旅行后，通过网络社交在线平台，向旅行社反馈意见和建议。如此，逐步完善的"智慧旅行社"提供的一站式服务，使国际游客无需到旅行社，不出家门就能完成各项旅游事宜。

综上所述，发展智慧旅游可为国内外旅游者提供更优质和便利的服务，满足国外游客市场的需求。当前智慧旅游所需要的云计算、移动设备、物联网等技术已越发成熟，为智慧旅游的发展和落实提供了强大的技术支持。只要我们充分利用这些技术条件，加强线上线下合作营销，我国的入境游终将会走出困境，重现辉煌。

论文作者简介

宫玉选，男，北京外国语大学文化产业研究中心主任、中国特色社会主义世界影响力研究协同创新中心研究员。
金元浦，男，中国人民大学文学院教授、文化产业研究所所长。
李怀亮，男，中国传媒大学文法学部部长、教授。
虞海侠，男，中国传媒大学经济与管理学院副教授。
秦勇，男，首都师范大学文学院文化产业系主任。
佟东，男，北京印刷学院文化产业安全研究院教师。
李康化，男，上海交通大学文化产业与管理系副主任、《中国文化产业评论》副主编。
马萍，女，上海交通大学文化产业与管理系研究生。
朱春阳，男，复旦大学新闻学院教授。
万兴伟，男，中国传媒大学传媒经济学博士。
程春丽，女，中国国际电视总公司原发行事业部副主任、节目代理部营销总监。
李宇，男，国家新闻出版广电总局国际合作司官员。
盘剑，男，浙江大学影视与动漫游戏研究中心教授。
王晓东，男，苏州市职业大学经贸系教师。
侯洪，男，四川大学文学与新闻学院教授。
徐盟，男，四川大学文学与新闻学院新闻学硕士研究生。
苏锋，男，东北大学工商管理学院教授。
蒋多，女，中国传媒大学文化发展研究院《中国文化产业》年鉴常务副主编。
杨乔，女，中国传媒大学文化发展研究院硕士研究生。
柴冬冬，女，中国人民大学博士研究生。
欧阳神州，男，中国人民大学硕士研究生。
高超，女，中国传媒大学博士研究生。
王春林，女，广西壮族自治区党委党校文史部教授。

雷兴长，男，兰州商学院国际经济与贸易学院教授。

罗婷婷，女，兰州商学院国际经济与贸易学院硕士研究生。

郭靖，女，北京外国语大学文化产业研究中心副主任，中国特色社会主义世界影响力研究协同创新中心研究员。

备注：

1. 简介中的所有作者均按其文章出现的先后排序；
2. 为简洁起见，所有作者简介仅包括其"性别""任职单位""职务"，不介绍其教育背景、学术兼职和头衔等信息；
3. 所有作者的简介信息以其原文发表时载明的为主要依据（若个别论文作者在其原文发表时注明为在读学位生，则依据原刊载明的信息予以保留），入选本论文集时，遇有发生变动者，主编则依据经作者确认后的信息，或作者现就职单位官方网站公布的信息，进行了相应调整。

编后记

自 2009 年 7 月我在北京外国语大学创办文化产业研究中心以来,就把文化产业"走出去"作为研究中心的战略目标之一,为此 2014 年 11 月 9 日特别在北京外国语大学举办了题为"探索提升文化产业国际竞争力之道"的专题研讨会,许多高校著名专家学者和文化企业家纷纷参加研讨,当时我们就有意出一本研究文集,但遗憾的是稿件完善程度不一,甚至有的专家只交了一个提纲,所以只好作罢。后来张西平教授领导的中国文化"走出去"协同创新中心策划出一套系列丛书,其中有一本《中国文化产业"走出去"研究》委托我当主编,主要是整理 2012 年到 2014 年有代表性的研究成果,这正合我意,终于可以出一本专门研究中国文化产业"走出去"的文集了。于是就有了这本书。

回顾主编这本书的过程,我觉得一定要感谢一些人的大力支持和帮助。首先要感谢张西平教授的总体指导和规划,没有他的大智慧和丰富经验,我的主编工作就会迷失方向;其次要感谢多年来一直支持我们的文化产业研究界泰斗金元浦教授(我多次请他来北外开会或做讲座),他不仅欣然把他的文章授权给我,还向我提供了许多其他作者的联系方式,因为其中很多人也是金教授的学生;第三要感谢本书中文章的所有作者,其中有些是熟悉的朋友,也有些是从未谋面的同道学者,他们都欣然同意把文章编入本书,没有他们卓越的文章就没有本书;最后还要感谢我的同事郭靖副教授和我的硕士研究生卢火青同学,他们也给了我很多实际的帮助,比如文章的下载、收集、选择或文字的转换等等。

但愿这本书能为提升中国文化产业国际竞争力出一份绵薄之力。由于编者水平和精力有限,难免出现错误和遗漏,敬请读者给予批评指正。

编者

2015 年 8 月 8 日